DAS SIEBENBÜRGEN-QUIZ

****

MIT ÜBER 1100 FRAGEN FÜR DIE GANZE FAMILIE

Robert Keintzel

Der Autor:

Robert Ralf Keintzel stammt aus einer Familie aus Siebenbürgen und ist von seinem siebenbürgisch-sächsischen sowie ungarischen Hintergrund geprägt. Diese vielfältige kulturelle Herkunft hat sein Interesse und seine Sensibilität für ethnische Minderheiten und vulnerable Gruppen stark beeinflusst.

Der Autor studierte Medizin an der Universität Ulm. Neben dem Studium absolvierte er das Certified Science Training an der Charité Berlin und erweiterte seine medizinischen Kenntnisse an der Sanitätsakademie in München.

Schon während seines Studiums arbeitete der Autor im Universitätsklinikum Ulm und im Bundeswehrkrankenhaus Ulm.

Während seiner praktischen Tätigkeit hatte Herr Keintzel Kontakt zu Menschen, die mit einer Behinderung leben. Diese prägenden Erfahrungen führten zu dem Entschluss, mit dem Studium der Sonderpädagogik und dem Fach Geschichte sein Wissen zu vertiefen.

Zurzeit arbeitet Herr Keintzel als Schulischer Heilpädagoge in der Nähe von Zürich und fördert hier Schülerinnen und Schüler. Der Autor engagiert sich für vulnerable Gruppen insbesondere für ethnische Minderheiten, wobei er sich für ihre Belange einsetzt.

Robert Ralf Keintzel wurde von der Bundesrepublik Deutschland, den Bundesländern Bayern und Sachsen-Anhalt für seine humanitäre Hilfe bei der Flutkatastrophe im Jahr 2013 in Deutschland ausgezeichnet. Sein Studium des Lehramts Sonderpädagogik wurde durch das Begabtenstipendium der Hanns-Seidel-Stiftung gefördert. Darüber hinaus wurde dem Autor in Anerkennung der bemerkenswerten Beiträge für die deutsche Gesellschaft vom Bundespräsidenten a. D. Christian Wulf im Jahr 2019 das Stipendium der Deutschlandstiftung Integration verliehen.

Das Siebenbürgen-Quiz
Mit über 1100 Fragen für die ganze Familie

Das Siebenbürgen-Quiz bietet spielerisch wichtiges Wissen über die Geografie, Flora und Fauna, Wirtschaft, Wissenschaft, Geschichte, Gesellschaft, Sport, Kunst, Religion sowie die kulinarischen Aspekte einer für viele unbekannten Region. Mit über 1120 Fragen aus acht Kategorien und in fünf Schwierigkeitsstufen dient es als unterhaltsamer Einstieg aber auch als Vertiefung in das Leben und die Besonderheiten Siebenbürgens.

Das Quiz-Buch ordnet die Fragen nach Kategorien und Schwierigkeitsgraden, wodurch es leicht wird, spezifische Fragen zu finden und zu lösen. Im Vergleich zum digitalen Quiz bietet die Buchform eine Erweiterung und ermöglicht es, Wissen spielerisch allein, zu zweit oder mit der ganzen Familie zu erwerben. Zudem ist das Quiz nicht nur auf Deutsch, sondern in Englisch verfügbar.

Die Inhalte des Siebenbürgen-Quiz bieten einen faszinierenden sowie spielerischen Zugang zu einer wenig bekannten und oft unerzählten Geschichte. Es vermittelt wichtiges Wissen, das die Völkerverständigung fördern soll. Dank seiner Mehrsprachigkeit ermöglicht es einen internationalen Zugang, um mehr über die Region Siebenbürgen zu lernen, ihre Kultur zu fördern und zu bewahren. Trotz des reichen Erbes an Geschichte, Kultur, Landschaft und Persönlichkeiten wird Transsylvanien oft auf Dracula, den Film "Hotel Transsilvanien" oder allgemeine Vampirgeschichten reduziert. Doch Transsylvanien ist weit mehr als nur ein Schauplatz für fiktive Geschichten und Halloween-Partys im Schloss Dracula.

Erfahre im Siebenbürgen-Quiz mehr über die Geschichte, Kultur, Sprache, das Zusammenleben der Deutschen, Ungarn und Rumänen sowie über die Geografie, Wirtschaft und Politik in Siebenbürgen. Das Quiz beleuchtet exemplarisch die Lebenssituation der Siebenbürger Sachsen, der Ungarn und Rumänen in dieser Region. Es dokumentiert nicht nur ihre Lebenssituation in Siebenbürgen selbst, sondern auch außerhalb dieser Region – zum Beispiel in Deutschland, der Schweiz, Österreich, Kanada oder den USA – und vermittelt somit ein umfassendes Bild der Siebenbürger Sachsen, Ungarn und Rumänen.

Das Quiz ist sowohl für Experten als auch für Einsteiger konzipiert.

Robert Ralf Keintzel

Das Siebenbürgen-Quiz

Mit über 1100 Fragen für die ganze Familie

Bibliografische Information der Deutschen Bibliothek

Die Deutsche Bibliothek verzeichnet diese Publikation in der Deutschen Nationalbibliographie; detaillierte bibliographische Daten sind im Internet über http://dnb.d-nb.de abrufbar.

4. Auflage. 2024

Autor: Robert Keintzel

Illustrationen, Konzeption, Layout, Umsetzung, Umschlaggestaltung: Sina Keintzel

Korrektor: Sina Keintzel

Lektor: Sina Keintzel

Printed in EU
Print:
Bookpress.eu
ul. Lubelska 37c
10-408 Olsztyn
NIP UE: PL7391707321
REGON: 519620353

INHALT

VORWORT

Das Quiz ist gemäß Klafkis Konzept der kategorialen Bildung konzipiert und zielt darauf ab, exemplarisches und elementares Wissen zu vermitteln, um ein besseres Verständnis für Siebenbürgen und seine vielfältigen Bevölkerungsgruppen zu fördern.

Um eine internationale Teilnahme zu ermöglichen, wurde das Quiz sowohl auf Deutsch als auch auf Englisch verfasst. Zusätzlich zum gedruckten Quiz-Buch ist die Quiz-App in den Sprachen Deutsch, Englisch, Ungarisch und Rumänisch verfügbar.

Die Entwicklung des Buches und der App erfolgte durch ein multikulturelles Team mit verschiedenen ethnischen Hintergründen. Das Ziel besteht darin, alle ethnischen Perspektiven auf Siebenbürgen ausgewogen und kritisch darzustellen. Durch das gesammelte Wissen sollen die Selbstbestimmung, Mitbestimmung und Solidarität sowie der kulturelle Erhalt von Siebenbürgen und seinen ethnischen Gruppen gefördert werden.

Darüber hinaus bietet dieses Quiz-Buch eine wunderbare Möglichkeit, die vielschichtige Geschichte, die kulturellen Schätze und die facettenreichen Traditionen Siebenbürgens zu entdecken. Es ist nicht nur eine Sammlung von Fragen und Antworten, sondern eine Einladung, in die reiche Kultur und die Schönheit einer Region einzutauchen, die oft nur oberflächlich wahrgenommen wird.

Das Buch stellt eine Brücke zwischen Vergangenheit und Gegenwart dar, wobei es nicht nur Faktenwissen vermittelt, sondern auch den kulturellen Reichtum, das Zusammenleben verschiedener Ethnien und die reiche Geschichte Siebenbürgens beleuchtet.

Es ist unsere Hoffnung, dass dieses Quiz-Buch nicht nur als ein unterhaltsames Spiel betrachtet wird, sondern auch als eine Gelegenheit, die Menschen dazu anzuregen, mehr über Siebenbürgen zu erfahren, ihre Kultur zu schätzen und ein tieferes Verständnis für die Vielfalt und Einzigartigkeit dieser faszinierenden Region zu entwickeln.

FRAGENKATALOG

In diesem Spiel kannst du dein Wissen über Siebenbürgen bis an seine Grenzen testen. Es bietet insgesamt 8 verschiedene Kategorien, die einen breiten Einblick in die facettenreiche Region ermöglichen:

1. Geografie sowie Flora und Fauna
2. Wirtschaft und Wissenschaft
3. Geschichte
4. Gesellschaft
5. Sport
6. Kunst
7. Essen und Trinken
8. Religion und Sakralbauten

Jede Kategorie enthält Fragen in 5 verschiedenen Schwierigkeitsstufen, die einen graduellen Anstieg der Herausforderung bieten. Von grundlegenden Kenntnissen bis zu tiefgreifende Informationen wird das Quiz so gestaltet, dass es sowohl für Einsteiger als auch für Experten ansprechend ist.

Die Vielfalt der Kategorien ermöglicht es den Spielern, ihr Wissen über Siebenbürgen in verschiedenen Bereichen zu vertiefen. Es lädt dazu ein, nicht nur Faktenwissen zu erlangen, sondern auch ein tieferes Verständnis für die Geografie, die historischen Ereignisse, die soziale Dynamik, die künstlerischen Aspekte, die kulinarischen Traditionen und die religiösen Stätten von Siebenbürgen zu entwickeln.

Dieses Quiz-Buch bietet nicht nur eine unterhaltsame Möglichkeit, sein Wissen zu testen, sondern auch eine spannende Reise durch die reiche Kultur und Geschichte einer oft unterschätzten Region Europas. Es ist ein Türöffner für Neugierige, die mehr über Siebenbürgen erfahren und seine vielfältigen Facetten entdecken möchten.

GEOGRAFIE, FLORA UND FAUNA

Siebenbürgen, eine Region mit einem facettenreichen Hochland, besticht durch eine malerische Landschaft, die von zahlreichen Hügeln und Städten geprägt ist. Diese Städte tragen Namen, die in verschiedenen Sprachen erklingen und somit die vielschichtige kulturelle Geschichte der Region widerspiegeln. Das Gebiet wird von den majestätischen Karpaten umgeben, die nicht nur eine markante Landschaftskulisse bieten, sondern auch als natürliche Grenze fungieren.

Das kontinentale Klima prägt das Leben der Menschen hier mit heißen Sommern, in denen die Landschaft in sattem Grün erstrahlt, sowie kalten, verschneiten Wintern, die die Region in eine weiße Zauberlandschaft verwandeln.

Die Fruchtbarkeit des Bodens begünstigt eine reiche sowie faszinierende Vielfalt an Pflanzen und Tieren, die es zu schützen und zu bewahren gilt. Die natürlichen Lebensräume beherbergen zahlreiche Arten, darunter majestätische Braunbären, die ein Symbol für die unberührte Natur der Region sind.

Fragen 1-4

1 Welche dieser in den Nachbarländern Rumäniens gesprochenen Sprachen ist keine slawische Sprache?

- A Ungarisch
- B Ukrainisch
- C Serbisch
- D Bulgarisch

2 Wie heißt die rumänische Hauptstadt?

- A Brasov/Kronstadt/Brassó
- B Bukarest
- C Oradea/Großwardein/Nagyvárad
- D Sibiu/Hermannstadt/Nagyszeben

3 Welche beiden Flüsse vereinigen sich bei Blasendorf/Blaj/Balázsfalva?

- A Große und Kleine Kokel
- B Iller und Lech
- C Donau und Rhein
- D Don und Themse

4 Was ist die Hauptstadt des Kreises Mureş?

- A Hunedoara/Eisenmarkt/Hunyad
- B Neumarkt/Târgu Mureş/Marosvásárhely
- C Deva/Diemrich/Déva
- D Covasna/Kovászna

Lösungen 1-4

1	Welche dieser in den Nachbarländern Rumäniens gesprochenen Sprachen ist keine slawische Sprache?

A Ungarisch

2	Wie heißt die rumänische Hauptstadt?

B Bukarest

3	Welche beiden Flüsse vereinigen sich bei Blasendorf/Blaj/Balázsfalva?

A Große und Kleine Kokel

4	Was ist die Hauptstadt des Kreises Mureş?

B Neumarkt/Târgu Mureş/Marosvásárhely

Fragen 5-8

5 Welcher dieser Ortsnamen kommt in Siebenbürgen vor?

A Esch

B Birk

C Tann

D Ahorn

6 Wie lautet die internationale Telefonvorwahl für Rumänien?

A 0043

B 0040

C 0041

D 0049

7 Auf welchem Fluss verschifften vor allem im 19. Jahrhundert die Holzhändler von Sächsisch-Regen/Reghin/Szászrégen das Holz bis nach Szeged in Ungarn?

A Moldau

B Donau

C Mieresch/Mureş/Maros

D Rhein

8 Wo liegt Siebenbürgen in Rumänien?

A An der südlichen Grenze

B An der westlichen Grenze

C An der östlichen Grenze

D Im Zentrum

Lösungen 5-8

5	Welcher dieser Ortsnamen kommt in Siebenbürgen vor?

B Birk

6	Wie lautet die internationale Telefonvorwahl für Rumänien?

C 0040

7	Auf welchem Fluss verschifften vor allem im 19. Jahrhundert die Holzhändler von Sächsisch-Regen/Reghin/Szászrégen das Holz bis nach Szeged in Ungarn?

C Mieresch/Mureş/Maros

8	Wo liegt Siebenbürgen in Rumänien?

D Im Zentrum

Fragen 9-12

9 Welche Gebirgskette zieht sich durch Siebenbürgen?

A Ural

B Anden

C Alpen

D Karpaten

10 Wie heißt der Fluss, der einen Großteil der Grenze zwischen Rumänien und Bulgarien bildet?

A Rhein

B Donau

C Nil

D Mississippi

11 Welches Tier kommt in den Karpaten im Vergleich mit Europa besonders häufig vor?

A Braunbär

B Känguru

C Rentier

D Elch

12 Auf welchem Kontinent liegt Siebenbürgen?

A Afrika

B Asien

C Europa

D Amerika

Lösungen 9-12

9	Welche Gebirgskette zieht sich durch Siebenbürgen?

D Karpaten

10	Wie heißt der Fluss, der einen Großteil der Grenze zwischen Rumänien und Bulgarien bildet?

B Donau

11	Welches Tier kommt in den Karpaten im Vergleich mit Europa besonders häufig vor?

A Braunbär

12	Auf welchem Kontinent liegt Siebenbürgen?

C Europa

Fragen 13-15

13 Welches dieser geographischen Gebiete findet man in Siebenbürgen?

A Sahara

B Amazonas-Regenwald

C Siebenbürgisches Becken

D Siebenbürgische Wüste

14 Welche dieser vier einzigartigen Naturlandschaften ist in Rumänien?

A Fuji

B Great Canyon

C Alpen

D Karpaten

15 Welches Nachbarland lag im Jahr 2022 im Krieg gegen Russland?

A Ukraine

B Ungarn

C Serbien

D Bulgarien

16 Wie ist der rumänische Ländername für Siebenbürgen?

A Ardeal

B Zonă

C Munţi

D Tară

Lösungen 13-16

13	Welches dieser geographischen Gebiete findet man in Siebenbürgen?

C Siebenbürgisches Becken

14	Welche dieser vier einzigartigen Naturlandschaften ist in Rumänien?

D Karpaten

15	Welches Nachbarland lag im Jahr 2022 im Krieg gegen Russland?

A Ukraine

16	Wie ist der rumänische Ländername für Siebenbürgen?

A Ardeal

Fragen 17-20

17 Was ist kein Begriff für Siebenbürgen?

- A Tară
- B Ardeal
- C Transsilvania
- D Erdély

18 Welche Tierart ist in Siebenbürgen nicht ausgerottet? (Stand 2022)

- A Löwe
- B Jaguar
- C Wolf
- D Delphin

19 Welche deutsche Stadt am Bodensee heißt ähnlich wie eine bekannte rumänische Stadt am Schwarzen Meer?

- A Friedrichshafen
- B Lindau
- C Konstanz
- D Meersburg

20 In welchem Kreis wurde György Dózsa geboren?

- A Covasna
- B Sibiu
- C Mureș
- D Harghita

Lösungen 17-20

17	Was ist kein Begriff für Siebenbürgen?

A Tară

18	Welche Tierart ist in Siebenbürgen nicht ausgerottet? (Stand 2022)

C Wolf

19	Welche deutsche Stadt am Bodensee heißt ähnlich wie eine bekannte rumänische Stadt am Schwarzen Meer?

C Konstanz

20	In welchem Kreis wurde György Dózsa geboren?

A Covasna

Fragen 21-24

21 Was ist ein beliebtes Ausflugsziel für Wochenendausflüge und Familienfeste für die Menschen aus Sächsisch-Regen/Reghin/Szászrégen?

- A Bärental
- B Ziegenwald
- C Affeninsel
- D Teufelssee

22 Welches Bauwerk befindet sich nicht in Siebenbürgen?

- A Schloss Neuschwanstein
- B Margarethenkirche
- C Törzburg oder Schloss Bran/Törcsvári kastély/Castelul Bran
- D Lügenbrücke

23 An welches Nachbarland von Rumänien grenzt Siebenbürgen?

- A Serbien
- B Ungarn
- C Ukraine
- D Keines

24 Welcher Kreis von Siebenbürgen grenzt ans Banat?

- A Mieresch/Maros/Mureș
- B Kronstadt/Brassó/Brașov
- C Klausenburg/Kolozs/Cluj
- D Eisenmarkt/Hunyad

Lösungen 21-24

21	Was ist ein beliebtes Ausflugsziel für Wochenendausflüge und Familienfeste für die Menschen aus Sächsisch-Regen/Reghin/Szászrégen?

B Ziegenwald

22	Welches Bauwerk befindet sich nicht in Siebenbürgen?

A Schloss Neuschwanstein

23	An welches Nachbarland von Rumänien grenzt Siebenbürgen?

D Keines

24	Welcher Kreis von Siebenbürgen grenzt ans Banat?

D Eisenmarkt/Hunyad

Fragen 25-28

25 Welches Nachbarland Rumäniens wurde als erstes NATO-Mitglied?

A Bulgarien

B Serbien

C Ukraine

D Ungarn

26 Wie heißt die am nördlichsten gelegene siebenbürgisch-sächsische Gemeinde?

A Thorenburg/Turda/Torda

B Târgu Mureş/Neumarkt/Marosvásárhely

C Tschippendorf/Cepari/Csépán

D Weißkirch bei Schäßburg/Albeşti/Fehéregyháza

27 Welches ist der höchste Gipfel in Rumänien?

A Moldoveanu

B Negoiu

C Krähenstein

D Pietros

28 An welchem Fluss liegen Schäßburg und Mediasch?

A Mieresch/Mureş/Maros

B Alt/Olt

C Große Kokel/Târnava Mare/Nagy-Küküllő

D Donau

Lösungen 25-28

25	Welches Nachbarland Rumäniens wurde als erstes NATO-Mitglied?

D Ungarn

26	Wie heißt die am nördlichsten gelegene siebenbürgisch-sächsische Gemeinde?

C Tschippendorf/Cepari/Csépán

27	Welches ist der höchste Gipfel in Rumänien?

A Moldoveanu

28	An welchem Fluss liegen Schäßburg und Mediasch?

C Große Kokel/Târnava Mare/Nagy-Küküllő

Fragen 29-32

29 Wie lautet die rumänische Bezeichnung von Straßburg am Mieresch/Nagyenyed?

A Szászsebes

B Aiud

C Segesvár

D Törcsvár

30 Wie lautet die ungarische Bezeichnung von Szeklerburg?

A Csíkszereda

B Szászsebes

C Segesvár

D Erzsébetváros

31 Welches ist die Hauptstadt des Kreises Hunedoara?

A Alba Iulia/Karlsburg/Gyulafehérvár

B Neumarkt am Mieresch/Târgu Mureş/Marosvásárhely

C Braşov/Kronstadt/Brassó

D Deva/Diemrich/Déva

32 Welche dieser Ortsnamen kommt in Siebenbürgen nicht vor?

A Visa

B Tür

C Türe

D Türen

Lösungen 29-32

29	Wie lautet die rumänische Bezeichnung von Straßburg am Mieresch/Nagyenyed?

B Aiud

30	Wie lautet die ungarische Bezeichnung von Szeklerburg?

A Csíkszereda

31	Welches ist die Hauptstadt des Kreises Hunedoara?

D Deva/Diemrich/Déva

32	Welche dieser Ortsnamen kommt in Siebenbürgen nicht vor?

D Türen

Fragen 33-36

33 Welcher dieser Ortsnamen kommt in Siebenbürgen vor?

A Voila

B Merci

C Pardon

D Scusi

34 Für das Umland welcher Stadt steht die Bezeichnung „Nösnerland"?

A Bistritz/Beszterce/Bistriţa

B Reghin/Sächsisch-Regen/Szászrégen

C Netuş /Neithausen/Netus

D Aiud /Straßburg am Mieresch/Nagyenyed

35 Welcher dieser Ortsnamen kommt in Siebenbürgen vor?

A Sie

B Er

C Es

D Ihr

36 Wer oder was ist bzw. sind der, die oder das Burzen (rum. Bârsa, ung. Barca)?

A Ein Knabenchor

B Ein Dorf

C Ein Fluss

D Eine siebenbürgisch-sächsische Tracht

Lösungen 33-36

33	Welcher dieser Ortsnamen kommt in Siebenbürgen vor?

A Voila

34	Für das Umland welcher Stadt steht die Bezeichnung „Nösnerland”?

A Bistritz/Beszterce/Bistriţa

35	Welcher dieser Ortsnamen kommt in Siebenbürgen vor?

B Er

36	Wer oder was ist bzw. sind der, die oder das Burzen (rum. Bârsa, ung. Barca)?

C Ein Fluss

Fragen 37-40

37 Welches Gebirge liegt in Südsiebenbürgen und ist berühmt für das schöne Naturschutzgebiet sowie die zahlreichen Gletscherseen?

A Königstein/Piatra Craiului

B Krähenstein

C Bucegi-Gebirge

D Retezat-Gebirge

38 Welcher dieser Ortsnamen kommt in Siebenbürgen vor?

A Phantom

B Geist

C Gespenst

D Zombie

39 Welche siebenbürgische Stadt wird seit der „Cosmographia" Sebastian Münsters (1544) mit Wien verglichen und auch als „Klein-Wien" bezeichnet?

A Strassburg am Mieresch

B Neumarkt am Mieresch

C Klausenburg

D Hermannstadt

40 Dieser Ortsname bezeichnet eine siebenbürgische Siedlung und einen Ort am Rhein im Westen Deutschlands. Wie heißt der Ort im Kreis Bistritz?

A Basel

B Köln

C München

D Berlin

Lösungen 37-40

37	Welches Gebirge liegt in Südsiebenbürgen und ist berühmt für das schöne Naturschutzgebiet sowie die zahlreichen Gletscherseen?

D Retezat-Gebirge

38	Welcher dieser Ortsnamen kommt in Siebenbürgen vor?

B Geist

39	Welche siebenbürgische Stadt wird seit der „Cosmographia" Sebastian Münsters (1544) mit Wien verglichen und auch als „Klein-Wien" bezeichnet?

D Hermannstadt

40	Dieser Ortsname bezeichnet eine siebenbürgische Siedlung und einen Ort am Rhein im Westen Deutschlands. Wie heißt der Ort im Kreis Bistritz?

B Köln

Fragen 41-44

41 Wo fand von 1991-2006 im September das „Sachsentreffen" in Siebenbürgen statt?

- A Schäßburg/Segesvár/Sighişoara
- B Mediasch/Medgyes/Mediaş
- C Birthälm/Biertan/Berethalom
- D Hermannstadt/Sibiu/Nagyszeben

42 In welcher Stadt befindet sich der größte Seehafen Rumäniens?

- A Konstanza
- B Bukarest
- C Kronstadt
- D Wilhelmshaven

43 An welche Länder grenzt Rumänien heute?

- A Bulgarien, Serbien, Ungarn, Ukraine, Republik Moldau
- B Österreich, Polen, Albanien, Bulgarien und Mazedonien
- C Deutschland, Russland, Ukraine, Bulgarien und Ungarn
- D Tschechien, Slowakei, Ungarn, Österreich und Serbien

44 Das heutige Rumänien besteht neben Siebenbürgen aus weiteren 8 historischen „Provinzen". Welche grenzt nicht an Siebenbürgen?

- A Banat
- B Bukowina
- C Dobrudscha
- D Große und Kleine Walachei

Lösungen 41-44

41	Wo fand von 1991-2006 im September das „Sachsentreffen" in Siebenbürgen statt?

C Birthälm/Biertan/Berethalom

42	In welcher Stadt befindet sich der größte Seehafen Rumäniens?

A Konstanza

43	An welche Länder grenzt Rumänien heute?

A Bulgarien, Serbien, Ungarn, Ukraine, Republik Moldau

44	Das heutige Rumänien besteht neben Siebenbürgen aus weiteren 8 historischen „Provinzen". Welche grenzt nicht an Siebenbürgen?

C Dobrudscha

Fragen 45-48

45 Welcher Ort liegt nicht in Siebenbürgen?

A Klausenburg

B Wartburg

C Szeklerburg

D Karlsburg

46 Welcher Ort liegt in Siebenbürgen?

A Sächsisch-Regen

B Sächsisch-Sturm

C Sächsisch-Schnee

D Sächsisch-Flut

47 Welcher Ort liegt in Siebenbürgen?

A Reisensburg

B Wasserburg

C Törzburg

D Würzburg

48 In welchen drei Bundesländern haben sich die Siebenbürger Sachsen absteigend am häufigsten angesiedelt?

A Bayern, Hessen und Berlin

B Berlin, Hessen und Bayern

C Nordrhein-Westfalen, Bayern und Baden-Württemberg

D Bayern, Baden-Württemberg und Nordrhein-Westfalen

Lösungen 45-48

45	Welcher Ort liegt nicht in Siebenbürgen?

B Wartburg

46	Welcher Ort liegt in Siebenbürgen?

A Sächsisch-Regen

47	Welcher Ort liegt in Siebenbürgen?

C Törzburg

48	In welchen drei Bundesländern haben sich die Siebenbürger Sachsen absteigend am häufigsten angesiedelt?

D Bayern, Baden-Württemberg und Nordrhein-Westfalen

Fragen 49-52

49 Wie groß ist die Fläche von Siebenbürgen? (Stand 2022)

- A ca. 91 000 km^2
- B ca. 34 000 km^2
- C ca. 77 000 km^2
- D ca. 57 000 km^2

50 Welche Bodenart gibt es in Siebenbürgen nicht?

- A Ferralsol
- B Schwarzerde
- C Braunerde
- D Bleicherde

51 Wie viele Kreise gehören zu Siebenbürgen? (Stand 2022)

- A 7
- B 9
- C 5
- D 11

52 In der Nähe welcher Stadt liegt die Burg von Rosenau/Barcarozsnyó/Râşnov?

- A Kronstadt/Braşov/Brassó
- B Târgu Mureș/Neumarkt am Mieresch/Marosvásárhely
- C Cluj-Napoca/Klausenburg/Kolozsvár
- D Hermannstadt/Sibiu/Nagyszeben

Lösungen 49-52

49	Wie groß ist die Fläche von Siebenbürgen? (Stand 2022)

D ca. 57 000 km^2

50	Welche Bodenart gibt es in Siebenbürgen nicht?

B Ferralsol

51	Wie viele Kreise gehören zu Siebenbürgen? (Stand 2022)

B 9

52	In der Nähe welcher Stadt liegt die Burg von Rosenau/Barcarozsnyó/Râşnov?

A Kronstadt/Braşov/Brassó

Fragen 53-56

53 In welchem Kreis liegt Mediaş/Medgyes/Mediasch?

A Sibiu

B Mureş

C Cluj

D Hunedoara

54 Wo steht das Denkmal der nationalen Zusammengehörigkeit?

A Kronstadt/Brassó/ Braşov

B Bukarest

C Budapest

D Hermannstadt/Nagyszeben/Sibiu

55 Auf wie viele Länder erstreckt sich das Banat?

A 4

B 1

C 3

D 2

56 Welcher Kreis liegt am südlichsten?

A Harghita/Hargitta

B Hermannstadt/Nagyszeben/Sibiu

C Mieresch/Maros/Mureş

D Klausenburg/Kolozsvár/Cluj-Napoca

Lösungen 53-56

53	In welchem Kreis liegt Mediaş/Medgyes/Mediasch?

A Sibiu

54	Wo steht das Denkmal der nationalen Zusammengehörigkeit?

C Budapest

55	Auf wie viele Länder erstreckt sich das Banat?

C 3

56	Welcher Kreis liegt am südlichsten?

B Hermannstadt/Nagyszeben/Sibiu

Fragen 57-60

57 Wann wurde der rum. Ortsname Klausenburgs um den antiken Namen „Napoca" zu Cluj-Napoca erweitert?

A 1974

B 1945

C 1956

D 2001

58 Mit welchem Nachbarland Rumäniens kam es nach 1990 zu einem Streit bezüglich der Territorialhoheit über die Schlangeninsel im Schwarzen Meer?

A Ungarn

B Serbien

C Bulgarien

D Ukraine

59 Welches dieser Länder liegt etwa gleich weit östlich wie Siebenbürgen?

A Estland

B Albanien

C Slowakei

D Schweden

60 Wie lautet die im Rahmen des einsetzenden Humanismus entstandene antikisierende Namensform von Klausenburg?

A Voltaire

B Stoa

C Paideia

D Claudiopolis

Lösungen 57-60

57	Wann wurde der rum. Ortsname Klausenburgs um den antiken Namen „Napoca" zu Cluj-Napoca erweitert?

A 1974

58	Mit welchem Nachbarland Rumäniens kam es nach 1990 zu einem Streit bezüglich der Territorialhoheit über die Schlangeninsel im Schwarzen Meer?

D Ukraine

59	Welches dieser Länder liegt etwa gleich weit östlich wie Siebenbürgen?

A Estland

60	Wie lautet die im Rahmen des einsetzenden Humanismus entstandene antikisierende Namensform von Klausenburg?

D Claudiopolis

Fragen 61-64

61 Was verbirgt sich hinter dem Ortsnamen „Kolozsmonostor"?

- A Eine traditionelle Suppe aus Siebenbürgen
- B Ein Monster aus einem traditionellen Kindermärchen
- C Eine gigantische Statue
- D Ein Kloster

62 Wie hoch ist der höchste Gipfel der Karpaten (auf 50 Meter genau)?

- A 2 301 Meter
- B 3 022 Meter
- C 2 544 Meter
- D 4 056 Meter

63 Wie heißt der Kronstädter „Hausberg"?

- A Zinne/Tâmpa
- B Pietros
- C Negoiu
- D Moldoveanu

64 Welcher Fluss fließt durch den Roten-Turm-Pass?

- A Mieresch/Mureş/Maros
- B Donau
- C Alt/Olt
- D Moldau

Lösungen 61-64

61	Was verbirgt sich hinter dem Ortsnamen „Kolozsmonostor"?

D Ein Kloster

62	Wie hoch ist der höchste Gipfel der Karpaten (auf 50 Meter genau)?

C 2 544 Meter

63	Wie heißt der Kronstädter „Hausberg"?

A Zinne/Tâmpa

64	Welcher Fluss fließt durch den Roten-Turm-Pass?

C Alt/Olt

Fragen 65-68

65 An welchem Fluss liegt Karlsburg/Gyulafehérvár/Alba Iulia?

A Mieresch/Mureş/Maros

B Donau

C Moldau

D Wolga

66 An welchem Fluss liegt Hermannstadt?

A Donau

B Zibin/Cibin/Szeben

C Mieresch/Mureş/Maros

D Alt/Olt

67 An welchem Fluss liegt Klausenburg?

A Kleinen Somesch/Someşul Mic/Kis Szamos

B Mieresch/Mureş/Maros

C Alt/Olt

D Donau

68 Wie lautet die deutsche Bezeichnung von Deva/Déva?

A Waldshut

B Landshut

C Sächsisch-Regen

D Diemrich

Lösungen 65-68

65	An welchem Fluss liegt Karlsburg/Gyulafehérvár/Alba Iulia?

A Mieresch/Mureş/Maros

66	An welchem Fluss liegt Hermannstadt?

B Zibin/Cibin/Szeben

67	An welchem Fluss liegt Klausenburg?

A Kleinen Somesch/Someşul Mic/Kis Szamos

68	Wie lautet die deutsche Bezeichnung von Deva/Déva?

D Diemrich

Fragen 69-72

69 Wie lautet die ungarische Bezeichnung von Neumarkt/Târgu Mureş?

- A Segesvár
- B Marosvásárhely
- C Szászsebes
- D Vajdahunyad

70 Der ungarische Name der burzenländischen Gemeinde Marienburg/ Földvár/Feldioara – lässt auf welche Art von Befestigungsanlage schließen?

- A Eine Erdburg
- B Eine Höhlenburg
- C Eine Wasserburg
- D Eine Höhenburg

71 Welches ist der flächenmäßig größte Kreis (judeţ) in Siebenbürgen?

- A Hunedoara/Eisenmarkt/Hunyad
- B Alba/Karlsburg/Fehér
- C Braşov/Kronstadt/Brassó
- D Cluj/Klausenburg/Kolozsvár

72 Welcher dieser Ortsnamen kommt in Siebenbürgen vor?

- A Land
- B Band
- C Sand
- D Granit

Lösungen 69-72

69	Wie lautet die ungarische Bezeichnung von Neumarkt/Târgu Mureş?

B Marosvásárhely

70	Der ungarische Name der burzenländischen Gemeinde Marienburg/ Földvár/Feldioara - lässt auf welche Art von Befestigungsanlage schließen?

A Eine Erdburg

71	Welches ist der flächenmäßig größte Kreis (judeţ) in Siebenbürgen?

A Hunedoara/Eisenmarkt/Hunyad

72	Welcher dieser Ortsnamen kommt in Siebenbürgen vor?

B Band

Fragen 73-76

73 Welcher dieser Ortsnamen kommt in Siebenbürgen vor?

A Dixi

B Toilette

C Klosett

D Vece

74 Wie heißt auf Ungarisch die ethnografische Region bestehend aus etwa 60 mehrheitlich von Ungarn bewohnten Dörfern zwischen Klausenburg und Bánffyhunyad/Huedin/Heynod?

A Magyarország

B Szeklerfehérvár

C Kalotaszeg

D Nemetorszag

75 Welches ist der ehemalige Name des Kreises Covasna/Kovászna?

A Háromszék/Dreistühle/Trei Scaune

B Michelsberg/Cisnădioara/Kisdisznód

C Cincșor/Kleinschenk/Kissink

D Năsăud/Nussendorf/Naszód)

76 Wie lautet der ungarische Name von Straßburg am Mieresch/Aiud?

A Szászsebes

B Fogaras

C Nagyenyed

D Marosvásárhely

Lösungen 73-76

73	Welcher dieser Ortsnamen kommt in Siebenbürgen vor?

D Vece

74	Wie heißt auf Ungarisch die ethnografische Region bestehend aus etwa 60 mehrheitlich von Ungarn bewohnten Dörfern zwischen Klausenburg und Bánffyhunyad/Huedin/Heynod?

C Kalotaszeg

75	Welches ist der ehemalige Name des Kreises Covasna/Kovászna?

A Háromszék/Dreistühle/Trei Scaune

76	Wie lautet der ungarische Name von Straßburg am Mieresch/Aiud?

C Nagyenyed

Fragen 77-80

77 Welches ist der höchste Gipfel des Retezat-Massivs?

- A Peleaga
- B Retezat-Spitze
- C Vârful Mare
- D Krähenstein/Vârful Ciucaş

78 Was ist der Ortsname eines banater deutschen Ortes und einer lausitzer Stadt, welche bis 1989 durch sein „Gelbes Elend" genanntes Gefängnis bekannt war?

- A Magdeburg
- B Chemnitz
- C Dresden
- D Bautzen

79 Welche einzigartige Holzkonstruktion befindet sich in Schäßburg und wurde 1660-1662 errichtet, an der besonders die Schüler des Joseph-Haltrich-Lyzeums teilhaben?

- A Die Kletterbäume
- B Eine große Wippe
- C Ein römischer Wachturm
- D Die Schülertreppe

80 In welcher Stadt befand sich das Museum des ungarischen Karpatenvereins?

- A Broos
- B Mediasch
- C Klausenburg
- D Bistritz

Lösungen 77-80

77	Welches ist der höchste Gipfel des Retezat-Massivs?

A Peleaga

78	Was ist der Ortsname eines banater deutschen Ortes und einer lausitzer Stadt, welche bis 1989 durch sein „Gelbes Elend" genanntes Gefängnis bekannt war?

D Bautzen

79	Welche einzigartige Holzkonstruktion befindet sich in Schäßburg und wurde 1660-1662 errichtet, an der besonders die Schüler des Joseph-Haltrich-Lyzeums teilhaben?

D Die Schülertreppe

80	In welcher Stadt befand sich das Museum des ungarischen Karpatenvereins?

C Klausenburg

Fragen 81-84

81 Woher stammen die schwarzen Wasserbüffel ursprünglich, die zum Bild Siebenbürgens gehören und in Siebenbürgen nachgezüchtet werden?

- A Aus China
- B Aus Indien
- C Aus Spanien
- D Aus Russland

82 Bei welcher Höhe liegt in Siebenbürgen die obere Waldgrenze (Fichtenwälder)?

- A 1 500 m
- B 1 700 m
- C 2 000 m
- D 3 000 m

83 Hermannstadt führt in seinem Wappen?

- A Schwerter
- B Rauchende Colts
- C Gekreuzte Schrotflinten
- D Einen Eber

84 Welche siebenbürgisch-sächsischen Städte führen Löwen in ihren Wappen?

- A Törzburg und Eisenmarkt
- B Szeklerburg und Fogarasch
- C Schäßburg und Mühlbach
- D Thorenburg und Kleinkopisch

Lösungen 81-84

81	Woher stammen die schwarzen Wasserbüffel ursprünglich, die zum Bild Siebenbürgens gehören und in Siebenbürgen nachgezüchtet werden?

B Aus Indien

82	Bei welcher Höhe liegt in Siebenbürgen die obere Waldgrenze (Fichtenwälder)?

B 1 700 m

83	Hermannstadt führt in seinem Wappen?

A Schwerter

84	Welche siebenbürgisch-sächsischen Städte führen Löwen in ihren Wappen?

C Schäßburg und Mühlbach

Fragen 85-88

85 Wann erschien die bekannte von Honterus gezeichnete Landkarte Siebenbürgens?

A 1478

B 1611

C 1588

D 1532

86 Wie heißt das Naherholungs- und Skigebiet von Kronstadt?

A Friedrichsau

B Hohe Rinne/Păltiniş

C Schulerau/Poiana Braşov

D Englischer Garten/Gradina Engleza

87 Wie heißt das Naherholungs- und Skigebiet im Zibinsgebirge bei Hermannstadt?

A Hohe Rinne/Păltiniş

B Englischer Garten/Gradina Engleza

C Schulerau/Poiana Braşov

D Friedrichsau

88 Welches ist der größte Stausee in den Ostkarpaten?

A Sovata/Szováta

B Izvorul Muntelui/Békás-tó/Bicaz-See

C Bärensee/Lacul Ursu/Medvék-tó

D Bâlea-See/Lacul Bâlea/Bilea-tó

Lösungen 85-88

85	Wann erschien die bekannte von Honterus gezeichnete Landkarte Siebenbürgens?

D 1532

86	Wie heißt das Naherholungs- und Skigebiet von Kronstadt?

C Schulerau/Poiana Braşov

87	Wie heißt das Naherholungs- und Skigebiet im Zibinsgebirge bei Hermannstadt?

A Hohe Rinne/Păltiniş

88	Welches ist der größte Stausee in den Ostkarpaten?

B Izvorul Muntelui/Békás-tó/Bicaz-See

Fragen 89-92

89 Wo steht die Habichtsburg, von der die Habsburger ihren Namen herleiten?

A Schweiz (Kanton Aargau)

B Deutschland (Bayern)

C Österreich (Salzburg)

D Deutschland (Baden-Württemberg)

90 Verschiedene Städte des historischen Ungarns tragen in ihren ungarischen Ortsnamen „Fehérvár" (Weißenburg). Welche davon liegt in Siebenbürgen?

A Nándorfehérvár

B Gyulafehérvár

C Székesfehérvár

D Nemethfehérvár

91 Welcher Fluss trennt Moldau und die Walachei?

A Milcov

B Buzău

C Moldova

D Donau

92 Wann wurden Ofen/Buda und Pest zu Budapest vereinigt?

A 1880

B 1876

C 1848

D 1872

89	Wo steht die Habichtsburg, von der die Habsburger ihren Namen herleiten?

A Schweiz (Kanton Aargau)

90	Verschiedene Städte des historischen Ungarns tragen in ihren ungarischen Ortsnamen „Fehérvár" (Weißenburg). Welche davon liegt in Siebenbürgen?

B Gyulafehérvár

91	Welcher Fluss trennt Moldau und die Walachei?

A Milcov

92	Wann wurden Ofen/Buda und Pest zu Budapest vereinigt?

D 1872

Fragen 93-96

93 An welchem Fluss liegt die Hauptstadt der ehemaligen habsburgischen Provinz Bukowina (Czernowitz)?

- A Pruth
- B Donau
- C Moldau
- D Wolga

94 Siebenbürgen ist mit seinen knapp 56 000 km^2 größer als welches der folgenden Länder?

- A Irland
- B Dänemark
- C Schweiz
- D Ungarn

95 Mit welcher siebenbürgischen bzw. banater Stadt hat Ulm keine sogenannte Donau-Partnerschaft?

- A Nagyszeben/Sibiu/Hermannstadt
- B Reghin/Szászrégen/Sächsisch-Regen
- C Klausenburg/Kolozsvár/Cluj-Napoca
- D Timişoarar/Temeswar/Temesvár

96 Welche Alternativnamen trägt die Burg Hunedoara nicht?

- A Burg Corvinilor
- B Burg Eisenmarkt
- C Weiß Burg
- D Schwarze Burg

Lösungen 93-96

93	An welchem Fluss liegt die Hauptstadt der ehemaligen habsburgischen Provinz Bukowina (Czernowitz)?

A Pruth

94	Siebenbürgen ist mit seinen knapp 56 000 km^2 größer als welches der folgenden Länder?

C Schweiz

95	Mit welcher siebenbürgischen bzw. banater Stadt hat Ulm keine sogenannte Donau-Partnerschaft?

B Reghin/Szászrégen/Sächsisch-Regen

96	Welche Alternativnamen trägt die Burg Hunedoara nicht?

C Weiß Burg

Fragen 97-100

97 Welche Alternativnamen trägt die Burg Hunedoara nicht?

A Burg der Corviner

B Burg des schwarzen Berges

C Burg Vajdahunyad

D Burg Corvin

98 Wie heißt der Hausberg von Sächsisch-Regen/Reghin/Szászrégen?

A Kaiserstuhl

B Gottesstuhl

C Mönchsberg

D Honterusberg

99 Was ist ein Wahrzeichen der Stadt Sächsisch-Regen/Reghin/Szászrégen?

A Statue der Stadtmusikanten

B Berblinger Turm

C Eiche „Stejarul"

D Sächsischer Bär „Georg"

100 Was ist oder war kein Name für Alba Iulia?

A Bălgrad

B Erdélyifehérvár

C Károlyfehérvár

D Székesfehérvár

Lösungen 97-100

97	Welche Alternativnamen trägt die Burg Hunedoara nicht?

B Burg des schwarzen Berges

98	Wie heißt der Hausberg von Sächsisch-Regen/Reghin/Szászrégen?

B Gottesstuhl

99	Was ist ein Wahrzeichen der Stadt Sächsisch-Regen/Reghin/Szászrégen?

C Eiche „Stejarul"

100	Was ist oder war kein Name für Alba Iulia?

D Székesfehérvár

Fragen 101-104

101 Welcher aus Deva stammende Reformator nahm nach seinem Geburtsort ein Pseudonym an?

A Matthias Devai Biro

B Franz Devai Davidis

C Johann Sigismund Davai

D Johann Davai Sapolyai

102 Wo befindet sich das Schloss Apafi?

A Mercheaşa/Streitfort/Mirkvásár

B Hărman/Honigberg/Szászhermány

C Dumbrăveni/Elisabethstadt/Erzsébetváros

D Haşag/Haschagen/Hasság

103 Von welchen Bergmassiven wird Predeal nicht umgeben?

A Bucegi

B Piatra Mare

C Vihorlat

D Postăvarul

104 In welcher Stadt ist der Siebenbürger Sportverein zu finden?

A München

B Ingolstadt

C Stuttgart

D Konstanz

Lösungen 101-104

101	Welcher aus Deva stammende Reformator nahm nach seinem Geburtsort ein Pseudonym an?

A Matthias Devai Biro

102	Wo befindet sich das Schloss Apafi?

C Dumbrăveni/Elisabethstadt/Erzsébetváros

103	Von welchen Bergmassiven wird Predeal nicht umgeben?

C Vihorlat

104	In welcher Stadt ist der Siebenbürger Sportverein zu finden?

B Ingolstadt

Fragen 105-108

105 Über welche drei Länder erstreckt sich das Banat?

A Rumänien, Moldau und Ukraine

B Rumänien, Ukraine und Ungarn

C Rumänien, Ungarn und Serbien

D Rumänien, Österreich und Bulgarien

106 Welcher Kreis liegt am weitesten im Norden?

A Harghita/Hargitta

B Klausenburg/Kolozsvár/Cluj-Napoca

C Mieresch/Maros/Mureş

D Bistritz-Nassod/Beszterce-Naszód/Bistriţa-Năsăud

107 Wie lautet der Sammelbegriff für die Gebiete des Fürstentums Siebenbürgen, die im engeren historischen und geographischen Sinne nicht zu Siebenbürgen gehören?

A Partium

B Transilvania

C Germania magna

D Raetia

108 Wie heißt die einzige Eishöhle der rumänischen Karpaten?

A Scărişoara

B Drumul Transfăgărăşan

C Moldoveanu

D Krähenstein

Lösungen 105-108

105	Über welche drei Länder erstreckt sich das Banat?

C Rumänien, Ungarn und Serbien

106	Welcher Kreis liegt am weitesten im Norden?

B Klausenburg/Kolozsvár/Cluj-Napoca

107	Wie lautet der Sammelbegriff für die Gebiete des Fürstentums Siebenbürgen, die im engeren historischen und geographischen Sinne nicht zu Siebenbürgen gehören?

A Partium

108	Wie heißt die einzige Eishöhle der rumänischen Karpaten?

A Scărişoara

Fragen 109-112

109 In welchem Tal liegt Agnetheln?

A Im Kokeltal

B Im Boia-Mica-Tal

C Im Butschetsch/Bugegi/Bucsecs

D Im Harbachtal/Valea Hârtibaciului/Hortobágy

110 In welchem Gebirge liegt die Tatarenschlucht?

A Apuseni-Gebirge

B Făgăraş-Gebirge

C Butschetsch/Bugegi

D Trascău-Gebirge

111 Welches ist der höchste Gipfel des Königsteins?

A Negoiu/Vârful Negoiu

B La Om/Hirtenspitze/Király-kő

C Moldoveanu

D Krähenstein/Vârful Ciucaş

112 Welcher dieser rumänischen Ortsnamen kommt im Kreis Kronstadt vor?

A Cluj

B Bucureşti

C Iaşi

D Constanţa

Lösungen 109-112

109	In welchem Tal liegt Agnetheln?

D Im Harbachtal/Valea Hârtibaciului/Hortobágy

110	In welchem Gebirge liegt die Tatarenschlucht?

C Butschetsch/Bugegi

111	Welches ist der höchste Gipfel des Königsteins?

B La Om/Hirtenspitze/Király-kő

112	Welcher dieser rumänischen Ortsnamen kommt im Kreis Kronstadt vor?

C Iaşi

Fragen 113-116

113 Welcher dieser Ortsnamen kommt in Siebenbürgen vor?

A Kessel

B Fass

C Korb

D Bottich

114 Welcher dieser Ortsnamen kommt in Siebenbürgen vor?

A Passport

B Consul

C Pass

D Visa

115 Welcher dieser Ortsnamen kommt in Siebenbürgen vor?

A Cold

B Hot

C Warm

D Cool

116 Welcher dieser Ortsnamen kommt in Siebenbürgen vor?

A Scream

B Horror

C Fear

D Panic

Lösungen 113-116

113 Welcher dieser Ortsnamen kommt in Siebenbürgen vor?

C Korb

114 Welcher dieser Ortsnamen kommt in Siebenbürgen vor?

D Visa

115 Welcher dieser Ortsnamen kommt in Siebenbürgen vor?

A Cold

116 Welcher dieser Ortsnamen kommt in Siebenbürgen vor?

D Panic

Fragen 117-120

117 Welcher dieser Ortsnamen kommt in Siebenbürgen vor?

A Auftrag

B Kommando

C Befehl

D Gewehr

118 Seit ungefähr welchem Zeitpunkt sind die Rumänen in der Stadt Klausenburg die Mehrheitsbevölkerung?

A 1995

B 1972

C 1922

D 1945

119 Welche sächsischen Stühle umfasst der Unterwald?

A Die Stühle Mühlbach, Hermannstadt und Schäßburg

B Die Stühle Broos, Leschkirch und Schäßburg

C Die Stühle Hermannstadt, Leschkirch und Schäßburg

D Die Stühle Broos, Mühlbach und Reußmarkt

120 Wo steht das größte nichtkirchliche barocke Baudenkmal Siebenbürgens?

A In Neumarkt am Mieresch

B In Karlsburg

C In Klausenburg

D In Hermannstadt

Lösungen 117-120

117 Welcher dieser Ortsnamen kommt in Siebenbürgen vor?

B Kommando

118 Seit ungefähr welchem Zeitpunkt sind die Rumänen in der Stadt Klausenburg die Mehrheitsbevölkerung?

B 1972

119 Welche sächsischen Stühle umfasst der Unterwald?

D Die Stühle Broos, Mühlbach und Reußmarkt

120 Wo steht das größte nichtkirchliche barocke Baudenkmal Siebenbürgens?

C In Klausenburg

Fragen 121-124

121 Welche Flüsse in Siebenbürgen entspringen, ähnlich dem Rhein und der Rhône, demselben Berg und fließen dennoch nicht zusammen?

A Someş/Somesch/Szamos und Cibin/Zibin/Szeben

B Cibin/Zibin/Szeben und Alt/Olt

C Alt/Olt und Mieresch/Maros/Mureş

D Mieresch/Maros/Mureş und Cibin/Zibin/Szeben

122 Während der k.u.k.-Monarchie wurde ein zeitweise bis zu 3 000 Kilometer umfassendes Netz von Waldbahnen für die Holzgewinnung angelegt. Welcher Ort bildet den Startpunkt der einzigen noch regulär funktionierenden Waldbahn, die ins Hinterland führt?

A Sächsisch Regen/ Szászrégen/ Reghin

B Oberwischau/Vişeu de Sus/Felsővisó

C Miercurea Ciuc/Szeklerburg/Csíkszereda

D Thorenburg/Turda/Tord

123 Pliska, Preslav und Târnovo sind die Namen der mittelalterlichen Hauptstädte eines Nachbarstaates des heutigen Rumäniens. Wie lautet der aktuelle Name der Hauptstadt dieses Staates?

A Sofia (Bulgarien)

B Budapest (Ungarn)

C Prag (Tschechien)

D Warschau (Polen)

124 Welche siebenbürgische Stadt führt im historischen Wappen einen Arm mit einem Schwert, das ein Herz aufspießt?

A Alba Iulia/Karlsburg (Weißenburg)/Gyulafehérvár

B Sächsisch Regen/ Szászrégen/ Reghin

C Kronstadt/ Brasov/ Brassó

D Neumarkt/Marosvásárhely/Târgu Mureş

Lösungen 121-124

121	Welche Flüsse in Siebenbürgen entspringen, ähnlich dem Rhein und der Rhône, demselben Berg und fließen dennoch nicht zusammen?

C Alt/Olt und Mieresch/Maros/Mureş

122	Während der k.u.k.-Monarchie wurde ein zeitweise bis zu 3 000 Kilometer umfassendes Netz von Waldbahnen für die Holzgewinnung angelegt. Welcher Ort bildet den Startpunkt der einzigen noch regulär funktionierenden Waldbahn, die ins Hinterland führt?

B Oberwischau/Vişeu de Sus/Felsővisó

123	Pliska, Preslav und Târnovo sind die Namen der mittelalterlichen Hauptstädte eines Nachbarstaates des heutigen Rumäniens. Wie lautet der aktuelle Name der Hauptstadt dieses Staates?

A Sofia (Bulgarien)

124	Welche siebenbürgische Stadt führt im historischen Wappen einen Arm mit einem Schwert, das ein Herz aufspießt?

D Neumarkt/Marosvásárhely/Târgu Mureş

Fragen 125-128

125 Wie heißt die höchstgelegenste Stadt Rumäniens?

A Predeal

B Bukarest

C Konstanza

D Arad

126 In der Gemeinde Keisd/Saschiz/Szászkézd steht ein Gebäude, das einem anderen in einer nahegelegenen Stadt verblüffend ähnlich ist. Welches Gebäude ist gemeint?

A Der Rathausturm in Hermannstadt

B Der Schwarzen Kirche in Kronstadt

C Der Stundturm in Schäßburg

D Das Schloss Bran

127 Wie viele Käfer-Arten und Varietäten gibt es in Siebenbürgen ungefähr? (Stand 2022)

A 10 000

B 5 000

C 15 000

D 20 000

128 Wie viele Vogelarten gibt es in Siebenbürgen ungefähr? (Stand 2022)

A 300

B 900

C 2 000

D 100

Lösungen 125-128

125	Wie heißt die höchstgelegenste Stadt Rumäniens?

A Predeal

126	In der Gemeinde Keisd/Saschiz/Szászkézd steht ein Gebäude, das einem anderen in einer nahegelegenen Stadt verblüffend ähnlich ist. Welches Gebäude ist gemeint?

C Dem Stundturm in Schäßburg

127	Wie viele Käfer-Arten und Varietäten gibt es in Siebenbürgen ungefähr? (Stand 2022)

B 5 000

128	Wie viele Vogelarten gibt es in Siebenbürgen ungefähr? (Stand 2022)

C 300

Fragen 129-132

129 Was ist die Partnerstadt von Klausenburg/Kolozsvár/Cluj-Napoca?

- A Dresden
- B München
- C Köln
- D Bonn

130 In welcher Stadt wurde die Burg Hunedoara nachgebaut?

- A Bukarest
- B Budapest
- C Sofia
- D Belgrad

131 In welchem Kreis wurde Albert-László Barabási?

- A Sibiu
- B Covasna
- C Brașov
- D Mureș

132 Was war kein Name für Kronstadt/Brasso/Brasov?

- A Stephanopolis
- B Corona
- C Stalinstadt
- D Karl-Marx-Stadt

Lösungen 129-132

129	Was ist die Partnerstadt von Klausenburg/Kolozsvár/Cluj-Napoca?

C Köln

130	In welcher Stadt wurde die Burg Hunedoara nachgebaut?

B Budapest

131	In welchem Kreis wurde Albert-László Barabási?

A Sibiu

132	Was war kein Name für Kronstadt/Brasso/Brasov?

D Karl-Marx-Stadt

Fragen 133-136

133 In welcher siebenbürgischen Stadt liegt eine der engsten Gassen Europas? (Stand 2009)

A Kronstadt/Brassó/Braşov

B Cluj-Napoca/Kolozsvár/Klausenburg

C Bistritz/Bistriţa/Beszterce

D Mediasch/Medgyes/Mediaş

134 Gemeinsam mit welcher Stadt wurde Hermannstadt/Nagyszeben/Sibiu zur Kulturhauptstadt Europas im Jahr 2007 ernannt?

A Helsinki

B Hamburg

C Stadt Luxemburg

D Vatikanstadt

135 Aus welcher Stadt stammt der erste rumänische Kosmonaut?

A Hermannstadt/Sibiu/Nagyszeben

B Kronstadt/Brassó/Braşov

C Bistritz/Bistritia/Beszterce

D Segesvár/Sighisoara/Schäßburg

136 Wann wurde Victoria/Viktoriastadt/Viktórlaváros offiziell gegründet?

A 1456

B 1812

C 1948

D 1763

Lösungen 133-136

133	In welcher siebenbürgischen Stadt liegt eine der engsten Gassen Europas (Stand 2009)?

A Kronstadt/Brassó/Braşov

134	Gemeinsam mit welcher Stadt wurde Hermannstadt/Nagyszeben/Sibiu zur Kulturhauptstadt Europas im Jahr 2007 ernannt?

C Stadt Luxemburg

135	Aus welcher Stadt stammt der erste rumänische Kosmonaut?

B Kronstadt/Brassó/Braşov

136	Wann wurde Victoria/Viktoriastadt/Viktóriaváros offiziell gegründet?

C 1948

Fragen 137-140

137 In welchem Kreis liegt Mühlbach/Sebeş/Szászsebes?

A Hunyad

B Mieresch

C Sibiu

D Alba

138 In welcher Himmelsrichtung liegt das Banat von Siebenbürgen aus?

A Süden

B Osten

C Westen

D Norden

139 Welche Hunderasse kommt nicht aus Siebenbürgen?

A Siebenbürger Wasserhund

B Alle genannten Hunderassen

C Siebenbürger Spitz

D Siebenbürger Dogge

140 Ordne die Städte aufsteigend nach der Entfernung von Sibiu/Hermannstadt/Nagyszeben.

A Belgrad, Budapest, Bukarest und Chisinau

B Chisinau, Bukarest, Belgrad und Budapest

C Bukarest, Belgrad, Budapest und Chisinau

D Budapest, Belgrad, Chisinau und Bukarest

Lösungen 137-140

137	In welchem Kreis liegt Mühlbach/Sebeş/Szászsebes?

D Alba

138	In welcher Himmelsrichtung liegt das Banat von Siebenbürgen aus?

C Westen

139	Welche Hunderasse kommt nicht aus Siebenbürgen?

B Alle genannten Hunderassen

140	Ordne die Städte aufsteigend nach der Entfernung von Sibiu/Hermannstadt/Nagyszeben.

C Bukarest, Belgrad, Budapest und Chisinau

Fragen 141-144

141 Ordne die Städte aufsteigend nach der Entfernung von Kolozsvár/Cluj-Napoca/Klausenburg.

A Belgrad, Chisinau, Bukarest und Budapest

B Budapest, Bukarest, Chisinau und Belgrad

C Bukarest, Budapest, Belgrad und Chisinau

D Chisinau, Belgrad, Budapest und Bukarest

142 Die ca. 600 km lange siebenbürgische Militärgrenze wurde zwischen 1762-1770 errichtet und diente der Bewachung des Habsburgerreiches. Wann wurde sie aufgelöst?

A 1918

B 1876

C 1868

D 1851

143 An welchem Pass in den Karpaten platzierte Bram Stoker das Schloss des transsilvanischen Grafen Dracula in seinem Roman?

A Borgo-/Bârgău-Pass

B Drumul Transfăgărăşan

C Vâlcan

D Urdele

144 Welchen Pass überquert man, wenn man von Hermannstadt nach Râmnicu Vâlcea fährt?

A Borgo-/Bârgău-Pass

B Urdele

C Drumul Transfăgărăşan

D Roten-Turm-Pass/Turnu Roşu

Lösungen 141-144

141	Ordne die Städte aufsteigend nach der Entfernung von Kolozsvár/Cluj-Napoca/Klausenburg

C Bukarest, Budapest, Belgrad und Chisinau

142	Die ca. 600 km lange siebenbürgische Militärgrenze wurde zwischen 1762-1770 errichtet und diente der Bewachung des Habsburgerreiches. Wann wurde sie aufgelöst?

D 1851

143	An welchem Pass in den Karpaten platzierte Bram Stoker das Schloss des transsilvanischen Grafen Dracula in seinem Roman?

A Borgo-/Bârgău-Pass

144	Welchen Pass überquert man, wenn man von Hermannstadt nach Râmnicu Vâlcea fährt?

D Roten-Turm-Pass/Turnu Roşu

Fragen 145-148

145 Am Fuße welchen Gebirges liegt Zărneşti/Zernyest/Zernescht?

A Krähenstein

B Königstein

C Retezat-Gebirge

D Bucegi-Gebirge

146 Welcher See liegt in den Ostkarpaten, der 1837 durch einen Erdrutsch entstanden ist?

A Neusiedlersee/Fertő tó/Lacul Neusiedler

B Mördersee oder Rotsee/Lacul Roşu/Gyilkos-tó

C Plattensee/Balaton/Lacul Balaton

D Bâlea-See/Lacul Bâlea/Bilea-tó

147 Welches ist der größte Stausee in den Südkarpaten?

A Mördersee oder Rotsee/Lacu Roşu/Gyilkos-tó

B Neusiedlersee/Fertő tó/Lacul Neusiedler

C Plattensee/Balaton/Lacul Balaton

D Vidraru-See

148 Welches ist der größte Gletschersee im Retezat-Gebirge?

A Vidraru-See

B Bâlea-See/Lacul Bâlea/Bilea-tó

C Bucura-See

D St. Annen-See/Szt. Anna-tó/Lacu Sf. Ana

Lösungen 145-148

145	Am Fuße welchen Gebirges liegt Zărneşti/Zernyest/Zernescht?

B Königstein

146	Welcher See liegt in den Ostkarpaten, der 1837 durch einen Erdrutsch entstanden ist?

B Mördersee oder Rotsee/Lacul Roşu/Gyilkos-tó

147	Welches ist der größte Stausee in den Südkarpaten?

D Vidraru-See

148	Welches ist der größte Gletschersee im Retezat-Gebirge?

C Bucura-See

Fragen 149-152

149 Wie heißt der einzige Vulkansee Siebenbürgens?

A Der Bucura-See

B Der Vidraru-See

C St. Annen-See/Szt. Anna-tó/Lacu Sf. Ana

D Der Vidraru-See

150 In welchem Gebirge entspringt der Weidenbach (Ghimbăşel)?

A Bucegi-Gebirge

B Butschetsch/Bugegi/Bucsecs

C Königstein/Piatra Craiului

D Retezat-Gebirge

151 Welcher Fluss verbindet Thorenburg/Turda/Torda und Großschlatten/Abrud/Abrudbánya?

A Ariesch/Arieş/Aranyos

B Große Kokel/Târnava Mare/Nagy-Küküllő

C Kleine Kokel/Târnava Mică/Kis-Küküllő

D Mureş/ Mieresch/Maros

152 Wann wurde der Nationalpark Retezat eingerichtet?

A 1935

B 1886

C 1919

D 1979

Lösungen 149-152

149	Wie heißt der einzige Vulkansee Siebenbürgens?

C St. Annen-See/Szt. Anna-tó/Lacu Sf. Ana

150	In welchem Gebirge entspringt der Weidenbach (Ghimbăşel)?

B Butschetsch/Bugegi/Bucsecs

151	Welcher Fluss verbindet Thorenburg/Turda/Torda und Großschlatten/Abrud/Abrudbánya?

A Ariesch/Arieş/Aranyos

152	Wann wurde der Nationalpark Retezat eingerichtet?

A 1935

Fragen 153-156

153 Welcher dieser Ortsnamen kommt in Siebenbürgen vor?

A Friss

B Trink

C Sauf

D Stirb

154 Welcher dieser Ortsnamen kommt in Siebenbürgen vor?

A Gamma

B Alpha

C Beta

D Ypsilon

155 Welcher dieser Ortsnamen kommt in Siebenbürgen vor?

A Beiss

B Bell

C Hund

D Fass

156 Welcher dieser Ortsnamen kommt in Siebenbürgen vor?

A Saget

B Redet

C Lüget

D Schweiget

Lösungen 153-156

153 Welcher dieser Ortsnamen kommt in Siebenbürgen vor?

A Friss

154 Welcher dieser Ortsnamen kommt in Siebenbürgen vor?

C Beta

155 Welcher dieser Ortsnamen kommt in Siebenbürgen vor?

B Bell

156 Welcher dieser Ortsnamen kommt in Siebenbürgen vor?

C Lüget

Fragen 157-160

157 Seit 1902 steht in Klausenburg ein Reiterstandbild von König Matthias I. von Ungarn. Wie viele Hufe hebt das Pferd des Reiters?

A Drei

B Zwei

C Einen

D Keinen

158 Wie viele Orte gibt es in Siebenbürgen, die „Avram Iancu" heißen?

A 10

B 6

C 4

D 2

159 Dianthus callizonus riecht gut und kommt nur in Königstein vor. Was ist gesucht?

A Moltebeere

B Königsteinnelke

C Fieberklee

D Edelweiß

160 An welchem Fluss liegt die Ortschaft Gierelsau (Bradu/Fenyőfalva)?

A Cibin/Zibin/Szeben

B Mureș/Mieresch/Maros

C Alt/Olt

D Someș/Somesch/Szamos

Lösungen 157-160

157	Seit 1902 steht in Klausenburg ein Reiterstandbild von König Matthias I. von Ungarn. Wie viele Hufe hebt das Pferd des Reiters?

D Keinen

158	Wie viele Orte gibt es in Siebenbürgen, die „Avram Iancu" heißen?

C 4

159	Dianthus callizonus riecht gut und kommt nur in Königstein vor. Was ist gesucht?

B Königsteinnelke

160	An welchem Fluss liegt die Ortschaft Gierelsau (Bradu/Fenyőfalva)?

C Alt/Olt

Fragen 161-164

161 Welche Farbe hat die Außenfassade des alten Kronstädter Rathauses?

A Schwarz

B Weiß

C Rot

D Gelb

162 An welcher Stelle der höchsten Gipfel Rumäniens liegt die „Om"-Spitze des Butschetsch-Massivs?

A An dritter Stelle

B An vierter Stelle

C An fünfter Stelle

D An zweiter Stelle

163 Wie viele Ortsnamen gibt es in Siebenbürgen, die mit ihrem Namensbeginn „Coman..." auf das Reitervolk der Kumanen zurückverweisen?

A 4

B 5

C 3

D 2

164 Welche sehr enge und ca. 8 km lange Klamm verbindet die Moldau und Siebenbürgen? Der Fluss, der den gleichen Namen trägt, entspringt im Hăşmasul-Mare-Gebirge und mündet in die Bistritz.

A Vintgar-Klamm

B Zerneschter Klamm

C Bicaz-Klamm

D Thorenburger Klamm

Lösungen 161-164

161	Welche Farbe hat die Außenfassade des alten Kronstädter Rathauses?

D Gelb

162	An welcher Stelle der höchsten Gipfel Rumäniens liegt die „Om"-Spitze des Butschetsch-Massivs?

C An fünfter Stelle

163	Wie viele Ortsnamen gibt es in Siebenbürgen, die mit ihrem Namensbeginn „Coman..." auf das Reitervolk der Kumanen zurückverweisen?

B 5

164	Welche sehr enge und ca. 8 km lange Klamm verbindet die Moldau und Siebenbürgen? Der Fluss, der den gleichen Namen trägt, entspringt im Hăşmasul-Mare-Gebirge und mündet in die Bistritz.

C Bicaz-Klamm

Fragen 165-168

165 Welchen Familiennamen tragen die Kanaldeckel in der Hermannstädter Altstadt?

A Spieß

B Jung

C Klein

D Rieger

166 In welchem Kreis (judeţ) entspringt der Buzău-Fluss?

A Bistritz

B Hermannstadt

C Kronstadt

D Klausenburg

167 Welche der folgenden Städte aus dem rumänischen Altreich hat keinen Namensvetter in Siebenbürgen?

A Bucureşti

B Brăila

C Galaţi

D Drobeta Turnu Severin

168 Wie viele Länder durchfließt bzw. berührt die Donau von der Quelle bis zur Mündung?

A 6

B 7

C 9

D 8

Lösungen 165-168

165	Welchen Familiennamen tragen die Kanaldeckel in der Hermannstädter Altstadt?

D Rieger

166	In welchem Kreis (judeţ) entspringt der Buzău-Fluss?

C Kronstadt

167	Welche der folgenden Städte aus dem rumänischen Altreich hat keinen Namensvetter in Siebenbürgen?

B Brăila

168	Wie viele Länder durchfließt bzw. berührt die Donau von der Quelle bis zur Mündung?

C 9

Fragen 169-172

169 In welchem Teil der Stadt Hunedoara liegt die Burg Hunedoara?

A Nördlich

B Östlich

C Westlich

D Südlich

170 Wie heißt die 1,1 m breite Gasse in Brasov/Kronstadt/Brassó?

A Eulengasse

B Schnurgasse

C Zwergengasse

D Elfengasse

171 Was ist keine Nachbargemeinde von Hermannstadt/Nagyszeben/Sibiu?

A Burgfeld/Buciumi/Vármező

B Cisnădie/Heltau/Nagydisznód

C Grossau/Cristian/Kereszténysziget

D Roşia/Veresmart/Rothberg

172 In welcher Stadt wurde Cristian Dumitru Crişan geboren?

A Hermannstadt/Sibiu/Nagyszeben

B Kolozsvár/Cluj-Napoca/Klausenburg

C Targu Mures/Neumarkt am Mures/Marosvásárhely

D Reghin/Sächsisch-Regen/Szászrégen

Lösungen 169-172

169	In welchem Teil der Stadt Hunedoara liegt die Burg Hunedoara?

C Westlich

170	Wie heißt die 1,1 m breite Gasse in Brasov/Kronstadt/Brassó?

B Schnurgasse

171	Was ist keine Nachbargemeinde von Hermannstadt/Nagyszeben/Sibiu?

A Burgfeld/Buciumi/Vármező

172	In welcher Stadt wurde Cristian Dumitru Crişan geboren?

D Reghin/Sächsisch-Regen/Szászrégen

WIRTSCHAFT UND WISSENSCHAFT

Das Land Siebenbürgen hat im Laufe der Zeit viele Flaggen und Herrscher erlebt, begleitet von Wechseln in der Führung und Veränderungen in der Wirtschaft. Eine Vielzahl unterschiedlicher Menschen hat die Geschicke des Landes gelenkt. Diese Vielfalt an unterschiedlichen Menschen ist eine Stärke, die das Land nutzt, um voranzuschreiten und neue Ideen zu entwickeln.

Die lange Geschichte Siebenbürgens ist geprägt von klugen Köpfen, die wichtige Erfindungen gemacht und Wohlstand durch ihre Innovationskraft und unternehmerischen Fähigkeiten gebracht haben. Die Rieger-Fabrik aus Hermannstadt ist ein Beispiel dafür: Sie war die erste Fabrik für Landwirtschaftsmaschinen in Siebenbürgen und prägte im 19. und 20. Jahrhundert maßgeblich die Wirtschaft der Region. Die Besitzer der Rieger-Fabrik wurden später nach der kommunistischen Machtübernahme entschädigungslos enteignet. Diese Phase markierte auch den Beginn eines Exodus der deutschen Bevölkerung aus Siebenbürgen, wodurch die Region einen bedeutenden wirtschaftlichen Motor und innovative Kräfte verlor.

Ein herausragendes Beispiel für innovative Kraft war der international bekannte Wissenschaftler Hermann Oberth, der in Siebenbürgen geboren wurde und seine Spuren in der Raumfahrttechnologie hinterlassen hat. Sein Beitrag ist ein bedeutendes Erbe für die Innovationsgeschichte der Region

Hermann Oberth war ein siebenbürgisch-sächsischer Physiker und Raketenpionier, der am 25. Juni 1894 in Hermannstadt/Nagyszeben/Sibiu in Rumänien, geboren wurde. Er gilt als einer der bedeutendsten Pioniere auf dem Gebiet der wissenschaftlichen Raketentechnik und Astronautik.

Sein Lebenswerk und seine wegweisenden Arbeiten haben maßgeblich zur Entwicklung der Raumfahrt beigetragen. Oberth war ein Vorreiter in der Erforschung und Entwicklung von Raketentechnologie und theoretischen Konzepten, die den Weg für die moderne Raumfahrt ebneten.

Seine bahnbrechenden Ideen und Theorien inspirierten nicht nur Generationen von Raumfahrttechnikern und Wissenschaftlern, sondern trugen auch dazu bei, grundlegende Prinzipien der Raumfahrt zu etablieren. Der Oberth-Effekt, benannt nach seinen Forschungen zur Raketendynamik, sowie die Benennung eines Asteroiden und eines Mondkraters zu seinen Ehren sind nur einige Beispiele für seine anhaltende Wirkung und Anerkennung in der Raumfahrtgeschichte.

Hermann Oberth verstarb am 28. Dezember 1989 in Feucht, Deutschland. Sein Erbe und sein Beitrag zur Erforschung des Weltraums bleiben als ein wichtiger Teil der Geschichte der Raumfahrt erhalten.

Fragen 173-176

173 Weswegen ist der aus Siebenbürgen stammende Mathematiker János Bolyai (1802-1860) berühmt?

- A Er entwickelte die Relativitätstheorie
- B Er begründete die nichteuklidische Geometrie
- C Er befasste sich mit der Heisenbergschen Unschärferelation
- D Er forschte zur Wahrscheinlichkeitstheorie

174 Nach wem ist das deutsche Lyzeum in Kronstadt benannt?

- A Klaus Johannis
- B Johannes Honterus
- C Michael Trein
- D Peter Maffay

175 In welche Richtung und um wie viel muss die Uhr umgestellt werden, wenn man von Westen nach Rumänien einreist?

- A Zwei Stunden vorwärts
- B Keine Zeitumstellung
- C Eine Stunde rückwärts
- D Eine Stunde vorwärts

176 Welche ist die Landeswährung von drei Nachbarländern Rumäniens? (Stand 2022)

- A Hryvnia, Forint und Kronen
- B Dinar, Dollar und Euro
- C Leu, Lew und Dinar
- D Forint, Dollar, Franken

Lösungen 173-176

173 Weswegen ist der aus Siebenbürgen stammende Mathematiker János Bolyai (1802-1860) berühmt?

B Er begründete die nichteuklidische Geometrie

174 Nach wem ist das deutsche Lyzeum in Kronstadt benannt?

B Johannes Honterus

175 In welche Richtung und um wie viel muss die Uhr umgestellt werden, wenn man von Westen nach Rumänien einreist?

D Eine Stunde vorwärts

176 Welche ist die Landeswährung von drei Nachbarländern Rumäniens? (Stand 2022)

C Leu, Lew und Dinar

Fragen 177-180

177 Die Gasreserven welches europäischen Landes sollten während der Ukraine-Krise im Jahr 2022 helfen, das russische Gas zu ersetzen?

- A Spanien
- B Deutschland
- C Rumänien
- D Tschechien

178 Auf welchem Platz liegt Rumänien auf der Rangliste der größten Gasreserven in der Europäischen Union sowie Großbritannien?

- A 6
- B 3
- C 1
- D 8

179 Seit wann ist Rumänien Mitglied der Welthandelsorganisation?

- A 1994
- B 1990
- C 2002
- D 2009

180 Wo studierte Béla Kun?

- A Babeș-Bolyai-Universität Cluj
- B Lucian-Blaga-Universität
- C Universität Transilvania Brașov
- D Medizinische und Pharmazeutische Universität Târgu Mureș

Lösungen 177-180

177 Die Gasreserven welches europäischen Landes sollten während der Ukraine-Krise im Jahr 2022 helfen, das russische Gas zu ersetzen?

C Rumänien

178 Auf welchem Platz liegt Rumänien auf der Rangliste der größten Gasreserven in der Europäischen Union sowie Großbritannien?

B 3

179 Seit wann ist Rumänien Mitglied der Welthandelsorganisation?

A 1994

180 Wo studierte Béla Kun?

A Babeș-Bolyai-Universität Cluj

Fragen 181-184

181 Von welchem berühmten Siebenbürger Sachsen befindet sich seit 1974 ein Relief am Flughafen Berlin-Tegel?

A Hermann Oberth

B Johannes Honterus

C Peter Maffay

D Arnold Graffi

182 Welches ist das älteste öffentliche Museum Siebenbürgens?

A Leopold-Museum in Kronstadt

B Pergamonmuseum in Hermannstadt

C Brukenthal-Museum in Hermannstadt

D Humboldt-Forum in Kronstadt

183 Welcher siebenbürgisch-sächsische Wissenschaftler wird als „Vater der Raumfahrt" bezeichnet?

A Wernher von Braun

B Hermann Oberth

C Konrad Dannenberg

D Walter Dornberger

184 In welcher Stadt Siebenbürgens befindet sich das ASTRA-Museum?

A Bistritz/Bistrița/Beszterce

B Schäßburg/Segesvár/Sighișoara

C Hermannstadt/Sibiu/Nagyszeben

D Mediasch/Medgyes/Mediaş

Lösungen 181-184

181 Von welchem berühmten Siebenbürger Sachsen befindet sich seit 1974 ein Relief am Flughafen Berlin-Tegel?

A Hermann Oberth

182 Welches ist das älteste öffentliche Museum Siebenbürgens?

C Brukenthal-Museum in Hermannstadt

183 Welcher siebenbürgisch-sächsische Wissenschaftler wird als „Vater der Raumfahrt" bezeichnet?

B Hermann Oberth

184 In welcher Stadt Siebenbürgens befindet sich das ASTRA-Museum?

C Hermannstadt/Sibiu/Nagyszeben

Fragen 185-188

185 Was wurde 1547 auf Veranlassung der Sächsischen Nationsuniversität herausgegeben?

- A Die „Polizeiordnung aller Deutschen in Siebenbürgen"
- B Die „Verkehrsordnung aller Deutschen in Siebenbürgen"
- C Die „Rechtsordnung aller Deutschen in Siebenbürgen"
- D Die „Kirchenordnung aller Deutschen in Siebenbürgen"

186 Welcher wirtschaftliche Konflikt belastete in der zweiten Hälfte der 1880er Jahre die Handelskontakte zwischen Siebenbürgen und Rumänien?

- A Der Hermannstädter Fenstersturz
- B Der Dreißigjährige Krieg
- C Der Zollkrieg
- D Die Erstürmung der Bastille

187 Welches bekannte deutsche Schokoladen-Imperium errichtete 1922 in Kronstadt eine Filiale?

- A Lindt & Sprüngli AG
- B Brüder Stollwerck AG
- C Oy Karl Fazer Ab
- D Marabu GmbH & Co. KG

188 Der Ortsname Zlatna im siebenbürgischen Erzgebirge weist auf den Bodenschatz hin, der dort seit der Antike abgebaut wird. Um was handelt es sich?

- A Kohle
- B Silber
- C Gold
- D Kupfer

Lösungen 185-188

185	Was wurde 1547 auf Veranlassung der Sächsischen Nationsuniversität herausgegeben?

D Die „Kirchenordnung aller Deutschen in Siebenbürgen"

186	Welcher wirtschaftliche Konflikt belastete in der zweiten Hälfte der 1880er Jahre die Handelskontakte zwischen Siebenbürgen und Rumänien?

C Der Zollkrieg

187	Welches bekannte deutsche Schokoladen-Imperium errichtete 1922 in Kronstadt eine Filiale?

B Brüder Stollwerck AG

188	Der Ortsname Zlatna im siebenbürgischen Erzgebirge weist auf den Bodenschatz hin, der dort seit der Antike abgebaut wird. Um was handelt es sich?

C Gold

Fragen 189-192

189 Der Name der ungarischen Währung (Forint) lässt sich auf welche im 14. Jahrhundert in Ungarn nach dem Vorbild einer italienischen Stadt geprägten Goldmünze zurückführen?

A Pressburg

B Füssen

C Augsburg

D Florenz

190 In der frühen Neuzeit waren in Südosteuropa Münzen mit dem Bildnis eines Löwen, die sogenannten Löwentaler, in Umlauf, woher u.a. auch die rumänische Währung ihren Namen (Leu) hat. Woher kamen die Löwentaler?

A Aus Frankreich

B Aus England

C Aus Holland

D Aus Italien

191 In welcher siebenbürgischen Stadt befindet sich die älteste rumänische Schule aus dem 16. Jahrhundert?

A Kronstadt

B Hermannstadt

C Karlsburg

D Mediasch

192 Welches siebenbürgische Museum ist eins der größten Freilichtmuseen Europas? (Stand 2022)

A Astra Museum

B Pergamonmuseum

C Louvre

D FIFA-Museum

Lösungen 189-192

189	Der Name der ungarischen Währung (Forint) lässt sich auf welche im 14. Jahrhundert in Ungarn nach dem Vorbild einer italienischen Stadt geprägten Goldmünze zurückführen?

D Florenz

190	In der frühen Neuzeit waren in Südosteuropa Münzen mit dem Bildnis eines Löwen, die sogenannten Löwentaler, in Umlauf, woher u.a. auch die rumänische Währung ihren Namen (Leu) hat. Woher kamen die Löwentaler?

C Aus Holland

191	In welcher siebenbürgischen Stadt befindet sich die älteste rumänische Schule aus dem 16. Jahrhundert?

D Kronstadt

192	Welches siebenbürgische Museum ist eins der größten Freilichtmuseen Europas? (Stand 2022)

A Astra Museum

Fragen 193-196

193 Auf welchem Platz lag Rumänien 1953 und 1954 unter den weltweiten Förderländern von Erdgas?

- A 1
- B 20
- C 3
- D 10

194 Wie viel Prozent der rumänischen Gasreserven liegen in Siebenbürgen?

- A Ca. 50 %
- B Ca. 75 %
- C Ca. 25 %
- D Ca. 0,5 %

195 In welcher Sprache kann man nicht an der Babeș-Bolyai-Universität Cluj studieren? (Stand 2022)

- A Französisch
- B Rumänisch
- C Deutsch
- D Ungarisch

196 Aus wie vielen Ländern sind die Mitgliederorganisationen des Siebenbürgisch-Sächsischen Kulturrates? (Stand 2022)

- A 2
- B 3
- C 4
- D 1

Lösungen 193-196

193	Auf welchem Platz lag Rumänien 1953 und 1954 unter den weltweiten Förderländern von Erdgas?

C 3

194	Wie viel Prozent der rumänischen Gasreserven liegen in Siebenbürgen?

B Ca. 75 %

195	In welcher Sprache kann man nicht an der Babeş-Bolyai-Universität Cluj studieren? (Stand 2022)

A Französisch

196	Aus wie vielen Ländern sind die Mitgliederorganisationen des Siebenbürgisch-Sächsischen Kulturrates? (Stand 2022)

C 4

Fragen 197-200

197 Aus welchem Land ist keine Mitgliederorganisation des Siebenbürgisch-Sächsischen Kulturrates? (Stand 2022)

- A Deutschland
- B Österreich
- C Luxemburg
- D Rumänien

198 Wozu gehört die Arbeit von Körösi Csoma seit 2009?

- A Weltdokumentenerbe
- B Immaterielles Kulturerbe
- C Ungarisches Kulturerbe
- D Rumänisches Kulturerbe

199 Habermann, Drei Eichen oder Thomas Binder sind Namen von Unternehmen, die in der zweiten Hälfte des 19. Jahrhunderts Hermannstadt zum Mittelpunkt der Herstellung welchen Massenkonsumgutes in Siebenbürgen machten?

- A Lakritze
- B Schokolade
- C Wein
- D Bier

200 Seit wann gab es unter den Einwohnern von Hermannstadt Überlegungen, sich belagernder Feinde mit raketenähnlichen Geschossen zu erwehren?

- A Ab dem 18. Jahrhundert
- B Ab dem 17. Jahrhundert
- C Ab dem 15. Jahrhundert
- D Ab dem 16. Jahrhundert

Lösungen 197-200

197	Aus welchem Land ist keine Mitgliederorganisation des Siebenbürgisch-Sächsischen Kulturrates? (Stand 2022)

C Luxemburg

198	Wozu gehört die Arbeit von Körösi Csoma seit 2009?

A Weltdokumentenerbe

199	Habermann, Drei Eichen oder Thomas Binder sind Namen von Unternehmen, die in der zweiten Hälfte des 19. Jahrhunderts Hermannstadt zum Mittelpunkt der Herstellung welchen Massenkonsumgutes in Siebenbürgen machten?

D Bier

200	Seit wann gab es unter den Einwohnern von Hermannstadt Überlegungen, sich belagernder Feinde mit raketenähnlichen Geschossen zu erwehren?

D Ab dem 16. Jahrhundert

Fragen 201-204

201 Nach wem ist das deutsche Lyzeum in Hermannstadt benannt?

A Friedrich Setz

B Wolfgang Rehner

C Martin Siebenbürger

D Samuel von Brukenthal

202 Nach wem ist das deutsche Lyzeum in Mediasch benannt?

A Hans Ambros

B Josef Schuster

C Stephan Ludwig Roth

D Christian Schesaeus

203 Nach wem ist das deutsche Lyzeum in Schäßburg benannt?

A Hans Leicht

B Josef Haltrich

C Georg Daniel Teutsch

D Johann Michael Ackner

204 Was ist die „Teleki-Téka"?

A Ein Filmverleih

B Das erste Kino Siebenbürgens

C Eine Bibliothek

D Eine Marke von Kassetten aus Siebenbürgen

Lösungen 201-204

201	Nach wem ist das deutsche Lyzeum in Hermannstadt benannt?

D Samuel von Brukenthal

202	Nach wem ist das deutsche Lyzeum in Mediasch benannt?

C Stephan Ludwig Roth

203	Nach wem ist das deutsche Lyzeum in Schäßburg benannt?

B Josef Haltrich

204	Was ist die „Teleki-Téka"?

C Eine Bibliothek

Fragen 205-208

205 Welcher bekannte Künstler erbaute im 20. Jahrhundert das Szekler Nationalmuseum in Sepsiszentgyörgy/Sfântu Gheorghe/Sankt Georgen?

A Kós Károly

B Georg Daniel Teutsch

C Richard Csaki

D Johann Gorgias

206 Welche zwei Nachbarstaaten Rumäniens verwenden als Währung ebenfalls „Löwen"?

A Republik Moldau (Lei) und Bulgarien (Leva)

B Russische Föderation (Rubel) und Dänemark (Dänische Krone)

C Ungarn (Forint) und Polen (Złoty)

D Österreich (Euro) und Ukraine (Hrywnja)

207 Nach welchem für Fleiß stehenden Insekt wurde 1872 eine rumänische Bank in Hermannstadt benannt?

A Wurm

B Ameise

C Biene

D Fliege

208 Welchen Bodenschatz deutet der Ortsname Ocna (zum Beispiel in Ocna Mureş) an?

A Gold

B Salz

C Silber

D Platin

205 Welcher bekannte Künstler erbaute im 20. Jahrhundert das Szekler Nationalmuseum in Sepsiszentgyörgy/Sfântu Gheorghe/Sankt Georgen?

A Kós Károly

206 Welche zwei Nachbarstaaten Rumäniens verwenden als Währung ebenfalls „Löwen"?

A Republik Moldau (Lei) und Bulgarien (Leva)

207 Nach welchem für Fleiß stehenden Insekt wurde 1872 eine rumänische Bank in Hermannstadt benannt?

C Biene

208 Welchen Bodenschatz deutet der Ortsname Ocna (zum Beispiel in Ocna Mureş) an?

B Salz

Fragen 209-212

209 In welcher burzenländer Gemeinde werden Flugzeuge und Hubschrauber hergestellt? (Stand 2002)

- A Oradea/Großwardein/Nagyvárad
- B Sibiu/Hermannstadt/Nagyszeben
- C Brasov/Kronstadt/Brassó
- D Weidenbach/Ghimbav/Vidombák

210 War Agnetheln mit der Schmalspurbahn, der sogenannten „Wusch" oder „Wicka", zuerst von Schäßburg oder von Hermannstadt aus zu erreichen?

- A Beide gleichzeitig
- B Von Hermannstadt aus
- C Von Schäßburg aus
- D Die Schmalspurbahn fuhr nie von beiden Orten

211 Welche Institution leitete Dr. Carl Wolff von 1885-1919?

- A Die Siebenbürgische Zeitung
- B Das Siebenbürgisch-Deutsche Tageblatt
- C Die Hermannstädter Zeitung
- D Die Hermannstädter Allgemeine Sparkassa

212 Wie heißt das erste in deutscher Sprache herausgegebene Periodikum Siebenbürgens?

- A Theatral Wochenblatt
- B Die Hermannstädter Zeitung
- C Die Siebenbürgische Zeitung
- D Das Siebenbürgisch-Deutsche Tageblatt

Lösungen 209-212

209 In welcher burzenländer Gemeinde werden Flugzeuge und Hubschrauber hergestellt? (Stand 2002)

D Weidenbach/Ghimbav/Vidombák

210 War Agnetheln mit der Schmalspurbahn, der sogenannten „Wusch" oder „Wicka", zuerst von Schäßburg oder von Hermannstadt aus zu erreichen?

C Von Schäßburg aus

211 Welche Institution leitete Dr. Carl Wolff von 1885-1919?

D Die Hermannstädter Allgemeine Sparkassa

212 Wie heißt das erste in deutscher Sprache herausgegebene Periodikum Siebenbürgens?

A Theatral Wochenblatt

Fragen 213-216

213 Welcher Flughafen Rumäniens wurde 1943 in Betrieb genommen?

A Klausenburg

B Bukarest

C Hermannstadt

D Schäßburg

214 Wie heißt die „offizielle" Währung der selbsternannten Republik Transnistrien im Osten der Republik Moldau? (Stand 2022)

A Russischer Rubel

B Transnistrischer Rubel

C Lewonzen

D Transnistrischer Dollar

215 Wofür steht das Kürzel „TAROM"?

A Rumänische Fluggesellschaft

B Herstellerfirma des Geländewagens ARO

C Erste private Telefongesellschaft Rumäniens

D Spezialkräfte der Polizei in Rumänien

216 Wann wurde die erste Dampfmaschine in Siebenbürgen in Betrieb genommen?

A 1821

B 1875

C 1838

D 1887

Lösungen 213-216

213	Welcher Flughafen Rumäniens wurde 1943 in Betrieb genommen?

C Hermannstadt

214	Wie heißt die „offizielle" Währung der selbsternannten Republik Transnistrien im Osten der Republik Moldau? (Stand 2022)

B Transnistrischer Rubel

215	Wofür steht das Kürzel „TAROM"?

A Rumänische Fluggesellschaft

216	Wann wurde die erste Dampfmaschine in Siebenbürgen in Betrieb genommen?

C 1838

Fragen 217-220

217 Wie heißt der Nachfolgebetrieb der Maschinenfabrik Andreas Riegers?

A Romgaz

B Dacia Group

C Independenţa

D TAROM

218 Welche Zigarettenmarke spielte in der Ceauşescu-Zeit noch vor Marlboro die Rolle einer Art Zweitwährung?

A Kent

B Wales

C Krone

D Taler

219 Sprachwissenschaftlich betrachtet ähnelt das Siebenbürgisch-Sächsische welchem fränkischen Dialekt?

A Moselfränkisch

B Rheinfränkisch

C Ostfränkisch

D Bayrisch

220 Die Universitäten in Klausenburg und Czernowitz trugen bis 1918 denselben Namen. Wie lautet dieser?

A Karlsuniversität

B Maria-Theresia-Universität

C Semmelweis-Universität

D Franz-Josephs-Universität

Lösungen 217-220

217	Wie heißt der Nachfolgebetrieb der Maschinenfabrik Andreas Riegers?

C Independenţa

218	Welche Zigarettenmarke spielte in der Ceauşescu-Zeit noch vor Marlboro die Rolle einer Art Zweitwährung?

A Kent

219	Sprachwissenschaftlich betrachtet ähnelt das Siebenbürgisch-Sächsische welchem fränkischen Dialekt?

A Moselfränkisch

220	Die Universitäten in Klausenburg und Czernowitz trugen bis 1918 denselben Namen. Wie lautet dieser?

D Franz-Josephs-Universität

Fragen 221-224

221 Ab wann kann die erste Mädchenschule in Siebenbürgen nachgewiesen werden?

A 1744

B 1644

C 1444

D 1544

222 Wie veränderte sich die Anzahl der Erwerbstätigen in der Landwirtschaft in Rumänien von 2010-2020?

A +35 %

B -15 %

C -35 %

D +15 %

223 Was waren die wichtigsten drei Hauptabnehmerländer für rumänische Güter im Jahr 2020 in absteigender Reihenfolge?

A Ungarn, Serbien und Moldawien

B Deutschland, Italien und Frankreich

C Österreich, Russland und Türkei

D Tschechien, Polen und Slowakei

224 Was waren die wichtigsten zwei Exporthandelsgüter für Rumänien im Jahr 2020 in absteigender Reihenfolge?

A Möbel und Möbelteile sowie Mess- und Regeltechnik

B Nahrungsmittel und Chemische Erzeugnisse

C Kfz und Kfz-Teile sowie Elektrotechnik

D Rohstoffe und Maschinen

Lösungen 221-224

221	Ab wann kann die erste Mädchenschule in Siebenbürgen nachgewiesen werden?

D 1544

222	Wie veränderte sich die Anzahl der Erwerbstätigen in der Landwirtschaft in Rumänien von 2010-2020?

C -35 %

223	Was waren die wichtigsten drei Hauptabnehmerländer für rumänische Güter im Jahr 2020 in absteigender Reihenfolge?

B Deutschland, Italien und Frankreich

224	Was waren die wichtigsten zwei Exporthandelsgüter für Rumänien im Jahr 2020 in absteigender Reihenfolge?

C Kfz und Kfz-Teile sowie Elektrotechnik

Fragen 225-228

225 Welche Firma gründete Hasso Plattner mit?

A SAP

B Mercedes Benz

C Wirecard

D Biontech

226 Was war kein Name der Babeş-Bolyai-Universität Cluj?

A Deutsche Universität Klausenburg

B Universität von Oberdakien

C König Ferdinand-Universität

D Universität Klausenburg

227 In welcher Sprache wurde zunächst an der heutigen Babeş-Bolyai-Universität Cluj ab 1776 unterrichtet?

A Ungarisch

B Rumänisch

C Deutsch

D Französisch

228 Der Namensgeber der Babeş-Bolyai-Universität Victor Babeş war in welchem Bereich tätig?

A Geografie

B Medizin

C Pädagogik

D Politik

Lösungen 225-228

225	Welche Firma gründete Hasso Plattner mit?

A SAP

226	Was war kein Name der Babeş-Bolyai-Universität Cluj?

A Deutsche Universität Klausenburg

227	In welcher Sprache wurde zunächst an der heutigen Babeş-Bolyai-Universität Cluj ab 1776 unterrichtet?

C Deutsch

228	Der Namensgeber der Babeş-Bolyai-Universität Victor Babeş war in welchem Bereich tätig?

B Medizin

Fragen 229-232

229 Der Namensgeber der Babeș-Bolyai-Universität János Bolyai war in welchem Bereich tätig?

- A Biologie
- B Politik
- C Medizin
- D Mathematik

230 Wie hieß der erste rumänische Kosmonaut?

- A Radu Voina
- B Gabriel Mureșan
- C Dumitru Dorin Prunariu
- D Ștefan Balint

231 Bis wann möchte Rumänien aus der Stromerzeugung mit Kohle aussteigen? (Stand 2022)

- A 2030
- B 2050
- C 2035
- D 2032

232 Wie hieß das Studium Transylvanicum früher?

- A Siebenbürgische Jugendseminare
- B Siebenbürgischer Trachtenverein
- C Siebenbürgische Wissenschaft
- D Siebenbürgischer Kulturverein

Lösungen 229-232

229 Der Namensgeber der Babeş-Bolyai-Universität János Bolyai war in welchem Bereich tätig?

D Mathematik

230 Wie hieß der erste rumänische Kosmonaut?

C Dumitru Dorin Prunariu

231 Bis wann möchte Rumänien aus der Stromerzeugung mit Kohle aussteigen? (Stand 2022)

D 2032

232 Wie hieß das Studium Transylvanicum früher?

A Siebenbürgische Jugendseminare

Fragen 233-236

233 Wie viele Mitgliederorganisationen hat der Siebenbürgisch-Sächsische Kulturrat? (Stand 2022)

A 6

B 10

C 14

D 24

234 Aus welchem Land ist eine Mitgliederorganisation des Siebenbürgisch-Sächsischen Kulturrates? (Stand 2022)

A USA

B Schweiz

C Kanada

D Polen

235 Welches Unternehmen hat seinen Sitz in Mühlbach/Sebeș/Szászsebes? (Stand 2022)

A Kronospan

B Nestle

C Wanzl

D Kögel

236 Welchen Forschungszweig in Europa begründete der in Siebenbürgen geborene Sándor Kőrösi Csoma?

A Fennistik

B Skandinavistik

C Tibetologie

D Finnougristik

Lösungen 233-236

233	Wie viele Mitgliederorganisationen hat der Siebenbürgisch-Sächsische Kulturrat? (Stand 2022)

C 14

234	Aus welchem Land ist eine Mitgliederorganisation des Siebenbürgisch-Sächsischen Kulturrates? (Stand 2022)

B Schweiz

235	Welches Unternehmen hat seinen Sitz in Mühlbach/Sebeș/Szászsebes? (Stand 2022)

A Kronospan

236	Welchen Forschungszweig in Europa begründete der in Siebenbürgen geborene Sándor Kőrösi Csoma?

C Tibetologie

Fragen 237-240

237 Dieser Meschener Pfarrer ist unter anderem als Mitarbeiter Heinrich Pestalozzis bekannt. Wie hieß er?

- A Friedrich Fröbel
- B Johannes Honterus
- C Stephan Ludwig Roth
- D Johann Comenius

238 Welcher in Kronstadt geborene Volkskundler sammelte die Märchen der Roma?

- A Heinrich Adalbert von Wislocki
- B Jakob Grimm
- C Hans Christian Andersen
- D Alexander Puschkin

239 In welcher siebenbürgischen Stadt im Háromszék (Drei Stühle) steht das Szekler Nationalmuseum?

- A Sankt Georgen/Sfântu Gheorghe/Sepsiszentgyörgy
- B Târgu Mureş/Neumarkt/Marosvásárhely
- C Sächsisch Regen/Szászrégen/Reghin
- D Thorenburg/Turda/Torda

240 Im Jahr 1861 gründeten u.a. Andrei Şaguna und Timotei Cipariu in Hermannstadt welche rumänische Akademie?

- A ASA
- B FRA
- C ROA
- D ASTRA

Lösungen 237-240

237	Dieser Meschener Pfarrer ist unter anderem als Mitarbeiter Heinrich Pestalozzis bekannt. Wie hieß er?

C Stephan Ludwig Roth

238	Welcher in Kronstadt geborene Volkskundler sammelte die Märchen der Roma?

A Heinrich Adalbert von Wislocki

239	In welcher siebenbürgischen Stadt im Háromszék (Drei Stühle) steht das Szekler Nationalmuseum?

A Sankt Georgen/Sfântu Gheorghe/Sepsiszentgyörgy

240	Im Jahr 1861 gründeten u.a. Andrei Şaguna und Timotei Cipariu in Hermannstadt welche rumänische Akademie?

D ASTRA

Fragen 241-244

241 In welcher Stadt entstand die „Ungarische Gesellschaft zur Wahrung der Sprache" in Siebenbürgen?

- A Miercurea Ciuc/Szeklerburg/Csíkszereda
- B Thorenburg/Turda/Torda
- C Sächsisch Regen/Szászrégen/ Reghin
- D Neumarkt/Târgu Mureş/Marosvásárhely

242 Wohin zog sich der Philosoph Constantin Noica (1909-1987) in den letzten Jahren seines Lebens zurück, um dort seine Studien zu betreiben und Schüler um sich zu versammeln?

- A Auf den Pietros im Rodnaer Gebirge
- B Auf die Zinne in Kronstadt
- C Auf die Hohe Rinne bei Hermannstadt
- D Auf den Negoiu

243 Nachdem die Ofener (Budapester) Bibliothek den Türken zum Opfer gefallen war, welche siebenbürgische Bibliothek in welcher Stadt stieg zum ersten Rang innerhalb des ehemaligen Ungarns auf?

- A Hermannstadt
- B Kronstadt
- C Sächsisch-Regen
- D Neumarkt am Mieresch

244 Welche siebenbürgische Stadt verfügte über riesige Lastwagen- und Traktorenwerke? (Stand 2002)

- A Karlsburg
- B Hermannstadt
- C Kronstadt
- D Schäßburg

Lösungen 241-244

241 In welcher Stadt entstand die „Ungarische Gesellschaft zur Wahrung der Sprache" in Siebenbürgen?

D Neumarkt/Târgu Mureş/Marosvásárhely

242 Wohin zog sich der Philosoph Constantin Noica (1909-1987) in den letzten Jahren seines Lebens zurück, um dort seine Studien zu betreiben und Schüler um sich zu versammeln?

C Auf die Hohe Rinne bei Hermannstadt

243 Nachdem die Ofener (Budapester) Bibliothek den Türken zum Opfer gefallen war, welche siebenbürgische Bibliothek in welcher Stadt stieg zum ersten Rang innerhalb des ehemaligen Ungarns auf?

B Kronstadt

244 Welche siebenbürgische Stadt verfügte über riesige Lastwagen- und Traktorenwerke? (Stand 2002)

C Kronstadt

Fragen 245-248

245 Wann wurde in Siebenbürgen das erste Wasserkraftwerk gebaut?

- A 1895-1896
- B 1905
- C 1881-1884
- D 1921-1926

246 Wie lautete der Kosename der Schmalspurbahn zwischen Hermannstadt und Agnetheln?

- A Die „Wusch" oder „Wicka"
- B Die „Schildkröte" oder „Ameise"
- C Der „Trott" oder „Rott"
- D Die „Peng" oder „Bang"

247 Am 5. Dezember 1896 fand in der Kronstädter Villa Kertsch welches Ereignis zum ersten Mal in Siebenbürgen statt? Weltweit hatte das erste Ereignis dieser Art knapp ein Jahr zuvor stattgefunden.

- A Das erste Telefonat von Kronstadt nach Wien
- B Die erste Abstimmung über Frauenwahlrecht
- C Die erste öffentliche Filmvorführung
- D Die erste öffentliche Filmvorführung in Farbe

248 Der Mediascher William (Bill) Folberth (1884-1967) erfand in den USA eine kleine Hilfseinrichtung für das Automobil. Welche?

- A Das Warnblinklicht
- B Den Scheibenwischer
- C Die Hupe
- D Den Aschenbecher für das Auto

Lösungen 245-248

245	Wann wurde in Siebenbürgen das erste Wasserkraftwerk gebaut?

A 1895-1896

246	Wie lautete der Kosename der Schmalspurbahn zwischen Hermannstadt und Agnetheln?

A Die „Wusch" oder „Wicka"

247	Am 5. Dezember 1896 fand in der Kronstädter Villa Kertsch welches Ereignis zum ersten Mal in Siebenbürgen statt? Weltweit hatte das erste Ereignis dieser Art knapp ein Jahr zuvor stattgefunden.

C Die erste öffentliche Filmvorführung

248	Der Mediascher William (Bill) Folberth (1884-1967) erfand in den USA eine kleine Hilfseinrichtung für das Automobil. Welche?

B Den Scheibenwischer

Fragen 249-252

249 Aus welchem Land stammte die Firma, unter deren Federführung Rumänien in den Jahren zwischen 1931 und 1938 eine moderne Asphaltstraße erhielt?

A Aus Großbritannien

B Aus Frankreich

C Aus Finnland

D Aus Schweden

250 Wo in Siebenbürgen ist die größte Sammlung alter orientalischer Teppiche (152 Stück) zu bewundern?

A Auf der Burg Bran

B In einem Museum von Hermannstadt

C In der Schwarzen Kirche in Kronstadt

D In der Krönungskathedrale in Karlsburg

251 Welcher bekannte siebenbürgisch-sächsische Pädagoge, Sammler und Herausgeber von Märchen und Volkspoesie war 1972 Namensgeber für die Schäßburger Bergschule?

A Hermann Obert

B Paul Goma

C Rolf Bossert

D Joseph Haltrich

252 Die grasbewachsenen, terrassierten Hügel in der Kokelgegend zeugen von einer früher hier betriebenen Tätigkeit. Welcher Tätigkeit?

A Weinbau

B Hopfenanbau

C Anbau von Blumen

D Anbau von Olivenbäumen

249	Aus welchem Land stammte die Firma, unter deren Federführung Rumänien in den Jahren zwischen 1931 und 1938 eine moderne Asphaltstraße erhielt?

D Aus Schweden

250	Wo in Siebenbürgen ist die größte Sammlung alter orientalischer Teppiche (152 Stück) zu bewundern?

C In der Schwarzen Kirche in Kronstadt

251	Welcher bekannte siebenbürgisch-sächsische Pädagoge, Sammler und Herausgeber von Märchen und Volkspoesie war 1972 Namensgeber für die Schäßburger Bergschule?

D Joseph Haltrich

252	Die grasbewachsenen, terrassierten Hügel in der Kokelgegend zeugen von einer früher hier betriebenen Tätigkeit. Welcher Tätigkeit?

A Weinbau

Fragen 253-256

253 In welcher siebenbürgischen Stadt befanden sich um 1857 die meisten Druckereien (nämlich 5 von 10)?

A Schäßburg

B Kronstadt

C Hermannstadt

D Neumarkt am Mieresch

254 Die Firma Czell war eine bekannte Bierbrauerei des späten 19. und frühen 20. Jahrhunderts, die in welcher Stadt stand?

A Hermannstadt

B Kronstadt

C Straßburg am Mieresch

D Sächsisch-Regen

255 Wie lautete die Bezeichnung der Nationalbank, die auf den Banknoten zeichnete, die in Siebenbürgen am Vorabend des Ersten Weltkrieges in Umlauf waren?

A Österreichisch-Ungarische Bank

B Magyar Bank

C k.u.k. Reichsbank

D Habsburger Bank

256 1895 waren in den siebenbürgischen Komitaten Hermannstadt, Kolozs (Klausenburg), Kronstadt und Udvarhely (Oderhellen) die meisten Fabriken anzutreffen. Wo gab es unter diesen die wenigsten?

A Oderhellen/Udvarhely/Odorhei

B Klausenburg/Kolozs/Cluj

C Hermannstadt/Szeben/Sibiu

D Kronstadt/Brassó/Brașov

Lösungen 253-256

253	In welcher siebenbürgischen Stadt befanden sich um 1857 die meisten Druckereien (nämlich 5 von 10)?

C Hermannstadt

254	Die Firma Czell war eine bekannte Bierbrauerei des späten 19. und frühen 20. Jahrhunderts, die in welcher Stadt stand?

B Kronstadt

255	Wie lautete die Bezeichnung der Nationalbank, die auf den Banknoten zeichnete, die in Siebenbürgen am Vorabend des Ersten Weltkrieges in Umlauf waren?

A Österreichisch-Ungarische Bank

256	1895 waren in den siebenbürgischen Komitaten Hermannstadt, Kolozs (Klausenburg), Kronstadt und Udvarhely (Oderhellen) die meisten Fabriken anzutreffen. Wo gab es unter diesen die wenigsten?

C Hermannstadt/Szeben/Sibiu

Fragen 257-260

257 In folgenden drei siebenbürgischen Komitaten wurden 1895 die meisten Spiritusfabriken gezählt: Háromszék (Drei Stühle), Kolozs (Klausenburg) und Udvarhely (Oderhellen). Wer war Spitzenreiter?

A Oderhellen/Udvarhely/Odorhei

B Klausenburg/Kolozs/Cluj

C Drei Stühle/Háromszék/Trei-Scaune

D Alle Komitate hatten keine Spiritusfabriken

258 In folgenden zwei siebenbürgischen Komitaten wurden 1895 die meisten Sägewerke gezählt: Bistritz-Naszód und Hunyad. Wo waren es mehr?

A Eisenmarkt/Hunyad/Hunedoara

B Bistritz-Nassod/Beszterce-Naszód

C In beiden Komitaten gibt es keine Sägewerke

D In beiden Komitaten gibt es gleich viele Sägewerke

259 In folgenden drei siebenbürgischen Komitaten wurden 1895 die wenigsten Dampfmaschinen gezählt: Csík, Fogarasch und Klein-Kokel. Wer war Schlusslicht?

A Klein-Kokel/Kis-Küküllő/Târnava-Mică

B Csík/Csík/Ciuc

C Fogarasch/Fogaras/Făgăraş

D In allen gleich viele

260 In welchem der angegebenen Komitate Siebenbürgens gab es im Jahre 1900 Bergbau-Unternehmen mit mehr als 1 000 Beschäftigten?

A Klein-Kokel/Kis-Küküllő/Târnava-Mică

B Unter-Weißenburg/Alsó-Fehér/Alba de Jos

C Bistritz-Nassod/Beszterce-Naszód/Bistriţa-Năsăud

D Eisenmarkt/Hunyad/Hunedoara

257	In folgenden drei siebenbürgischen Komitaten wurden 1895 die meisten Spiritusfabriken gezählt: Háromszék (Drei Stühle), Kolozs (Klausenburg) und Udvarhely (Oderhellen). Wer war Spitzenreiter?

C Drei Stühle/Háromszék/Trei-Scaune

258	In folgenden zwei siebenbürgischen Komitaten wurden 1895 die meisten Sägewerke gezählt: Bistritz-Naszód und Hunyad. Wo waren es mehr?

A Eisenmarkt/Hunyad/Hunedoara

259	In folgenden drei siebenbürgischen Komitaten wurden 1895 die wenigsten Dampfmaschinen gezählt: Csík, Fogarasch und Klein-Kokel. Wer war Schlusslicht?

A Klein-Kokel/Kis-Küküllő/Târnava-Mică

260	In welchem der angegebenen Komitate Siebenbürgens gab es im Jahre 1900 Bergbau-Unternehmen mit mehr als 1 000 Beschäftigten?

D Eisenmarkt/Hunyad/Hunedoara

Fragen 261-264

261 In welchem der angegebenen Komitate Siebenbürgens gab es 1900 die meisten Unternehmen, die im Bergbau tätig waren?

A Drei Stühle/Háromszék/Trei-Scaune

B Eisenmarkt/Hunyad/Hunedoara

C Szolnok-Doboka/Szolnok-Doboka/Solnoc-Dăbâca

D Unter-Weißenburg/Alsó-Fehér/Alba de Jos

262 Wie viele Banken gab es im Jahr 1873 in Siebenbürgen?

A 2

B 34

C 20

D 5

263 Wie viele Banken gab es im Jahr 1894 in Siebenbürgen?

A 38

B 85

C 63

D 12

264 Wie viele Banken gab es im Jahr 1909 in Siebenbürgen?

A 127

B 95

C 223

D 55

Lösungen 261-264

261	In welchem der angegebenen Komitate Siebenbürgens gab es 1900 die meisten Unternehmen, die im Bergbau tätig waren?

D Unter-Weißenburg/Alsó-Fehér/Alba de Jos

262	Wie viele Banken gab es im Jahr 1873 in Siebenbürgen?

C 20

263	Wie viele Banken gab es im Jahr 1894 in Siebenbürgen?

B 85

264	Wie viele Banken gab es im Jahr 1909 in Siebenbürgen?

C 223

Fragen 265-268

265 In der Nähe von Hermannstadt kann in welchem Ort ein Museum mit bedeutender Sammlung von auf Glas gemalten Ikonen (Hinterglasmalerei) besichtigt werden?

A Sibiel/Buddenbach/Szibiel

B Schaas/Segesd/Şaeş

C Blaj/Blasendorf/Balázsfalva

D Orăştie /Broos/Szászváros

266 Welcher Ort war im Altertum das Hauptbergwerkszentrum für Goldbergbau im Westgebirge?

A Roşia Montană/Verespatak/Goldbach

B Sibiel/Budenbach/Szibiel

C Orăştie/Broos/Szászváros

D Sächsisch Regen/Szászrégen/Reghin

267 Seit wann gab es regelmäßige Verbindungen mit der Postkutsche zwischen Wien und Hermannstadt?

A 1787

B 1821

C 1754

D 1722

268 Welche rumänische Universität der Zwischenkriegszeit befindet sich heute außerhalb der Landesgrenzen?

A Winnyzja/Winnica

B Czernowitz/Cernăuţi

C Felsőszölnök/Gornji Senik

D Szentpéterfa/Petrovo Selo

Lösungen 265-268

265	In der Nähe von Hermannstadt kann in welchem Ort ein Museum mit bedeutender Sammlung von auf Glas gemalten Ikonen (Hinterglasmalerei) besichtigt werden?

A Sibiel/Buddenbach/Szibiel

266	Welcher Ort war im Altertum das Hauptbergwerkszentrum für Goldbergbau im Westgebirge?

A Roşia Montană/Verespatak/Goldbach

267	Seit wann gab es regelmäßige Verbindungen mit der Postkutsche zwischen Wien und Hermannstadt?

C 1754

268	Welche rumänische Universität der Zwischenkriegszeit befindet sich heute außerhalb der Landesgrenzen?

B Czernowitz/Cernăuţi

Fragen 269-272

269 Was war das rumänische Pro-Kopf-Einkommen in Euro nach Kaufkraftstandard im Jahr 2020?

A 32 751

B 15 671

C 26 715

D 21 617

270 Wie viele Gewerbe kannte Hermannstadt nach der Zunftordnung von 1376?

A 15

B 5

C 25

D 35

271 Die erste konkrete Umsetzung des Akademiegedankens bei den Ungarn kam auf der Grundlage eines Landtagbeschlusses 1793 zustande. Was wurde beschlossen?

A Ungarische Gesellschaft zur Wahrung des Friedens

B Internationale Gesellschaft zur Wahrung des Friedens

C Ungarische Gesellschaft zur Wahrung der Kultur

D Ungarische Gesellschaft zur Wahrung der Sprache

272 Wo liegt eines der größten Freilichtmuseen Europas, das ASTRA Museum? (Stand 2022)

A Hermannstadt/Sibiu/Nagyszeben

B Birthälm/Berethalom/Biertan

C Kronstadt/Brassó/Brașov

D Schäßburg/Segesvár/Sighișoara

Lösungen 269-272

269	Was war das rumänische Pro-Kopf-Einkommen in Euro nach Kaufkraftstandard im Jahr 2020?

D 21 617

270	Wie viele Gewerbe kannte Hermannstadt nach der Zunftordnung von 1376?

C 25

271	Die erste konkrete Umsetzung des Akademiegedankens bei den Ungarn kam auf der Grundlage eines Landtagbeschlusses 1793 zustande. Was wurde beschlossen?

D Ungarische Gesellschaft zur Wahrung der Sprache

272	Wo liegt eines der größten Freilichtmuseen Europas, das ASTRA Museum? (Stand 2022)

A Hermannstadt/Sibiu/Nagyszeben

Fragen 273-276

273 Wie groß ist die Fläche des Astra-Museums in Hermannstadt, einem der größten Freilichtmuseen Europas? (Stand 2022)

- A 136 Hektar
- B 56 Hektar
- C 96 Hektar
- D 26 Hektar

274 Wo wurde der Arbeitskreis für Siebenbürgische Landeskunde gegründet?

- A Ulm
- B Heidelberg
- C Bonn
- D Köln

275 An welchem Ort kann die erste Mädchenschule in Siebenbürgen nachgewiesen werden?

- A Kronstadt/Brașov/Brassó
- B Târgu Mureș/Neumarkt am Mieresch/Marosvásárhely
- C Kolozsvár/Cluj-Napoca/Klausenburg
- D Hermannstadt/Sibiu/Nagyszeben

276 Ordne folgende europäische Länder absteigend nach der Größe ihrer Gasvorkommen.

- A Großbritannien, Niederlande und Rumänien
- B Rumänien, Niederlande und Großbritannien
- C Niederlande, Großbritannien und Rumänien
- D Großbritannien, Rumänien und Niederlande

Lösungen 273-276

273	Wie groß ist die Fläche des Astra-Museums in Hermannstadt, einem der größten Freilichtmuseen Europas? (Stand 2022)

C 96 Hektar

274	Wo wurde der Arbeitskreis für Siebenbürgische Landeskunde gegründet?

B Heidelberg

275	An welchem Ort kann die erste Mädchenschule in Siebenbürgen nachgewiesen werden?

A Kronstadt/Braşov/Brassó

276	Ordne folgende europäische Länder absteigend nach der Größe ihrer Gasvorkommen.

C Niederlande, Großbritannien und Rumänien

Fragen 277-280

277 Was waren die wichtigsten zwei Importhandelsgüter für Rumänien im Jahr 2020 in absteigender Reihenfolge?

A Rohstoffe und Nahrungsmittel

B Kfz und -teile sowie Elektrotechnik

C Chemische Erzeugnisse und Maschinen

D Elektrotechnik sowie Mess- und Regeltechnik

278 Mit welchem dieser Transportmittel migrierten die Banater Schwaben in das Banat?

A Ulmer Schachteln

B Wiener Klotz

C Münchner Wagen

D Stuttgarter Paket

279 Welches Institut förderte Hasso Plattner mit gut 4,2 Millionen Euro?

A Universität in Hermannstadt

B Universität in Klausenburg

C Stiftung Kirchenburgen

D Arche Noah in Hermannstadt

280 Wer erhob das vorherige Kolleg in Cluj zur Universität, welche heute als Babeş-Bolyai-Universität Cluj bekannt ist?

A Friedrich Wilhelm I.

B Ferdinand I.

C Loránd Eötvös

D Maria Theresia

Lösungen 277-280

277	Was waren die wichtigsten zwei Importhandelsgüter für Rumänien im Jahr 2020 in absteigender Reihenfolge?

C Chemische Erzeugnisse und Maschinen

278	Mit welchem dieser Transportmittel migrierten die Banater Schwaben in das Banat?

A Ulmer Schachteln

279	Welches Institut förderte Hasso Plattner mit gut 4,2 Millionen Euro?

A Universität in Hermannstadt

280	Wer erhob das vorherige Kolleg in Cluj zur Universität, welche heute als Babeş-Bolyai-Universität Cluj bekannt ist?

D Maria Theresia

Fragen 281-284

281 In welcher Sprache konnte man an der heute als Babeş-Bolyai-Universität Cluj bekannten Universität ab 1872 studieren?

A Rumänisch

B Französisch

C Englisch

D Ungarisch

282 Welche ist die beste Universität in Rumänien im Jahr 2022 nach dem Ranking von Best Global Universities 2022?

A Universität Transilvania Braşov

B Lucian-Blaga-Universität

C Babeş-Bolyai-Universität Cluj

D Medizinische und Pharmazeutische Universität Târgu Mureş

283 Der Namensgeber der Babeş-Bolyai-Universität Victor Babeş wurde wo geboren?

A Bukarest

B Wien

C Klausenburg/Kolozsvár/Cluj-Napoca

D Budapest

284 Der Namensgeber der Babeş-Bolyai-Universität János Bolyai wurde wo geboren?

A Kronstadt/Brassó/Braşov

B Neumarkt am Mieresch/Marosvásárhely/Târgu Mureş

C Klausenburg/Kolozsvár/Cluj-Napoca

D Sächsisch-Regen/Szászrégen/Reghin

Lösungen 281-284

281	In welcher Sprache konnte man an der heute als Babeş-Bolyai-Universität Cluj bekannten Universität ab 1872 studieren?

D Ungarisch

282	Welche ist die beste Universität in Rumänien im Jahr 2022 nach dem Ranking von Best Global Universities 2022?

C Babeş-Bolyai-Universität Cluj

283	Der Namensgeber der Babeş-Bolyai-Universität Victor Babeş wurde wo geboren?

B Wien

284	Der Namensgeber der Babeş-Bolyai-Universität János Bolyai wurde wo geboren?

C Klausenburg/Kolozsvár/Cluj-Napoca

Fragen 285-288

285 Die Statue welches in Bistritz geborenen Arztes kann auf dem Biomedizinischen Campus Berlin-Buch gefunden werden?

A Arnold Graffi

B Ferdinand Sauerbruch

C Rudolf Virchow

D Emil Behring

286 Der nach dem Siebenbürger Sachsen benannte Oberth-Effekt bezeichnet was?

A Abhängigkeit der Effizienz eines Raketentriebwerks vom Ort im Gravitationsfeld

B Zwei komplementäre Eigenschaften eines Teilchens sind nicht gleichzeitig beliebig genau bestimmbar

C Objekte der Quantenphysik besitzen gleichermaßen die Eigenschaften von klassischen Wellen und Teilchen

D Die Äquivalenz von Masse und Energie

287 Wann entstand das Studium Transylvanicum?

A 1997

B 1967

C 1987

D 2007

288 Womit beschäftigt sich das Studium Transylvanicum?

A Geschichte

B Alles genannte

C Politikwissenschaften

D Literaturwissenschaft

Lösungen 285-288

285	Die Statue welches in Bistritz geborenen Arztes kann auf dem Biomedizinischen Campus Berlin-Buch gefunden werden?

A Arnold Graffi

286	Der nach dem Siebenbürger Sachsen benannte Oberth-Effekt bezeichnet was?

A Abhängigkeit der Effizienz eines Raketentriebwerks vom Ort im Gravitationsfeld

287	Wann entstand das Studium Transylvanicum?

C 1987

288	Womit beschäftigt sich das Studium Transylvanicum?

B Alles genannte

Fragen 289-292

289 Wer ist der Träger des Siebenbürgen-Institutes?

A Land Bayern

B Land Baden-Württemberg

C Verband der Siebenbürger Sachsen in Deutschland

D Siebenbürgisch-Sächsisch Kulturrat e.V.

290 Wie hieß der Siebenbürgisch-Sächsische Kulturrat e.V. bis zum Jahr 1982?

A Rat der Siebenbürgisch-Sächsischen Kultur

B Siebenbürgisch-Sächsischer Kulturverein

C Siebenbürgisch-Sächsischer Kulturbeirat

D Organisation zur Förderung der Siebenbürgisch-Sächsischen Kultur

291 Wie viele Mitgliederorganisationen hat der Siebenbürgisch-Sächsische Kulturrat in Deutschland? (Stand 2022)

A 24

B 6

C 12

D 9

292 Was ist die Carl Wolff Gesellschaft? (Stand 2022)

A Siebenbürgischer Wirtschaftsclub in Deutschland

B Siebenbürgischer Wirtschaftsclub in Österreich

C Deutscher Wirtschaftsclub in Siebenbürgen

D Siebenbürgischer Wirtschaftsclub in Ungarn

Lösungen 289-292

289	Wer ist der Träger des Siebenbürgen-Institutes?

D Siebenbürgisch-Sächsisch Kulturrat e.V.

290	Wie hieß der Siebenbürgisch-Sächsische Kulturrat e.V. bis zum Jahr 1982?

C Siebenbürgisch-Sächsischer Kulturbeirat

291	Wie viele Mitgliederorganisationen hat der Siebenbürgisch-Sächsische Kulturrat in Deutschland? (Stand 2022)

D 9

292	Was ist die Carl Wolff Gesellschaft? (Stand 2022)

A Siebenbürgischer Wirtschaftsclub in Deutschland

Fragen 293-296

293 Wie viele Kriterien (Kopenhagener Kriterien) hat Rumänien 2022 für die Prüfung eines Beitritts zur Eurozone erfüllt?

- A Ein Drittel
- B Alle
- C Keines
- D Die Hälfte

294 Wann wurde der Siebenbürgische Landeskundeverein gegründet?

- A 1848
- B 1840
- C 1867
- D 1889

295 Wie heißt die ungarische wissenschaftliche Gesellschaft, die 1857 in Klausenburg gegründet wurde?

- A Erdély Múzeum Egyesület
- B Déri Múzeum
- C Magyar Nemzeti Galéria
- D Szépművészeti Múzeum

296 Wie hieß die Gründerin und Direktorin der Kindergärtnerinnen-Bildungsanstalt (KBA, gegr. 1884) in Kronstadt?

- A Judit Polgár
- B Zsa Zsa Gabor
- C Adele Zay
- D Zsuzsa Polgár

Lösungen 293-296

293	Wie viele Kriterien (Kopenhagener Kriterien) hat Rumänien 2022 für die Prüfung eines Beitritts zur Eurozone erfüllt?

C Keines

294	Wann wurde der Siebenbürgische Landeskundeverein gegründet?

B 1840

295	Wie heißt die ungarische wissenschaftliche Gesellschaft, die 1857 in Klausenburg gegründet wurde?

A Erdély Muzéum Egyesület

296	Wie hieß die Gründerin und Direktorin der Kindergärtnerinnen-Bildungsanstalt (KBA, gegr. 1884) in Kronstadt?

C Adele Zay

Fragen 297-300

297 In welcher Stadt wurden die ersten beiden Handelsschulen der k.u.k. Monarchie in der ersten Hälfte des 19. Jahrhundert gegründet?

- A Bistritz
- B Schäßburg
- C Hermannstadt
- D Kronstadt

298 Wie heißt der Friedhof in Klausenburg, auf dem die berühmtesten ungarischen Intellektuellen Siebenbürgens ruhen?

- A Házsongárd (Hasengarten)
- B Kerepesi (Kerepescher)
- C Farkasréti
- D Fiumei Úti Sírkert (Friedhof an der Fiumer Straße)

299 Wie heißt Großrumänien in den Geschichten Gregor von Rezzoris?

- A Maghrebinien
- B Magna Romania
- C Romania Superior
- D Romania Inferior

300 Wie heißt der siebenbürgische Eisenbahnknotenpunkt Dreikirchen auf Rumänisch oder Ungarisch?

- A Mohu/Mó
- B Cibin/Szeben
- C Cornăţel/Hortobágyfalva
- D Teiuş/Tövis

297	In welcher Stadt wurden die ersten beiden Handelsschulen der k.u.k. Monarchie in der ersten Hälfte des 19. Jahrhundert gegründet?

C Hermannstadt

298	Wie heißt der Friedhof in Klausenburg, auf dem die berühmtesten ungarischen Intellektuellen Siebenbürgens ruhen?

A Házsongárd (Hasengarten)

299	Wie heißt Großrumänien in den Geschichten Gregor von Rezzoris?

A Maghrebinien

300	Wie heißt der siebenbürgische Eisenbahnknotenpunkt Dreikirchen auf Rumänisch oder Ungarisch?

D Teiuş/Tövis

Fragen 301-304

301 In welcher Reihenfolge wurden Hermannstadt, Klausenburg und Kronstadt ans Eisenbahnnetz angeschlossen?

- A Kronstadt, Klausenburg und Hermannstadt
- B Hermannstadt, Klausenburg und Kronstadt
- C Kronstadt, Hermannstadt und Klausenburg
- D Klausenburg, Hermannstadt und Kronstadt

302 Wo steht das älteste Elektrizitätswerk Siebenbürgens?

- A Neben dem Friedhof in Hermannstadt
- B Auf dem Hausberg in Kronstadt
- C Im Zoodttal bei Hermannstadt
- D Vor der Stadt Schäßburg

303 Wie lange dauerte eine Postkutschenfahrt von Hermannstadt nach Wien (seit 1754) regelmäßige monatliche Verbindung?

- A 14 Tage
- B 10 Tage
- C 20 Tage
- D 24 Tage

304 Aus welchem siebenbürgisch-sächsischen Familienbetrieb ging in Kronstadt die Firma „Hidromecanica" hervor?

- A Gebrüder Nösner
- B Nösner und Kollegen
- C Brüder Schiel
- D Schiel und Kollegen

Lösungen 301-304

301	In welcher Reihenfolge wurden Hermannstadt, Klausenburg und Kronstadt ans Eisenbahnnetz angeschlossen?

D Klausenburg, Hermannstadt und Kronstadt

302	Wo steht das älteste Elektrizitätswerk Siebenbürgens?

C Im Zoodttal bei Hermannstadt

303	Wie lange dauerte eine Postkutschenfahrt von Hermannstadt nach Wien (seit 1754) regelmäßige monatliche Verbindung?

B 10 Tage

304	Aus welchem siebenbürgisch-sächsischen Familienbetrieb ging in Kronstadt die Firma „Hidromecanica" hervor?

C Brüder Schiel

Fragen 305-308

305 Eine Fabrik in St. Dizier (Frankreich) produzierte 1975 mit ca. 1 000 Beschäftigten 70 Traktoren täglich. Die Kronstädter „Tractorul"- Fabrik stellte mit wie vielen Beschäftigten damals täglich 65 Traktoren her?

A 12 000

B 900

C 2 000

D 7 000

306 Wie viele Postämter gab es in Siebenbürgen 1857?

A 67

B 147

C 329

D 245

307 Wann begann der Abbau von Kohle im Schiltal?

A Nach 1945

B Um 1900

C Mitte des 19. Jahrhunderts

D Mitte des 18. Jahrhunderts

308 In welcher chronologischen Reihenfolge wurden die Städte Bistritz, Fogarasch und Schäßburg ans Eisenbahnnetz angeschlossen?

A Bistritz, Schäßburg, Fogarasch

B Schäßburg, Bistritz, Fogarasch

C Fogarasch, Schäßburg, Bistritz

D Bistritz, Fogarasch, Schäßburg

305 Eine Fabrik in St. Dizier (Frankreich) produzierte 1975 mit ca. 1 000 Beschäftigten 70 Traktoren täglich. Die Kronstädter „Tractorul"- Fabrik stellte mit wie vielen Beschäftigten damals täglich 65 Traktoren her?

A 12 000

306 Wie viele Postämter gab es in Siebenbürgen 1857?

A 67

307 Wann begann der Abbau von Kohle im Schiltal?

C Mitte des 19. Jahrhunderts

308 In welcher chronologischen Reihenfolge wurden die Städte Bistritz, Fogarasch und Schäßburg ans Eisenbahnnetz angeschlossen?

B Schäßburg, Bistritz, Fogarasch

Fragen 309-312

309 Wie oft in der Woche verkehrte um 1840 der Postverkehr zwischen Hermannstadt und Klausenburg?

A Viermal

B Dreimal

C Zweimal

D Einmal

310 In folgenden drei siebenbürgischen Komitaten wurden 1895 die meisten Mühlen gezählt: Groß-Kokel, Kronstadt und Oderhellen. Wer war Spitzenreiter?

A Kronstadt/Brassó/Braşov

B Groß-Kokel/Nagy-Küküllő/Târnava Mare

C Oderhellen/Udvarhely/Odorhei

D Alle gleich viele

311 In folgenden drei siebenbürgischen Komitaten wurden 1895 die meisten Dampfmaschinen gezählt: Háromszék, Hunyad und Kronstadt. Wo gab es die meisten?

A Drei Stühle/Háromszék/Trei-Scaune

B Kronstadt/Brassó/Braşov

C Eisenmarkt/Hunyad/Hunedoara

D In allen gleich viele

312 Wie viel Prozent der Bevölkerung in Siebenbürgen lebten im Jahr 1900 von der Landwirtschaft?

A 64,2 %

B 81,6 %

C 75,7 %

D 72,4 %

309	Wie oft in der Woche verkehrte um 1840 der Postverkehr zwischen Hermannstadt und Klausenburg?

D Einmal

310	In folgenden drei siebenbürgischen Komitaten wurden 1895 die meisten Mühlen gezählt: Groß-Kokel, Kronstadt und Oderhellen. Wer war Spitzenreiter?

C Oderhellen/Udvarhely/Odorhei

311	In folgenden drei siebenbürgischen Komitaten wurden 1895 die meisten Dampfmaschinen gezählt: Háromszék, Hunyad und Kronstadt. Wo gab es die meisten?

B Kronstadt/Brassó/Braşov

312	Wie viel Prozent der Bevölkerung in Siebenbürgen lebten im Jahr 1900 von der Landwirtschaft?

C 75,7 %

Fragen 313-316

313 Im Jahr 1900 war nur eine geringe Anzahl der Gesamtbevölkerung Siebenbürgens im industriellen Sektor beschäftigt. Wie hoch war dieser Anteil?

A 9,4 %

B 8,9 %

C 7,2 %

D 11,4 %

314 Im Jahr 1900 hatte die im Jahr 1889 gegründete Brenndorfer Zuckerfabrik bereits eine Belegschaft von wie vielen Mitarbeitern?

A 306

B 175

C 97

D 753

315 Wann wurde in Siebenbürgen das Telegraphennetz eröffnet?

A 1846

B 1863

C 1852

D 1874

316 Wie hieß die bemerkenswerte Frau, die im 16. Jahrhundert in Kronstadt ein großes Handelshaus erfolgreich führte?

A Marie Heim-Vögtlin

B Apollonia Hirscher

C Sophie Scholl

D Bertha von Suttner

Lösungen 313-316

313	Im Jahr 1900 war nur eine geringe Anzahl der Gesamtbevölkerung Siebenbürgens im industriellen Sektor beschäftigt. Wie hoch war dieser Anteil?

A 9,4 %

314	Im Jahr 1900 hatte die im Jahr 1889 gegründete Brenndorfer Zuckerfabrik bereits eine Belegschaft von wie vielen Mitarbeitern?

A 306

315	Wann wurde in Siebenbürgen das Telegraphennetz eröffnet?

C 1852

316	Wie hieß die bemerkenswerte Frau, die im 16. Jahrhundert in Kronstadt ein großes Handelshaus erfolgreich führte?

B Apollonia Hirscher

Fragen 317-320

317 Wie hieß der sächsische Industrielle, der die Anschaffung einer ausgeklügelten Heizung für die Schwarze Kirche in Kronstadt finanzierte?

A Hasso Plattner

B Georg Keintzel

C Helmut Nösner

D Samuel Schiel

318 Aus welcher Art Energie wurde die historische Heizanlage der evangelischen Stadtpfarrkirche in Hermannstadt gespeist?

A Öl

B Gas

C Strom

D Solar

319 Anfang der sechziger Jahre welchen Jahrhunderts wurde in der Moldau und der Walachei das kyrillische vollständig durch das lateinische Alphabet ersetzt?

A 20. Jahrhundert

B 21. Jahrhundert

C 18. Jahrhundert

D 19. Jahrhundert

320 Welches war das erste öffentliche Museum Südosteuropas?

A Brukenthal-Museum in Hermannstadt

B Czartoryski-Museum in Kronstadt

C Westerplatte-Museum in Bistritz

D Museum Ordensburg Marienburg in Sächsisch-Regen

Lösungen 317-320

317	Wie hieß der sächsische Industrielle, der die Anschaffung einer ausgeklügelten Heizung für die Schwarze Kirche in Kronstadt finanzierte?

D Samuel Schiel

318	Aus welcher Art Energie wurde die historische Heizanlage der evangelischen Stadtpfarrkirche in Hermannstadt gespeist?

C Strom

319	Anfang der sechziger Jahre welchen Jahrhunderts wurde in der Moldau und der Walachei das kyrillische vollständig durch das lateinische Alphabet ersetzt?

D 19. Jahrhundert

320	Welches war das erste öffentliche Museum Südosteuropas?

A Brukenthal-Museum in Hermannstadt

Fragen 321-324

321 Wie viele Bahnverbindungen gab es zwischen Ungarn und Rumänien vor 1890?

- A Vier
- B Drei
- C Zwei
- D Eine

322 In der ersten Hälfte des 20. Jahrhunderts führten die Veränderungen der staatlichen Zugehörigkeit zur Entstehung welcher zweier Exiluniversitäten, die auf die Klausenburger Universität zurückgingen?

- A Belgrad und Kronstadt
- B Szeged und Hermannstadt
- C Bistritz und Budapest
- D Salzburg und Neumarkt am Mieresch

323 Welche Städte hatten am meisten unterschiedliche Gewerbe im Jahr 1376?

- A Straßburg (28), Hermannstadt (25) und Augsburg (20)
- B Augsburg (28), Hermannstadt (25) und Straßburg (20)
- C Hermannstadt (28), Straßburg (25) und Augsburg (20)
- D Hermannstadt (28), Augsburg (25) und Straßburg (20)

324 In welchen Landkreisen in Siebenbürgen liegen die größten Gasreserven?

- A Cluj/Klausenburg und Bistrița-Năsăud/Bistriz-Nassaud
- B Alba/Karlsburg und Brașov/Kronstadt
- C Sibiu/Hermannstadt und Mureș/Mieresch
- D Covasna/Kovasna und Hunedoara/Eisenmarkt

321	Wie viele Bahnverbindungen gab es zwischen Ungarn und Rumänien vor 1890?

C Zwei

322	In der ersten Hälfte des 20. Jahrhunderts führten die Veränderungen der staatlichen Zugehörigkeit zur Entstehung welcher zweier Exiluniversitäten, die auf die Klausenburger Universität zurückgingen?

B Szeged und Hermannstadt

323	Welche Städte hatten am meisten unterschiedliche Gewerbe im Jahr 1376?

A Straßburg (28), Hermannstadt (25) und Augsburg (20)

324	In welchen Landkreisen in Siebenbürgen liegen die größten Gasreserven?

C Sibiu/Hermannstadt und Mureș/Mieresch

Fragen 325-328

325 Wie veränderte sich das rumänische Pro-Kopf-Einkommen in Euro von 2005-2020? (Nach Kaufkraftstandard)

A +81 %

B +121 %

C +271 %

D +41 %

326 Für welche Theorie ist der Szekler Albert-László Barabási bekannt?

A Skalenfreie Netzwerke

B Quantenmechanik

C Dunkle Materie

D Supraleiter

327 Wann wurde die Babeş-Bolyai-Universität Cluj als Kolleg gegründet?

A 1581

B 1812

C 1678

D 1712

328 Welchen Platz belegte die Babeş-Bolyai-Universität Cluj von insgesamt 2005 Universitäten im Ranking Best Global Universities 2022?

A 22

B 205

C 1221

D 675

Lösungen 325-328

325	Wie veränderte sich das rumänische Pro-Kopf-Einkommen in Euro von 2005-2020? (Nach Kaufkraftstandard)

C +271 %

326	Für welche Theorie ist der Szekler Albert-László Barabási bekannt?

A Skalenfreie Netzwerke

327	Wann wurde die Babeş-Bolyai-Universität Cluj als Kolleg gegründet?

A 1581

328	Welchen Platz belegte die Babeş-Bolyai-Universität Cluj von insgesamt 2005 Universitäten im Ranking Best Global Universities 2022?

D 675

Fragen 329-332

329 Wo starb der Namensgeber der Babeş-Bolyai-Universität János Bolyai?

A Sächsisch-Regen/Szászrégen/Reghin

B Kronstadt/Brassó/Braşov

C Klausenburg/Kolozsvár/Cluj-Napoca

D Neumarkt am Mieresch/Marosvásárhely/Târgu Mureş

330 Wer schrieb die „Kleine Geschichte Siebenbürgens"?

A Hellmut Seiler

B Wolf von Aichelburg

C Harald Roth

D Arnold Hauser

331 Der Vorplatz des Planetariums im Wurstelprater in Wien-Leopoldstadt ist nach welchem Siebenbürger Sachsen benannt?

A Christian Friedrich Maurer

B Oswald Thomas

C Richard Kepp

D Hermann Oberth

332 Unter welchem Decknamen arbeitete Hermann Oberth in der Zeit von 1941-1943 an der Entwicklung der V2 in der Heeresversuchsanstalt Peenemünde?

A Gustav Kunz

B Friedrich Müller

C Fritz Hahn

D Walter Schmidt

Lösungen 329-332

329	Wo starb der Namensgeber der Babeş-Bolyai-Universität János Bolyai?

D Neumarkt am Mieresch/Marosvásárhely/Târgu Mureş

330	Wer schrieb die „Kleine Geschichte Siebenbürgens"?

C Harald Roth

331	Der Vorplatz des Planetariums im Wurstelprater in Wien-Leopoldstadt ist nach welchem Siebenbürger Sachsen benannt?

B Oswald Thomas

332	Unter welchem Decknamen arbeitete Hermann Oberth in der Zeit von 1941-1943 an der Entwicklung der V2 in der Heeresversuchsanstalt Peenemünde?

C Fritz Hahn

Fragen 333-336

333 Wie viel Prozent des eigenen Energiebedarfs möchte Rumänien bis 2030 mit erneuerbarer Energie decken?

A 30,7 %

B 40,7 %

C 20,7 %

D 10,7 %

334 Wie viele bibliographische Einheiten besitzt die Siebenbürgische Bibliothek?

A 92 000

B 72 000

C 132 000

D 52 000

335 Wann wurde der Siebenbürgisch-Sächsische Kulturbeirat gegründet?

A 1989

B 1949

C 1969

D 2009

336 Wie viele rumänische Mitgliederorganisationen sind Teil des Siebenbürgisch-Sächsischen Kulturrats? (Stand 2022)

A 12

B 3

C 6

D 1

Lösungen 333-336

333	Wie viel Prozent des eigenen Energiebedarfs möchte Rumänien bis 2030 mit erneuerbarer Energie decken?

A 30,7 %

334	Wie viele bibliographische Einheiten besitzt die Siebenbürgische Bibliothek?

A 92 000

335	Wann wurde der Siebenbürgisch-Sächsische Kulturbeirat gegründet?

C 1969

336	Wie viele rumänische Mitgliederorganisationen sind Teil des Siebenbürgisch-Sächsischen Kulturrats? (Stand 2022)

B 3

Fragen 337-339

337 Wer war Vorsitzender des Siebenbürgisch-Sächsischen Kulturrates im Jahr 2021?

- A Steffen Schlandt
- B Harald Roth
- C Hans-Christian Habermann
- D Helga Fabritius

338 In wie vielen Städten war Paul Philippi als Professor tätig?

- A 4
- B 3
- C 1
- D 2

339 Wann wurde die Carl Wolff Gesellschaft gegründet?

- A 1990
- B 2010
- C 2000
- D 2020

Lösungen 337-339

337	Wer war Vorsitzender des Siebenbürgisch-Sächsischen Kulturrates im Jahr 2021?

B Harald Roth

338	In wie vielen Städten war Paul Philippi als Professor tätig?

D 2

339	Wann wurde die Carl Wolff Gesellschaft gegründet?

B 2010

GESCHICHTE

Die Übernahme der Herrschaft über Siebenbürgen war im Verlauf der Geschichte stets wechselhaft. Ab dem 2. Jahrhundert vor Christus herrschte der thrakische Stamm der Daker über das heutige Gebiet von Siebenbürgen. Sie wurden später vom Römischen Reich besiegt und im Jahr 106 nach Christus wurde die Region zur römischen Provinz. Die Bevölkerung und das Militär zogen sich bereits vor der offiziellen Räumung der Gebiete durch Kaiser Aurelian im Jahr 271 nach Christus in Richtung Westen und Süden in die Provinzen Dacia Ripensis und Dacia Mediterranea südlich der Donau zurück. Nach dem Ende der römischen Herrschaft entstand ein Machtvakuum, das durch instabile Verhältnisse gekennzeichnet war.

Im 9. Jahrhundert drangen die Magyaren (Ungarn) von Osten kommend in die Region ein und besiedelten Siebenbürgen während der Landnahme. Für die Grenzsicherung setzten sie sogenannte Hilfsvölker wie die Szekler ein. Ab der Mitte des 12. Jahrhunderts wurden Siedler aus dem Heiligen Römischen Reich angeworben.

Später, nach der ungarischen Niederlage von 1526-1687, wurde Siebenbürgen von den Osmanen beherrscht. Die Osmanen wurden schließlich besiegt und die Habsburger übernahmen die Herrschaft über Siebenbürgen. Mit der Gründung der Doppelmonarchie Österreich-Ungarn wurde Siebenbürgen Teil dieses Reiches und gehörte zur ungarischen Reichshälfte bis zum Ende des Ersten Weltkriegs. Im Vertrag von Trianon wurde Siebenbürgen nach dem Ersten Weltkrieg von Rumänien übernommen.

Siebenbürgen ist ein Land mit einer Vielzahl verschiedener Völker und Konfessionen, welches eine reiche kulturelle Vielfalt beherbergt. Diese vielfältigen kulturellen Einflüsse sind das Ergebnis von europäischen sowie orientalischen Einflüssen und bilden die Grundlage für eine faszinierende Geschichte.

Geschichte ist nicht nur Vergangenheit, sondern kann als Lehre dienen, um die Gegenwart und Zukunft besser zu gestalten. Wir können aus den Fehlern der Vergangenheit lernen und die Vielfalt dieser Region nutzen, um das Wohl jeder Bevölkerungsgruppe zu fördern.

Johannes Honterus wurde im Jahr 1498 in Kronstadt/Brassó/Brașov in Rumänien, geboren und lebte bis zum Jahr 1549. Er war ein siebenbürgisch-sächsischer Humanist und Universalgelehrter, der während seiner Zeit eine bedeutende Rolle spielte. Während der Einführung der Reformation in Siebenbürgen war Honterus als Kirchenreformator maßgeblich beteiligt und trug entscheidend dazu bei.

Neben seiner Arbeit als Kirchenreformator gründete Honterus im Jahr 1539 die zweite Druckerei in Siebenbürgen. Sein Engagement für die Verbreitung von Wissen und Ideen durch den Druck von Büchern war wegweisend für die damalige Zeit und trug zur Entwicklung des gedruckten Wortes in der Region bei. Durch sein Wirken und seinen Beitrag zur Reformation und zur Verbreitung von Wissen hat Honterus einen nachhaltigen Einfluss auf die Kultur und Bildung in Siebenbürgen hinterlassen.

340 Welcher reformierte Pastor bot den Temeswarern Mitte Dezember 1989 den Anlass zu den Protesten, die letztlich zum Sturz Ceauşescus führten?

A László Tőkés

B Georg Keintzel

C Martin Luther King

D Richard Wurmbrand

341 Wer war Vlad III. Dracula?

A Graf in der Bukowina

B Kaiser von Österreich-Ungarn

C Woiwode der Walachei

D Fürst von Siebenbürgen

342 Wie hieß das erste Staatsoberhaupt Rumäniens, welches auch über Siebenbürgen regierte?

A Barbu Catargiu (1862)

B Nicolae Golescu (1868)

C Maria Theresia (1740-1780)

D König Ferdinand I. (1914-1927)

343 Was ist ein Szeklerstuhl?

A Ein traditionell szeklerischer Stuhl

B Eine Verwaltungseinheit im Szeklerland

C Ein Thronartiger Sitz des Szeklergrafen

D Eine ungarische Spezialität

Lösungen 340-343

340	Welcher reformierte Pastor bot den Temeswarern Mitte Dezember 1989 den Anlass zu den Protesten, die letztlich zum Sturz Ceauşescus führten?

A László Tőkés

341	Wer war Vlad III. Dracula?

C Woiwode der Walachei

342	Wie hieß das erste Staatsoberhaupt Rumäniens, welches auch über Siebenbürgen regierte?

D König Ferdinand I. (1914-1927)

343	Was ist ein Szeklerstuhl?

B Eine Verwaltungseinheit im Szeklerland

Fragen 344-347

344 Wann wurde Siebenbürgen Kaiserreich?

- A 1848
- B Nie
- C 1921
- D 1946

345 Was versteht man unter den „Arpaden"?

- A Ein Gebirge im Szeklerland
- B Eine ungarische Herrscherdynastie
- C Eine ungarische Nachspeise
- D Eine ungarische Tracht

346 Durch welches System war das Leben in Siebenbürgen bis zum Jahr 1990 geprägt?

- A Sozialismus
- B Monarchie
- C Demokratie
- D Anarchie

347 Seit wann ist Rumänien Mitglied der Europäischen Union?

- A 2015
- B 2001
- C 1990
- D 2007

Lösungen 344-347

344	Wann wurde Siebenbürgen Kaiserreich?

B Nie

345	Was versteht man unter den „Arpaden"?

B Eine ungarische Herrscherdynastie

346	Durch welches System war das Leben in Siebenbürgen bis zum Jahr 1990 geprägt?

A Sozialismus

347	Seit wann ist Rumänien Mitglied der Europäischen Union?

D 2007

Fragen 348-351

348 Von 1450-1690 war welche siebenbürgische Stadt administratives Zentrum der osmanischen Oberherrschaft über das Fürstentum Siebenbürgens?

- A Neumarkt am Mieresch/Târgu Mureş/Marosvásárhely
- B Sächsisch-Regen/Szászrégen/Reghin
- C Karlsburg/Gyulafehérvár/Alba Iulia
- D Kronstadt/Brassó/Braşov

349 Was ist die offizielle Bezeichnung der Eisernen Garde?

- A Legion des Erzengels Michael
- B Nationale Front
- C Allianz für die Union der Rumänen
- D Armee der Nation

350 Ab welchem Jahrhundert gehörte Siebenbürgen zur ungarischen Reichshälfte der Doppelmonarchie?

- A 12. Jahrhundert
- B 14. Jahrhundert
- C 16. Jahrhundert
- D 19. Jahrhundert

351 In welchem Jahrhundert wurde Siebenbürgen an das Königreich Rumänien angeschlossen?

- A 14. Jahrhundert
- B 16. Jahrhundert
- C 18. Jahrhundert
- D 20. Jahrhundert

Lösungen 348-351

348	Von 1450-1690 war welche siebenbürgische Stadt administratives Zentrum der osmanischen Oberherrschaft über das Fürstentum Siebenbürgens?

C Karlsburg/Gyulafehérvár/Alba Iulia

349	Was ist die offizielle Bezeichnung der Eisernen Garde?

A Legion des Erzengels Michael

350	Ab welchem Jahrhundert gehörte Siebenbürgen zur ungarischen Reichshälfte der Doppelmonarchie?

D 19. Jahrhundert

351	In welchem Jahrhundert wurde Siebenbürgen an das Königreich Rumänien angeschlossen?

D 20. Jahrhundert

352 Wer war in den 1990ern nacheinander Gewerkschaftsführer, Bukarester Bürgermeister und der erste Premierminister während der Präsidentschaft Emil Constantinescus?

A Petru Groza

B Chivu Stoica

C Victor Ciorbea

D Gheorghe Maurer

353 Welcher siebenbürgische Fürst intervenierte im Dreißigjährigen Krieg und ließ sich 1620 zum ungarischen König wählen?

A Gabriel Bethlen

B Bela V.

C Rudolf II.

D Ferdinand I.

354 Wer schlug in der Schlacht von Schellenberg/Şelimbăr/Sellenberk 1599 die Truppen des Fürsten Andreas Báthory?

A Friedrich I. von Preußen

B Rudolf II. von Habsburg

C Michael der Tapfere/Mihai Viteazul

D Matthias Corvinus

355 Welchen offiziellen Namen führte Kronstadt in den 1950er Jahren?

A Karl-Marx-Stadt

B Russtadt

C Lenin-Stadt

D Stalinstadt

Lösungen 352-355

352	Wer war in den 1990ern nacheinander Gewerkschaftsführer, Bukarester Bürgermeister und der erste Premierminister während der Präsidentschaft Emil Constantinescus?

C Victor Ciorbea

353	Welcher siebenbürgische Fürst intervenierte im Dreißigjährigen Krieg und ließ sich 1620 zum ungarischen König wählen?

A Gabriel Bethlen

354	Wer schlug in der Schlacht von Schellenberg/Şelimbăr/Sellenberk 1599 die Truppen des Fürsten Andreas Báthory?

C Michael der Tapfere/Mihai Viteazul

355	Welchen offiziellen Namen führte Kronstadt in den 1950er Jahren?

D Stalinstadt

Fragen 356-359

356 Wie nennt man den politischen siebenbürgisch-rumänischen Boykott mit der Forderung nach siebenbürgischer Autonomie im 19. Jahrhundert?

A Passivismus

B Politik des leeren Stuhls

C Hegemonie

D Absolutismus

357 Wen vertrieb der ungarische König 1225 nach einem nur 14-jährigem Aufenthalt wieder aus Siebenbürgen?

A Großfürst von Moskau

B Deutschen Orden

C Sultan des Osmanischen Reichs

D Jan Hus (Reformator)

358 Welchem Adelsgeschlecht entstammte jener siebenbürgische Fürst, dessen Aggressionen zur Schlacht bei Marienburg/Földvár/Feldioara 1612 führten?

A Staufer

B Báthorys

C Habsburger

D Wittelsbacher

359 Welcher königliche Beamte erhob im 13. und 14. Jahrhundert die Steuern im Burzenland?

A Der Bischof von Kronstadt

B Der Sachsengraf

C Der Rumänengraf

D Der Szeklergraf

356	Wie nennt man den politischen siebenbürgisch-rumänischen Boykott mit der Forderung nach siebenbürgischer Autonomie im 19. Jahrhundert?

A Passivismus

357	Wen vertrieb der ungarische König 1225 nach einem nur 14-jährigem Aufenthalt wieder aus Siebenbürgen?

B Deutschen Orden

358	Welchem Adelsgeschlecht entstammte jener siebenbürgische Fürst, dessen Aggressionen zur Schlacht bei Marienburg/Földvár/Feldioara 1612 führten?

B Báthorys

359	Welcher königliche Beamte erhob im 13. und 14. Jahrhundert die Steuern im Burzenland?

D Der Szeklergraf

Fragen 360-363

360 Im 18. Jahrhundert kam bei Hermannstadt eine weitere deutschsprachige Bevölkerungsgruppe dazu. Wie nennt man diese?

A Spätaussiedler

B Jenische

C Landler

D Hugenotten

361 Wie hieß der deutsche Bürgermeister von Kronstadt in den Jahren 1911-1926?

A Dr. Helmut Kohl

B Dr. Karl-Ernst Schnell

C Willy Brandt

D Konrad Adenauer

362 Wer wurde in Mediasch geboren, in Klausenburg hingerichtet und gilt als einer der bedeutendsten Siebenbürger Sachsen in der ersten Hälfte des 19. Jahrhundert?

A Gheorghe Lazăr

B Thomas Nägler

C Vlad III. Dracula

D Stephan Ludwig Roth

363 Wer war der erste Vorsitzende des Demokratischen Forums der Deutschen in Rumänien 1990?

A Peter Maffay

B Thomas Nägler

C Klaus Johannis

D Bernd Fabritius

360 Im 18. Jahrhundert kam bei Hermannstadt eine weitere deutschsprachige Bevölkerungsgruppe dazu. Wie nennt man diese?

C Landler (Protestanten aus Österreich)

361 Wie hieß der deutsche Bürgermeister von Kronstadt in den Jahren 1911-1926?

A Dr. Karl-Ernst Schnell

362 Wer wurde in Mediasch geboren, in Klausenburg hingerichtet und gilt als einer der bedeutendsten Siebenbürger Sachsen in der ersten Hälfte des 19. Jahrhundert?

D Stephan Ludwig Roth

363 Wer war der erste Vorsitzende des Demokratischen Forums der Deutschen in Rumänien 1990?

B Thomas Nägler

Fragen 364-367

364 Wie heißt der Zusammenschluss der Landsmannschaften der Siebenbürger Sachsen weltweit und des Demokratischen Forums der Deutschen in Siebenbürgen?

- A Union der Siebenbürger Sachsen
- B Siebenbürgisch Sächsische-Union
- C Vereinigung der Siebenbürger Sachsen
- D Föderation der Siebenbürger Sachsen

365 Welches Ereignis brachte die definitive Aufhebung der Leibeigenschaft in Siebenbürgen?

- A Ende des 2. Weltkriegs 1945
- B Die Revolution von 1848/49
- C Der Wiener Kongress von 1814
- D Ende des 1. Weltkriegs 1918

366 Welches war bis 1945 der mitgliederstärkste Verein der Siebenbürger Sachsen? (Höchstmitgliedstand 1919: 16 120)

- A Der Siebenbürgisch-Sächsische Landwirtschaftsverein
- B Fußballverein der Siebenbürger Sachsen
- C Siebenbürgisch-Sächsischer Brauchtumsverein
- D Siebenbürgisch-Sächsischer Oldtimer Club

367 Zu welchem Land gehörte Schäßburg nach dem Zweiten Wiener Schiedsspruch (1940)?

- A Zu Österreich
- B Zu Ungarn
- C Zu Rumänien
- D Zur Sowjetunion

Lösungen 364-367

364	Wie heißt der Zusammenschluss der Landsmannschaften der Siebenbürger Sachsen weltweit und des Demokratischen Forums der Deutschen in Siebenbürgen?

D Föderation der Siebenbürger Sachsen

365	Welches Ereignis brachte die definitive Aufhebung der Leibeigenschaft in Siebenbürgen?

B Die Revolution von 1848/49

366	Welches war bis 1945 der mitgliederstärkste Verein der Siebenbürger Sachsen? (Höchstmitgliedstand 1919: 16 120)

A Der Siebenbürgisch-Sächsische Landwirtschaftsverein

367	Zu welchem Land gehörte Schäßburg nach dem Zweiten Wiener Schiedsspruch (1940)?

C Zu Rumänien

368 Im Jahr 1905 wanderten aus welchem der Komitate Groß-Kokel, Hermannstadt und Unter-Weißenburg die meisten Siebenbürger aus?

A Unter-Weißenburg

B Alle ungefähr gleich

C Hermannstadt

D Komitat Groß-Kokel

369 Welches Synonym war im Mittelalter für Bistritz gebräuchlich?

A Nösen

B Böhmen

C Burgund

D Piemont

370 Trotz ihres „internationalen Renommees in ihrem Fachgebiet der Chemie" machte wem die richtige Aussprache der Formel „Codoi" (statt rum. ce-o-doi oder CO_2) Schwierigkeiten?

A Violeta Dinescu

B Angela Gheorghiu

C Maria Cebotari

D Elena Ceauşescu

371 An welche Länder grenzte Rumänien in der Zwischenkriegszeit?

A Bulgarien, Ungarn, Griechenland, Italien, Albanien und Türkei

B Österreich, Ungarn, Tschechoslowakei und Griechenland

C Bulgarien, Jugoslawien, Ungarn, Tschechoslowakei, Polen, Sowjetunion

D Jugoslawien, Deutsches Reich, Ungarn, Italien, Griechenland und Sowjetunion

368	Im Jahr 1905 wanderten aus welchem der Komitate Groß-Kokel, Hermannstadt und Unter-Weißenburg die meisten Siebenbürger aus?

D Komitat Groß-Kokel

369	Welches Synonym war im Mittelalter für Bistritz gebräuchlich?

A Nösen

370	Trotz ihres „internationalen Renommees in ihrem Fachgebiet der Chemie" machte wem die richtige Aussprache der Formel „Codoi" (statt rum. ce-o-doi oder CO_2) Schwierigkeiten?

D Elena Ceauşescu

371	An welche Länder grenzte Rumänien in der Zwischenkriegszeit?

C Bulgarien, Jugoslawien, Ungarn, Tschechoslowakei, Polen, Sowjetunion

Fragen 372-375

372 Welche beiden Gebiete musste Rumänien im Zweiten Weltkrieg zweimal an die UdSSR abtreten?

A Siebenbürgen und Dobrudscha

B Bessarabien und Nordbukowina

C Banat und Maramureș

D Oltenien und Bukowina

373 Durch den 2. Wiener Schiedsspruch vom 30. August 1940 kam es zu Gebietsabtretungen Rumäniens an welchen Staat?

A Serbien

B Ungarn

C Bulgarien

D Deutsches Reich

374 Im Jahr 1993 wurde Rumänien in welcher europäischen Institution Vollmitglied?

A Europarat

B Europäische Zentralbank

C Gerichtshof der Europäischen Union

D Europäisches Parlament

375 Wie viele Rumäniendeutsche wurden nach dem 2. Weltkrieg zur Zwangsarbeit in die Sowjetunion verschleppt?

A Ca. 2 000

B Ca. 20 00

C Ca. 300 000

D Ca. 70 000-80 000

Lösungen 372-375

372	Welche beiden Gebiete musste Rumänien im Zweiten Weltkrieg zweimal an die UdSSR abtreten?

B Bessarabien und Nordbukowina

373	Durch den 2. Wiener Schiedsspruch vom 30. August 1940 kam es zu Gebietsabtretungen Rumäniens an welchen Staat?

B Ungarn

374	Im Jahr 1993 wurde Rumänien in welcher europäischen Institution Vollmitglied?

A Europarat

375	Wie viele Rumäniendeutsche wurden nach dem 2. Weltkrieg zur Zwangsarbeit in die Sowjetunion verschleppt?

D Ca. 70 000-80 000

Fragen 376-379

376 Wer war von 2007-2015 Bundesvorsitzender und 2007-2015 Verbandspräsident des Verbands der Siebenbürger Sachsen in Deutschland?

A Christian Wulff

B Bernd Fabritius

C Erika Steinbach

D Joschka Fischer

377 Welchen prozentualen Anteil an der Bevölkerung hatten die Siebenbürger Sachsen im Jahr 1941 in Siebenbürgen?

A Ca. 25 %

B Ca. 1 %

C Ca. 10 %

D Ca. 50 %

378 Welchen prozentualen Anteil an der Bevölkerung hatten die Siebenbürger Sachsen im Jahr 1977 in Siebenbürgen?

A Ca. 20 %

B Ca. 5 %

C Ca. 10 %

D Ca. 1 %

379 Welchen prozentualen Anteil an der Bevölkerung hatten die Siebenbürger Sachsen im Jahr 2011 in Siebenbürgen?

A 4 %

B 24 %

C 0,4 %

D 14 %

Lösungen 376-379

376	Wer war von 2007-2015 Bundesvorsitzender und 2007-2015 Verbandspräsident des Verbands der Siebenbürger Sachsen in Deutschland?

B Bernd Fabritius

377	Welchen prozentualen Anteil an der Bevölkerung hatten die Siebenbürger Sachsen im Jahr 1941 in Siebenbürgen?

C Ca. 10 %

378	Welchen prozentualen Anteil an der Bevölkerung hatten die Siebenbürger Sachsen im Jahr 1977 in Siebenbürgen?

B Ca. 5 %

379	Welchen prozentualen Anteil an der Bevölkerung hatten die Siebenbürger Sachsen im Jahr 2011 in Siebenbürgen?

C 0,4 %

Fragen 380-383

380 Welche Erfahrungen machten ca. 70 000 bis 80 000 der Rumäniendeutschen nach den 2. Weltkrieg?

- A Unterstützung durch die Sowjetunion
- B Versorgung durch die USA mittels Rosinenbomber
- C Verschleppung in die Sowjetunion
- D Versorgung durch die USA mittels CARE-Paketen

381 Wie viele Siebenbürger Sachsen haben innerhalb der ersten 6 Monate des Jahres 1990 Rumänien verlassen?

- A Ca. 110 000
- B Ca. 1 100
- C Ca. 11 000
- D 11

382 Womit sahen sich viele Siebenbürger Sachsen in der Zeit des Sozialismus in Rumänien konfrontiert?

- A Wohlstand und Liberalismus
- B Freiheit der kulturellen Besonderheit
- C Freiheit der schulischen Besonderheit
- D Staatlicher Assimilationsdruck

383 Wie viel Prozent der Schüler an Deutschen Schulen in Siebenbürgen haben nicht die deutsche Muttersprache?

- A 90 %
- B 50 %
- C 9 %
- D 0,9 %

Lösungen 380-383

380	Welche Erfahrungen machten ca. 70 000 bis 80 000 der Rumäniendeutschen nach den 2. Weltkrieg?

C Verschleppung in die Sowjetunion

381	Wie viele Siebenbürger Sachsen haben innerhalb der ersten 6 Monate des Jahres 1990 Rumänien verlassen?

A Ca. 110 000

382	Womit sahen sich viele Siebenbürger Sachsen in der Zeit des Sozialismus in Rumänien konfrontiert?

D Staatlicher Assimilationsdruck

383	Wie viel Prozent der Schüler an Deutschen Schulen in Siebenbürgen haben nicht die deutsche Muttersprache?

A 90 %

Fragen 384-387

384 Wie viele Personen wollten laut Arche Noah in den Jahren 1997-2007 von Deutschland nach Hermannstadt zurückkehren?

- A 63
- B 63 000
- C 6300
- D 630 000

385 Wann entschuldigte sich der rumänische Außenminister Adrian Severin bei seinem deutschen Amtskollegen Klaus Kinkel für das Unrecht, das der deutschen Bevölkerung während der kommunistischen Diktatur zugefügt wurde?

- A 2022
- B 1985
- C Nie
- D 1997

386 Welches im Sinne der Minderheiten positive Ereignis fand in den Jahren 1996 in Rumänien statt?

- A Förderung der Rückkehrer der Siebenbürger Sachsen
- B Einführung eines Departments für die Rechte der nationalen Minderheiten
- C Durchführung eines Volksentscheides
- D Implementierung von Deutsch als zusätzliche Amtssprache

387 Wie bezeichnete Angela Merkel die Siebenbürger Sachsen in einer Regierungserklärung aus dem Jahr 2010?

- A Eine unterdrückte Minderheit
- B Eine aus Rumänien ausgezogene Minderheit
- C Ein Zankapfel zwischen Deutschland und Rumänien
- D Eine feste Brücke zwischen Deutschland und Rumänien

Lösungen 384-387

384	Wie viele Personen wollten laut Arche Noah in den Jahren 1997-2007 von Deutschland nach Hermannstadt zurückkehren?

A 63

385	Wann entschuldigte sich der rumänische Außenminister Adrian Severin bei seinem deutschen Amtskollegen Klaus Kinkel für das Unrecht, das der deutschen Bevölkerung während der kommunistischen Diktatur zugefügt wurde?

D 1997

386	Welches im Sinne der Minderheiten positive Ereignis fand in den Jahren 1996 in Rumänien statt?

B Einführung eines Departments für die Rechte der nationalen Minderheiten

387	Wie bezeichnete Angela Merkel die Siebenbürger Sachsen in einer Regierungserklärung aus dem Jahr 2010?

D Eine feste Brücke zwischen Deutschland und Rumänien

388 Wann wurde die Sozialistische Republik Rumänien ausgerufen?

A 1765

B 1665

C 1965

D 1865

389 Wie viele Siebenbürger Sachsen wanderten jährlich zwischen 1950-1967 aus?

A Ca. 90

B Ca. 9 000

C Ca. 90 000

D Ca. 900

390 Wie wirkte sich der Tod Stalins im Jahr 1965 auf die Siebenbürger Sachsen aus?

A Auflösung der Zwangslager und Rückkehr der Zwangsverschleppten

B Keine Auswirkungen

C Deportation weiterer Siebenbürger Sachsen

D Enteignung

391 Welches Recht besaßen die Siebenbürger Sachsen als einzige Bevölkerungsgruppe in Rumänien nicht zwischen 1946 und 1950?

A Asylrecht

B Wahlrecht

C Postgeheimnis

D Schutz von Ehe und Familie

388 Wann wurde die Sozialistische Republik Rumänien ausgerufen?

C 1965

389 Wie viele Siebenbürger Sachsen wanderten jährlich zwischen 1950-1967 aus?

D Ca. 900

390 Wie wirkte sich der Tod Stalins im Jahr 1965 auf die Siebenbürger Sachsen aus?

A Auflösung der Zwangslager und Rückkehr der Zwangsverschleppten

391 Welches Recht besaßen die Siebenbürger Sachsen als einzige Bevölkerungsgruppe in Rumänien nicht zwischen 1946 und 1950?

B Wahlrecht

392 Wie viel Prozent der zu Reparationszwecken deportierten Siebenbürger Sachsen starben in der Sowjetunion?

A 15 %

B 70 %

C 40 %

D 1,5 %

393 Wie wirkte sich das Agrarreformgesetz von 1945 auf die in der Landwirtschaft tätigen Siebenbürger Sachsen aus?

A Enteignung von Grundbesitz ab einer bestimmten Größe

B Subventionierung von Bauernhöfen

C Keine Auswirkungen

D Enteignung von landwirtschaftlichem Grundbesitz sowie Häusern mit Inventar

394 Wie wirkte sich die sozialistische Wende, insbesondere das Jahr 1948, auf die Siebenbürger Sachsen aus?

A Verstaatlichung von Großbetrieben

B Enteignung von Superreichen

C Enteignung der politischen Opposition

D Verstaatlichung von privaten Schulen, Industrie-, Bank- und Gewerbebetrieben

395 Wie wurde Nord- und Südsiebenbürgen nach dem sogenannten zweiten Wiener Schiedsspruch im Jahr 1940 aufgeteilt?

A Sowjetischer Norden und ein deutscher Süden

B Ungarischer Norden und rumänischer Süden

C Deutscher Norden und ungarischer Süden

D Sowjetischer Norden und rumänischer Süden

Lösungen 392-395

392	Wie viel Prozent der zu Reparationszweckendeportierten Siebenbürger Sachsen starben in der Sowjetunion?

A 15 %

393	Wie wirkte sich das Agrarreformgesetz von 1945 auf die in der Landwirtschaft tätigen Siebenbürger Sachsen aus?

B Subventionierung von Bauernhöfen

394	Wie wirkte sich die sozialistische Wende, insbesondere das Jahr 1948, auf die Siebenbürger Sachsen aus?

D Verstaatlichung von privaten Schulen, Industrie-, Bank- und Gewerbebetrieben

395	Welche Auswirkungen hatte der sogenannte zweite Wiener Schiedsspruch im Jahr 1940?

B Ungarischer Norden und rumänischer Süden

396 Wo fand der letzte rumänische König Michael I. eine neue Heimat, nachdem er 1947 abdanken musste und 1948 ins Exil gezwungen wurde?

A Finnland

B Deutschland

C USA

D Schweiz

397 Wie hieß der Geheimdienst der Sozialistischen Republik Rumäniens/ Rumänischen Volksrepublik von 1948-1990?

A CIA

B Stasi

C Securitate

D FSB

398 Was forderten die Rumänen Siebenbürgens vom 3.-15. Mai 1848 auf der Blasendorfer Versammlung?

A Rumänisch als Amtssprache

B Bezeichnung als Walachen und nicht mehr als Rumänen

C Ungarisch als Amtssprache

D Bezeichnung als Rumänen und nicht mehr als Walachen

399 Wofür war das Castelul Bran eigentlich gedacht?

A Parlamentshaus

B Grenz- und Verteidigungsfestung

C Jagdschloss

D Sitz des siebenbürgischen Karpatenvereins

Lösungen 396-399

396	Wo fand der letzte rumänische König Michael I. eine neue Heimat, nachdem er 1947 abdanken musste und 1948 ins Exil gezwungen wurde?

D Schweiz

397	Wie hieß der Geheimdienst der Sozialistischen Republik Rumäniens/ Rumänischen Volksrepublik von 1948-1990?

C Securitate

398	Was forderten die Rumänen Siebenbürgens vom 3.-15. Mai 1848 auf der Blasendorfer Versammlung?

D Bezeichnung als Rumänen und nicht mehr als Walachen

399	Wofür war das Castelul Bran eigentlich gedacht?

B Grenz- und Verteidigungsfestung

Fragen 400-403

400 Wann begann die Bauzeit des Castelul Bran und wann wurde der Bau beendet?

A 1232-1255

B 1377-1382

C 1512-1567

D 1602-1707

401 Ab wann übernahm die Siebenbürgische Hofkanzlei in Wien die Verwaltung in Siebenbürgen?

A 1851

B 1551

C 1651

D 1751

402 Wann etwa begannen die Magyarisierungsmaßnahmen durch die ungarische Krone in Siebenbürgen?

A 1979

B 1679

C 1879

D 1779

403 Woher stammt die Bezeichnung Siebenbürgen?

A Sieben Verwaltungsgebiete

B Sieben Hauptburgen

C Sieben Gründerväter

D Land der Sieben Zwerge

Lösungen 400-403

400	Wann begann die Bauzeit des Castelul Bran und wann wurde der Bau beendet?

B 1377-1382

401	Ab wann übernahm die Siebenbürgische Hofkanzlei in Wien die Verwaltung in Siebenbürgen?

D 1751

402	Wann etwa begannen die Magyarisierungsmaßnahmen durch die ungarische Krone in Siebenbürgen?

C 1879

403	Woher stammt die Bezeichnung Siebenbürgen?

A Sieben Verwaltungsgebiete

Fragen 404-407

404 Wann wurde der rumänisch-ungarische Grundlagenvertrag unterzeichnet?

A 2004

B 1992

C 1996

D 2002

405 Wann wurde die Demokratische Union der Ungarn in Rumänien gegründet?

A 1995

B 1945

C 1989

D 1956

406 Als was tat sich György Dózsa noch vor den Bauernkriegen hervor?

A Marschall des Königs

B Kirchlicher Reformator

C Arzt in den Türkenkriegen

D Ritterhauptmann in den Türkenkriegen

407 Als was wurde György Dózsa von seinen Feinden verhöhnt?

A Bauernkönig

B Dracula

C Antichrist

D Bettlerkönig

Lösungen 404-407

404	Wann wurde der rumänisch-ungarische Grundlagenvertrag unterzeichnet?

C 1996

405	Wann wurde die Demokratische Union der Ungarn in Rumänien gegründet?

C 1989

406	Als was tat sich György Dózsa noch vor den Bauernkriegen hervor?

D Ritterhauptmann in den Türkenkriegen

407	Als was wurde György Dózsa von seinen Feinden verhöhnt?

A Bauernkönig

408 Welche Partei regierte Rumänien von 1965-1990?

A Rumänische Kommunistische Partei

B Sozialdemokratische Partei

C Nationalliberale Partei

D Union Rettet Rumänien

409 Das „Siebenbürgerlied" erklang wann das erst mal auf einer Tagung des Vereins für Siebenbürgische Landeskunde in Mühlbach?

A 1921

B 1932

C 1861

D 1846

410 Wer verlieh den deutschen Siedlern im Jahre 1224 den „Goldenen Freibrief" und schuf damit den Königsboden?

A König Stephan IV. von Ungarn

B König Andreas II. von Ungarn

C König Stephan V. von Ungarn

D König Andreas III. von Ungarn

411 Welcher ungarische Premierminister versuchte am Vorabend des Ersten Weltkrieges eine Verständigungslösung mit den Rumänen über deren Status innerhalb Ungarns zu finden?

A István Tisza

B Graf Andrássy

C Imre Nagy

D Graf Moritz Esterházy

408	Welche Partei regierte Rumänien von 1965-1990?

A Rumänische Kommunistische Partei

409	Das „Siebenbürgerlied" erklang wann das erst mal auf einer Tagung des Vereins für Siebenbürgische Landeskunde in Mühlbach?

D 1846

410	Wer verlieh den deutschen Siedlern im Jahre 1224 den „Goldenen Freibrief" und schuf damit den Königsboden?

B König Andreas II. von Ungarn

411	Welcher ungarische Premierminister versuchte am Vorabend des Ersten Weltkrieges eine Verständigungslösung mit den Rumänen über deren Status innerhalb Ungarns zu finden?

A István Tisza

412 Welches Wappentier verwendete der ungarische König Matthias Corvinus?

- A Ein Schwert (lat. corvus)
- B Einen Raben (lat. corvus)
- C Ein Pferd (lat. corvus)
- D Einen Speer (lat. corvus)

413 Aus welchem Jahr datiert die Urkunde, in der die Deutschen Siebenbürgens erstmals als „Sachsen" bezeichnet werden?

- A 1206
- B 1254
- C 1301
- D 1005

414 Wo kamen 1612 der Stadtrichter Michael Weiß und etliche Kronstädter im Kampf gegen den Fürsten Gabriel Báthory ums Leben?

- A Erstürmung der Bastille
- B Völkerschlacht bei Leipzig
- C Schlacht bei Marienburg/Feldioara/Földvár
- D Schlacht bei Waterloo

415 Wie wird die Aktion einer Gruppe aus der rumänischen Nationalpartei bezeichnet, die im Jahr 1892 eine Zusammenfassung von Forderungen an den Kaiser veröffentlichte?

- A Urabi-Bewegung
- B Dahomey-Aufstand
- C Außerparlamentarische Opposition
- D Memorandums-Bewegung

412	Welches Wappentier verwendete der ungarische König Matthias Corvinus?

B Einen Raben (lat. corvus)

413	Aus welchem Jahr datiert die Urkunde, in der die Deutschen Siebenbürgens erstmals als „Sachsen" bezeichnet werden?

A 1206

414	Wo kamen 1612 der Stadtrichter Michael Weiß und etliche Kronstädter im Kampf gegen den Fürsten Gabriel Báthory ums Leben?

C Schlacht bei Marienburg/Feldioara/Földvár

415	Wie wird die Aktion einer Gruppe aus der rumänischen Nationalpartei bezeichnet, die im Jahr 1892 eine Zusammenfassung von Forderungen an den Kaiser veröffentlichte?

D Memorandums-Bewegung

Fragen 416-419

416 In welchen beiden Städten tagte der siebenbürgische Landtag zwischen 1714-1865 ausschließlich?

A Bistritz und Karlsburg

B Schäßburg und Klausenburg

C Târgu Mureș und Mediasch

D Hermannstadt und Klausenburg

417 Mit welcher siebenbürgischen Partei fusioniert 1926 die Rumänische Bauernpartei, um 1928 zu regieren?

A Partei der Volksbewegung (Partidul Mișcarea Populară)

B Rettet Rumänien Union (Uniunea Salvați România)

C Sozialdemokratische Partei (Partidul Social Democrat)

D Nationale Partei (Partidul Naţional)

418 Den Willen wozu verkündeten die Rumänen Siebenbürgens auf ihrer Nationalversammlung am 1. Dezember 1918 in Karlsburg/Gyulafehérvár/Alba Iulia?

A Zur Unabhängigkeit

B Zum Anschluss an das Königreich Rumänien

C Zum Anschluss an das Deutsche Reich

D Zur Ausrufung der Republik Rumänien

419 Welche Sammlung überlieferter Rechtsnormen von 1583 regelte bis 1853 die Rechtsordnung auf dem Königsboden für die Siebenbürger Sachsen?

A Der Sachsenspiegel

B Das Eigen-Landrecht

C Code Napoleon

D Zwölftafelgesetze

416	In welchen beiden Städten tagte der siebenbürgische Landtag zwischen 1714-1865 ausschließlich?

D Hermannstadt und Klausenburg

417	Mit welcher siebenbürgischen Partei fusioniert 1926 die Rumänische Bauernpartei, um 1928 zu regieren?

D Nationale Partei (Partidul Naţional)

418	Den Willen wozu verkündeten die Rumänen Siebenbürgens auf ihrer Nationalversammlung am 1. Dezember 1918 in Karlsburg/Gyulafehérvár/Alba Iulia?

B Zum Anschluss an das Königreich Rumänien

419	Welche Sammlung überlieferter Rechtsnormen von 1583 regelte bis 1853 die Rechtsordnung auf dem Königsboden für die Siebenbürger Sachsen?

B Das Eigen-Landrecht

420 Was bezeichnete man in Siebenbürgen zwischen den Jahren 1695 und 1868 als „Gubernium"?

A Die oberste zivile Landesbehörde

B Das fürstliche Schlafgemach

C Das königliche Pferdegespann

D Das höchste kirchliche Amt

421 Wann fand die Neuordnung der Habsburgermonarchie durch den „Ausgleich" zwischen Österreich und Ungarn statt?

A 1756

B 1867

C 1902

D 1598

422 Während Kaiser Hadrian wurde Dakien in Colonia Ulpia Traiana Augusta Dacica umbenannt. Welcher Namensteil fehlt in dieser Bezeichnung?

A Superior

B Magna

C Sarmizegetusa

D Inferior

423 Wie heißt der Monarch, welcher am längsten (68 Jahre) über Siebenbürgen herrschte?

A Maria Theresia

B Franz Joseph I.

C Karl der Große

D Friedrich Wilhelm I.

Lösungen 420-423

420	Was bezeichnete man in Siebenbürgen zwischen den Jahren 1695 und 1868 als „Gubernium"?

A Die oberste zivile Landesbehörde

421	Wann fand die Neuordnung der Habsburgermonarchie durch den „Ausgleich" zwischen Österreich und Ungarn statt?

B 1867

422	Während Kaiser Hadrian wurde Dakien in Colonia Ulpia Traiana Augusta Dacica umbenannt. Welcher Namensteil fehlt in dieser Bezeichnung?

C Sarmizegetusa

423	Wie heißt der Monarch, welcher am längsten (68 Jahre) über Siebenbürgen herrschte?

B Franz Joseph I.

Fragen 424-427

424 Bis wann wurden Roma in Rumänien als Sklaven gehalten?

A Anfang 19. Jahrhundert

B Mitte 20. Jahrhundert

C Mitte 19. Jahrhundert

D Ende 19. Jahrhundert

425 Wie viele Komitate gab es 1914 im Königreich Ungarn (einschließlich Kroatien-Slawonien)?

A 60

B 54

C 27

D 71

426 Um welchen Prozentsatz wuchs die Bevölkerung Rumäniens durch die territorialen Gewinne von 1918?

A ca. 100 %

B ca. 50 %

C ca. 200 %

D ca. 150 %

427 Bis auf wie viele Stunden täglich wurde das Fernsehprogramm an den Tagen Montag-Freitag unter Ceaușescu reduziert?

A 3

B 2

C 4

D 5

Lösungen 424-427

424	Bis wann wurden Roma in Rumänien als Sklaven gehalten?

C Mitte 19. Jahrhundert

425	Wie viele Komitate gab es 1914 im Königreich Ungarn (einschließlich Kroatien-Slawonien)?

D 71

426	Um welchen Prozentsatz wuchs die Bevölkerung Rumäniens durch die territorialen Gewinne von 1918?

A ca. 100 %

427	Bis auf wie viele Stunden täglich wurde das Fernsehprogramm an den Tagen Montag-Freitag unter Ceauşescu reduziert?

B 2

Fragen 428-431

428 Welcher Begriff wurde im kommunistischen Rumänien offiziell (u.a. in der Verfassung) anstelle des Begriffes „ethnische Minderheiten" verwendet?

A Mitwohnende Nationalitäten

B Menschen mit anderer Abstammung

C Besondere Völker

D Mindere Völker

429 In welchem Jahr wurden die ersten Briefmarken in Siebenbürgen eingeführt?

A 1754

B 1850

C 1815

D 1645

430 Sechsmal protestierten Bergleute aus dem siebenbürgischen Schiltal von 1990 bis 2000 in Bukarest. Wie nennt man diese gewaltsamen Proteste?

A Kirschenrummel

B Montagsdemonstrationen

C Communards

D Mineriaden

431 Welcher habsburgische Kaiser war derart verärgert über den Zustand der Straßen und das langsame Vorankommen in Siebenbürgen, dass er in einem Schreiben an seinen Kanzler erwähnte, sie seien „nur dem Namen nach Wege"?

A Karl I.

B Joseph II.

C Maria Theresia

D Joseph I.

428	Welcher Begriff wurde im kommunistischen Rumänien offiziell (u.a. in der Verfassung) anstelle des Begriffes „ethnische Minderheiten" verwendet?

A Mitwohnende Nationalitäten

429	In welchem Jahr wurden die ersten Briefmarken in Siebenbürgen eingeführt?

B 1850

430	Sechsmal protestierten Bergleute aus dem siebenbürgischen Schiltal von 1990 bis 2000 in Bukarest. Wie nennt man diese gewaltsamen Proteste?

D Mineriaden

431	Welcher habsburgische Kaiser war derart verärgert über den Zustand der Straßen und das langsame Vorankommen in Siebenbürgen, dass er in einem Schreiben an seinen Kanzler erwähnte, sie seien „nur dem Namen nach Wege"?

B Joseph II.

Fragen 432-435

432 Nach dem Ersten Weltkrieg entstand an der südwestlichen Grenze Rumäniens ein neuer Staat. Wie lautete sein Name, bevor er sich in Jugoslawien umbenannte?

- A Königreich der vereinten Slawen
- B Königreich der Serben, Kroaten und Slowenen
- C Slawische Union
- D Union der Kroaten, Slowenen und Serben

433 Wie lautet der Name des ehemaligen österreichischen Kronlandes, das die Heimatregion einiger bekannter jüdischer Dichter deutscher Sprache war, wie etwa Paul Celan oder Rose Ausländer?

- A Dobrudscha
- B Moldau
- C Banat
- D Bukowina

434 Welche beiden Fürstentümer vereinigten sich 1859 zum Staat Rumänien?

- A Die Moldau und Siebenbürgen
- B Bulgarien und die Walachei
- C Die Moldau und die Walachei
- D Das Deutsche Reich und Österreich-Ungarn

435 Wie hieß der erste gemeinsame Fürst der beiden vereinigten Fürstentümer Moldau und der Walachei?

- A Alexandru Ioan Cuza
- B Radu I. Rodolphe Negru
- C Mircea cel Bătrân
- D Vlad II. Dracul

432	Nach dem Ersten Weltkrieg entstand an der südwestlichen Grenze Rumäniens ein neuer Staat. Wie lautete sein Name, bevor er sich in Jugoslawien umbenannte?

B Königreich der Serben, Kroaten und Slowenen

433	Wie lautet der Name des ehemaligen österreichischen Kronlandes, das die Heimatregion einiger bekannter jüdischer Dichter deutscher Sprache war, wie etwa Paul Celan oder Rose Ausländer?

D Bukowina

434	Welche beiden Fürstentümer vereinigten sich 1859 zum Staat Rumänien?

C Die Moldau und die Walachei

435	Wie hieß der erste gemeinsame Fürst der beiden vereinigten Fürstentümer Moldau und der Walachei?

A Alexandru Ioan Cuza

Fragen 436-439

436 Wer war der erste ungarische Ministerpräsident (1848)?

- A Ferenc Erkel
- B Mihály Vörösmarty
- C Lajos Batthyány
- D Ferenc Deák

437 Wann wurde die erste ungarische Republik ausgerufen?

- A 1867
- B 1918
- C 1848
- D 1945

438 Nachdem der siebenbürgische Fürst Stefan Báthory auch König von Polen geworden war, kämpfte er mit u.a. vielen Szeklern gegen welchen russischen Zaren?

- A Ivan den Schrecklichen
- B Michael I.
- C Peter II.
- D Nikolaus II.

439 Beim siebenbürgischen Bauernaufstand 1437 versuchten sich die Aufständischen nach dem Vorbild der Hussiten zu organisieren und erlangten wo entscheidende Erfolge?

- A Böhmen
- B Schwaben
- C Frankreich
- D Italien

Lösungen 436-439

436	Wer war der erste ungarische Ministerpräsident (1848)?

C Lajos Batthyány

437	Wann wurde die erste ungarische Republik ausgerufen?

B 1918

438	Nachdem der siebenbürgische Fürst Stefan Báthory auch König von Polen geworden war, kämpfte er mit u.a. vielen Szeklern gegen welchen russischen Zaren?

A Ivan den Schrecklichen

439	Beim siebenbürgischen Bauernaufstand 1437 versuchten sich die Aufständischen nach dem Vorbild der Hussiten zu organisieren und erlangten wo entscheidende Erfolge?

A Böhmen

Fragen 440-443

440 In welchem Jahr trat Rumänien in den Ersten Weltkrieg ein?

A 1915

B 1917

C 1914

D 1916

441 Welche ehemalige Regionalmacht in der Nachbarschaft Siebenbürgens verschwand Ende des 18. Jahrhunderts durch das Zusammenwirken dreier Großmächte?

A Serbien

B Polen

C Bulgarien

D Ukraine

442 Wie hieß der erste deutsche Bundespräsident, der Siebenbürgen 1971 besuchte?

A Konrad Adenauer

B Gustav Heinemann

C Frank-Walter Steinmeier

D Richard von Weizsäcker

443 Welche Auswirkungen auf Siebenbürgen hatte der Frieden von Trianon im Jahr 1920?

A Siebenbürgen wurde dem rumänischen Staat zuerkannt

B Keine Auswirkung

C Siebenbürgen wurde ein Teil Ungarns

D Siebenbürgen wurde Österreich zuerkannt

440	In welchem Jahr trat Rumänien in den Ersten Weltkrieg ein?

D 1916

441	Welche ehemalige Regionalmacht in der Nachbarschaft Siebenbürgens verschwand Ende des 18. Jahrhunderts durch das Zusammenwirken dreier Großmächte?

B Polen

442	Wie hieß der erste deutsche Bundespräsident, der Siebenbürgen 1971 besuchte?

B Gustav Heinemann

443	Welche Auswirkungen auf Siebenbürgen hatte der Frieden von Trianon im Jahr 1920?

A Siebenbürgen wurde dem rumänischen Staat zuerkannt

Fragen 444-447

444 Wie heißt der einzige siebenbürgische Fürst, der König von Polen war?

- A Stefan Báthory
- B Michael der Tapfere
- C Stefan Bethlen
- D Michael I. Apafi

445 Was wurde mit dem rumänisch-ungarischen Grundlagenvertrag beschlossen?

- A Entmilitarisierte Zone
- B Verpflichtender zusätzlicher ungarischer Ortsname für jeden Ort
- C Anerkennung der Staatsgrenzen
- D Ungarisch als zusätzliche Amtssprache

446 Was wurde mit dem rumänisch-ungarischen Grundlagenvertrag beschlossen?

- A Minderheitenrechte der Ungarn in Rumänien
- B Arbeitnehmerfreizügigkeit
- C Abschaffung stationärer Grenzen
- D Gemeinsame Währung

447 Wer baute das Lutsch-Haus im 15. Jahrhundert?

- A Stephan I.
- B Maria Theresia
- C Vlad III. Draculea
- D König Sigismund

Lösungen 444-447

444 Wie heißt der einzige siebenbürgische Fürst, der König von Polen war?

A Stefan Báthory

445 Was wurde mit dem rumänisch-ungarischen Grundlagenvertrag beschlossen?

C Anerkennung der Staatsgrenzen

446 Was wurde mit dem rumänisch-ungarischen Grundlagenvertrag beschlossen?

A Minderheitenrechte der Ungarn in Rumänien

447 Wer baute das Lutsch-Haus im 15. Jahrhundert?

D König Sigismund

448 Wer war Johannes Lutsch, nach dem das Lutsch-Haus in Hermannstadt benannt wurde?

- A Zunftmeister der Zimmerer
- B Politiker und Graf
- C Dichter und Maler
- D Komponist des Sachsen-Liedes

449 Wer war der Sohn und Thronfolger von Vlad III. Draculea?

- A Mihnea I. cel Rău
- B Isjaslaw I.
- C Mstislaw II.
- D Alexandru cel Bun

450 Was meint der Beiname cel Rău von Mihnea I.?

- A Der Heilige
- B Der Große
- C Der Böse
- D Der Starke

451 Auf welchen Sachverhalt soll sich der Beiname von Vlad III. Draculea eigentlich beziehen?

- A Erfolgreicher Kampf gegen die Osmanen
- B Grosse Leistungen des Vaters
- C Mitgliedschaft des Vaters im Drachenorden
- D Sonnenfinsternis bei der Geburt

448	Wer war Johannes Lutsch, nach dem das Lutsch-Haus in Hermannstadt benannt wurde?

B Politiker und Graf

449	Wer war der Sohn und Thronfolger von Vlad III. Draculea?

A Mihnea I. cel Rău

450	Was meint der Beiname cel Rău von Mihnea I.?

C Der Böse

451	Auf welchen Sachverhalt soll sich der Beiname von Vlad III. Draculea eigentlich beziehen?

C Mitgliedschaft des Vaters im Drachenorden

Fragen 452-455

452 Woher stammt der Vater von Hasso Plattner?

A Cluj-Napoca/Klausenburg/Kolozsvár

B Târgu Mureș/Neumarkt am Mieresch/Marosvásárhely

C Hermannstadt/Sibiu/Nagyszeben

D Blaj/Blasendorf/Balázsfalva

453 Von wem wurde die Burg von Rosenau/Barcarozsnyó/Râşnov erbaut?

A Österreichischer Kaiser

B Rumänischer König

C Osmanischer Sultan

D Deutscher Orden

454 Welcher rumänische Nationalheld erreichte kurzzeitig die gemeinsame Herrschaft über die Fürstentümer Moldau, Siebenbürgen und Walachei?

A Richard Löwenherz

B Michael der Tapfere

C Vlad III. Drăculea

D Edward der Bekenner

455 Was wird mit dem Begriff Donaufürstentümer bis in das 19. Jahrhundert bezeichnet?

A Fürstentum Moldau und Walachei

B Fürstentum Siebenbürgen

C Fürstentum Banat

D Fürstentum Banat und Siebenbürgen

Lösungen 452-455

452 Woher stammt der Vater von Hasso Plattner?

C Hermannstadt/Sibiu/Nagyszeben

453 Von wem wurde die Burg von Rosenau/Barcarozsnyó/Râşnov erbaut?

D Deutscher Orden

454 Welcher rumänische Nationalheld erreichte kurzzeitig die gemeinsame Herrschaft über die Fürstentümer Moldau, Siebenbürgen und Walachei?

B Michael der Tapfere

455 Was wird mit dem Begriff Donaufürstentümer bis in das 19. Jahrhundert bezeichnet?

A Fürstentum Moldau und Walachei

456 Wer gründete die Saxonia-Stiftung mit?

- A Hermannstadt/Nagyszeben/Sibiu
- B Rumänischer Staat
- C Bundesland Bayern
- D Demokratisches Forum der Deutschen in Rumänien

457 Von welcher Organisation war Paul Philippi Ehrenvorsitzender?

- A Sozialdemokratische Partei Deutschlands
- B Demokratisches Forum der Deutschen in Rumänien
- C Ungarische Bürgerpartei
- D Demokratischer Verband der Ungarn in Rumänien

458 Mit was wurde György Dózsa von Tamás Bakócz beauftragt?

- A Aufstellung und Führung eines Kreuzzugheeres
- B Revolution gegen den König
- C Militärische Sicherung der Reformationsbewegung
- D Aufstellung und Führung eines Heeres für die Autonomiebewegung

459 Wie hieß der Anführer des großen Bauernaufstandes in Siebenbürgen von 1514?

- A Thomas Müntzer
- B György Dózsa
- C Wat Tyler
- D György Székely

Lösungen 456-459

456	Wer gründete die Saxonia-Stiftung mit?

D Demokratisches Forum der Deutschen in Rumänien

457	Von welcher Organisation war Paul Philippi Ehrenvorsitzender?

B Demokratisches Forum der Deutschen in Rumänien

458	Mit was wurde György Dózsa von Tamás Bakócz beauftragt?

A Aufstellung und Führung eines Kreuzzugheeres

459	Wie hieß der Anführer des großen Bauernaufstandes in Siebenbürgen von 1514?

A György Dózsa

Fragen 460-463

460 Wann fand der große Mongolensturm statt, bei dem die Truppen Khan Batus in Siebenbürgen große Verwüstungen anrichteten?

A 1021/22

B 1321/22

C 1270

D 1241/42

461 Wo protestierte die Nationale Bauernpartei im Mai 1928 für die Absetzung der national-liberalen Regierung?

A Alba Iulia/Karlsburg/Gyulafehérvár

B Sächsisch Regen/Szászrégen/Reghin

C Neumarkt am Mieresch/Târgu Mureș/Marosvásárhely

D Kronstadt/Brașov/Brassó

462 Am 2. Dezember 1918 wurde ein provisorischer Regierungsrat in Hermannstadt gebildet. Wann wurde er wieder aufgelöst?

A 1922 (2. Dezember)

B 1919 (2. Dezember)

C 1920 (2. April)

D 1939 (2. April)

463 Welcher moldauische Woiwode stand 1529 Johann Zápolya gegen Ferdinand I. im Streit um die ungarische Krone zur Seite?

A Petru II.

B Petru Rareş

C Petru Aron

D Petru III.

460 Wann fand der große Mongolensturm statt, bei dem die Truppen Khan Batus in Siebenbürgen große Verwüstungen anrichteten?

D 1241/42

461 Wo protestierte die Nationale Bauernpartei im Mai 1928 für die Absetzung der national-liberalen Regierung?

A Alba Iulia/Karlsburg/Gyulafehérvár

462 Am 2. Dezember 1918 wurde ein provisorischer Regierungsrat in Hermannstadt gebildet. Wann wurde er wieder aufgelöst?

C 1920 (2. April)

463 Welcher moldauische Woiwode stand 1529 Johann Zápolya gegen Ferdinand I. im Streit um die ungarische Krone zur Seite?

B Petru Rareş

464 Was war der Grund für die Hinrichtung Horeas 1784?

A Die Anführung eines großen Bauernaufstandes

B Gotteslästerung

C Die Anführung eines großen Adelsaufstandes

D Die Ausrufung zum Papst

465 Die Szekler kannten in der Geschichte drei soziale Schichten: Pixidarii, Primipili und Primores. Zu welcher Schicht gehörte ein Szekler, der drei berittene Krieger stellen konnte?

A Zu den Pixidarii (Gemeine Szekler)

B Zu den Primores (Vornehme)

C Zu den Primipili (Berittene Krieger)

D Einordnung erfolgt nicht nach sozialer Schicht

466 Der 1211 im Burzenland angesiedelte Deutsche Orden sollte missionieren und das Land verteidigen. Gegen wen?

A Russen

B Osmanen

C Kumanen

D Chinesen

467 Wie hoch wird die Bevölkerung von Siebenbürgen (einschließlich des Banats) vor dem Mongolensturm im Jahr 1241 ungefähr geschätzt?

A 1 000 000

B 100 000

C 500 000

D 40 000

464	Was war der Grund für die Hinrichtung Horeas 1784?

A Die Anführung eines großen Bauernaufstandes

465	Die Szekler kannten in der Geschichte drei soziale Schichten: Pixidarii, Primipili und Primores. Zu welcher Schicht gehörte ein Szekler, der drei berittene Krieger stellen konnte?

B Zu den Primores (Vornehme)

466	Der 1211 im Burzenland angesiedelte Deutsche Orden sollte missionieren und das Land verteidigen. Gegen wen?

C Kumanen

467	Wie hoch wird die Bevölkerung von Siebenbürgen (einschließlich des Banats) vor dem Mongolensturm im Jahr 1241 ungefähr geschätzt?

C 500 000

468 Jacob Piso (1480-1527), gebürtiger Mediascher, wurde zum Erzieher welchen ungarischen Thronfolgers berufen?

- A König Ludwig II.
- B Kaiser Karl IV.
- C Kaiserin Maria Theresia
- D Karl I. von Anjou

469 Welcher aus einer rumäniendeutschen Familie stammende Siebenbürger ist seit 2015 Pressesprecher der EVP und seit 2013 Mitglied im Europaparlament? (Stand 2022)

- A Traian Băsescu
- B Cristian Terheş
- C Eugen Tomac
- D Siegfried Mureşan

470 Bei welcher heutigen siebenbürgischen Stadt lag die römische Festung Potaissa?

- A Thorenburg/Turda/Torda
- B Kronstadt/ Braşov/ Brassó
- C Mediasch/Mediaş/Medgyes
- D Weißkirch bei Schäßburg/Albeşti/Fehéregyháza

471 Wie hieß die oberste politische Verwaltungs- und Gerichtsbehörde der Siebenbürger Sachsen von 1486-1876?

- A Deutsches Institut für Recht und Verwaltung
- B Sächsische Nationsuniversität
- C Ministerium der Siebenbürger Sachsen
- D Forum der Siebenbürger Sachsen

Lösungen 468-471

468 Jacob Piso (1480-1527), gebürtiger Mediascher, wurde zum Erzieher welchen ungarischen Thronfolgers berufen?

A König Ludwig II.

469 Welcher aus einer rumäniendeutschen Familie stammende Siebenbürger ist seit 2015 Pressesprecher der EVP und seit 2013 Mitglied im Europaparlament? (Stand 2022)

D Siegfried Mureșan

470 Bei welcher heutigen siebenbürgischen Stadt lag die römische Festung Potaissa?

A Thorenburg/Turda/Torda

471 Wie hieß die oberste politische Verwaltungs- und Gerichtsbehörde der Siebenbürger Sachsen von 1486-1876?

B Sächsische Nationsuniversität

472 Wie hieß ab 1876 das höchste politische Forum der Siebenbürger Sachsen?

- A Ministerium der Siebenbürger Sachsen
- B Institut der Siebenbürger Sachsen
- C Sachsentag
- D Forum der Siebenbürger Sachsen

473 1848/49 wurde die Revolution in Ungarn vom österreichischen und russischen Militär niedergeschlagen, woraufhin 13 ungarische Generäle hingerichtet wurden. Die Österreicher stießen mit Bier darauf an. Als Reaktion darauf schworen sich die Ungarn, für eine bestimmte Zeit nicht mehr mit Bier anzustoßen. Für welchen Zeitraum galt dieser Schwur?

- A Für 5 Monate
- B Für 150 Jahre (bis 1999)
- C Für 10 Jahre (bis 1859)
- D Für 1 Jahr

474 Wo fanden zwischen dem 13. und dem 18. Jahrhundert die Stände-Vollversammlungen (congregatio, regionaler Landtag) Siebenbürgens zumeist statt?

- A Kronstadt/ Braşov/ Brassó
- B Neumarkt am Mieresch/ Târgu Mureş/ Marosvásárhely
- C Mediasch/Medgyes/Mediaş
- D Thorenburg/Torda/Turda

475 In welchem Jahrhundert wurde Siebenbürgen Fürstentum?

- A 15. Jahrhundert
- B 16. Jahrhundert
- C 14. Jahrhundert
- D 13. Jahrhundert

472	Wie hieß ab 1876 das höchste politische Forum der Siebenbürger Sachsen?

C Sachsentag

473	1848/49 wurde die Revolution in Ungarn vom österreichischen und russischen Militär niedergeschlagen, woraufhin 13 ungarische Generäle hingerichtet wurden. Die Österreicher stießen mit Bier darauf an. Als Reaktion darauf schworen sich die Ungarn, für eine bestimmte Zeit nicht mehr mit Bier anzustoßen. Für welchen Zeitraum galt dieser Schwur?

B Für 150 Jahre (bis 1999)

474	Wo fanden zwischen dem 13. und dem 18. Jahrhundert die Stände-Vollversammlungen (congregatio, regionaler Landtag) Siebenbürgens zumeist statt?

D Thorenburg/Torda/Turda

475	In welchem Jahrhundert wurde Siebenbürgen Fürstentum?

B 16. Jahrhundert

Fragen 476-479

476 In welchem Jahrhundert war der Deutsche Orden in Siebenbürgen?

A 11. Jahrhundert

B 13. Jahrhundert

C 12. Jahrhundert

D 14. Jahrhundert

477 Welche Funktionen übten György Rákóczi I. und sein Sohn György Rákóczi II. im 17. Jahrhundert aus?

A Fürsten von Siebenbürgen

B Szeklergrafen

C Orthodoxe Patriarchen

D Könige von Rumänien

478 Was versteht man unter dem „Leopoldinischen Diplom" von 1691?

A Versuch der Normung von Gewehren durch normierte Ausbildung

B Name des Wiener Universitätsabschlusses, benannt nach Kaiser Leopold I.

C Erlass Leopolds I., welcher die alten Rechte der siebenbürgischen Nationen anerkannte

D Verfügung zur Suspendierung der Adelsrechte in Siebenbürgen

479 Welcher römische Kaiser eroberte 105/106 Dakien?

A Trajan

B Augustus

C Nero

D Claudius

476 In welchem Jahrhundert war der Deutsche Orden in Siebenbürgen?

B 13. Jahrhundert

477 Welche Funktionen übten György Rákóczi I. und sein Sohn György Rákóczi II. im 17. Jahrhundert aus?

A Fürsten von Siebenbürgen

478 Was versteht man unter dem „Leopoldinischen Diplom" von 1691?

C Erlass Leopolds I., welcher die alten Rechte der siebenbürgischen Nationen anerkannte

479 Welcher römische Kaiser eroberte 105/106 Dakien?

A Trajan

Fragen 480-483

480 Das Schloss der Grafen Bánffy in Bonchida/Bonisbrück/Bonţida brannte am Ende des Zweiten Weltkrieges. Wer zündete das Schloss an?

- A Der Widerstand bei einem Sabotageakt (1944)
- B Russische Soldaten beim Vorrücken (1945)
- C Plünderer (1945)
- D Deutsche Truppen auf dem Rückzug (1944)

481 Auf welchen König geht die deutsche Benennung „Karlsburg" für Weißenburg/Alba Iulia/Gyulafehérvár zurück?

- A Karl I. von Rumänien
- B Karl III. von Ungarn
- C Karl der Große
- D Karl I. von Österreich-Ungarn

482 In welcher Sprache war bis ins 19. Jahrhundert die rechtsbindende Fassung der Gesetzestexte in Siebenbürgen niedergeschrieben?

- A Französisch
- B Ungarisch
- C Deutsch
- D Latein

483 Welcher Ortsname bezeichnet eine siebenbürgische Stadt und einen Ort in Russland, der durch die blutige Niederschlagung eines antibolschewistischen Aufstandes 1921 bekannt ist?

- A Kronstadt
- B Hermannstadt
- C Klausenburg
- D Karlsburg

480 Das Schloss der Grafen Bánffy in Bonchida/Bonisbrück/Bonţida brannte am Ende des Zweiten Weltkrieges. Wer zündete das Schloss an?

D Deutsche Truppen auf dem Rückzug (1944)

481 Auf welchen König geht die deutsche Benennung „Karlsburg" für Weißenburg/Alba Iulia/Gyulafehérvár zurück?

B Karl III. von Ungarn

482 In welcher Sprache war bis ins 19. Jahrhundert die rechtsbindende Fassung der Gesetzestexte in Siebenbürgen niedergeschrieben?

D Latein

483 Welcher Ortsname bezeichnet eine siebenbürgische Stadt und einen Ort in Russland, der durch die blutige Niederschlagung eines antibolschewistischen Aufstandes 1921 bekannt ist?

A Kronstadt

484 Welcher siebenbürgisch-sächsische Kulturpolitiker der Zwischenkriegszeit war mit Grete, eine berühmte Malerin, verheiratet?

- A Alexandru Barbu
- B Richard Csaki
- C Dietmar Daichendt
- D Konrad Gündisch

485 Wer gilt als der erste siebenbürgisch-sächsische Flieger?

- A Roland Garros
- B Albert Ziegler
- C Hermann Köhl
- D Karl Lilienthal

486 Wie heißt die politische Vertretung der Handwerker, die sich als Gegenpol zur Oberschicht in den Stadtverwaltungen der siebenbürgisch-sächsischen Städte während des 15. Jahrhunderts herausbildete?

- A Die Hundertmannschaft oder Hundertmänner
- B Die Brüder oder Schwestern
- C Das proletarische Netz oder die Vereinigten Proletarier
- D Der Bund oder die Union

487 Zu welchen vier Staaten gehörte die Bukowina im Verlauf des 20. Jahrhunderts (ganz oder teilweise)?

- A Ungarn, Rumänien, Polen und Albanien
- B Frankreich, Ungarn, Rumänien und Bulgarien
- C Österreich-Ungarn, Rumänien, Ukraine und Sowjetunion
- D Österreich-Ungarn, Polen, Bulgarien und Italien

484	Welcher siebenbürgisch-sächsische Kulturpolitiker der Zwischenkriegszeit war mit Grete, eine berühmte Malerin, verheiratet?

B Richard Csaki

485	Wer gilt als der erste siebenbürgisch-sächsische Flieger?

B Albert Ziegler

486	Wie heißt die politische Vertretung der Handwerker, die sich als Gegenpol zur Oberschicht in den Stadtverwaltungen der siebenbürgisch-sächsischen Städte während des 15. Jahrhunderts herausbildete?

A Die Hundertmannschaft oder Hundertmänner

487	Zu welchen vier Staaten gehörte die Bukowina im Verlauf des 20. Jahrhunderts (ganz oder teilweise)?

C Österreich-Ungarn, Rumänien, Ukraine und Sowjetunion

488 In Kronstadt begann 1869 mit der Übernahme des Brandschutzes eine Entwicklung, die Siebenbürgen prägte. Wann gab es in 53 Landgemeinden freiwillige Feuerwehren?

- A 1898
- B 1875
- C 1883
- D 1911

489 Wie lautet der römische Name der Stadt Karlsburg/Alba Iulia/Gyulafehérvár?

- A Guntia
- B Drobeta
- C Aquincum
- D Apulum

490 Nach den Gepiden und Hunnen und vor den Bulgaren und Ungarn herrschte im Rahmen seines großen Reiches welches weitere Volk unter anderem über Siebenbürgen?

- A Die Alemannen
- B Die Chauken
- C Die Germanen
- D Die Awaren

491 Welcher ungarische König fand in der Schlacht bei Mohács 1526 den Tod?

- A Ladislaus III.
- B König Ludwig II.
- C Béla II.
- D Vladislav I.

Lösungen 488-491

488	In Kronstadt begann 1869 mit der Übernahme des Brandschutzes eine Entwicklung, die Siebenbürgen prägte. Wann gab es in 53 Landgemeinden freiwillige Feuerwehren?

C 1883

489	Wie lautet der römische Name der Stadt Karlsburg/Alba Iulia/Gyulafehérvár?

D Apulum

490	Nach den Gepiden und Hunnen und vor den Bulgaren und Ungarn herrschte im Rahmen seines großen Reiches welches weitere Volk unter anderem über Siebenbürgen?

D Die Awaren

491	Welcher ungarische König fand in der Schlacht bei Mohács 1526 den Tod?

B König Ludwig II.

492 Wie heißt der letzte ungarische König aus dem Geschlecht der Arpaden?

A Andreas III.

B Ludwig II.

C Béla II.

D Ladislaus III.

493 Nach 1575 leitete der siebenbürgische Fürst Stefan Báthory (1571-1586) die Geschicke Siebenbürgens über eine Siebenbürgische Kanzlei. Diese hatte ihren Sitz in Krakau (Polen). Weshalb?

A In Krakau gab es Amtsleute mit mehr Kompetenz

B Stefan Báthory wollte Polnisch als Amtssprache

C Stefan Báthory war König Polens

D Die vorherige Kanzlei brannte in Siebenbürgen ab

494 Nenne eine der europäischen Landschaften, wo es dem Deutschen Orden, nachdem er 1225 aus Siebenbürgen vertrieben worden war, gelang, weiträumige Territorialherrschaften zu etablieren?

A Kulmer Land und Weichselmündung

B Osttirol

C Karelien

D Aquitanien und Bretagne

495 In welchem Land setzten rumänische Truppen 1919 dem Versuch ein Ende, eine kommunistische Räterepublik zu schaffen?

A In Polen

B In Ungarn

C In Bulgarien

D In der Ukraine

492	Wie heißt der letzte ungarische König aus dem Geschlecht der Arpaden?

A Andreas III.

493	Nach 1575 leitete der siebenbürgische Fürst Stefan Báthory (1571-1586) die Geschicke Siebenbürgens über eine Siebenbürgische Kanzlei. Diese hatte ihren Sitz in Krakau (Polen). Weshalb?

C Stefan Báthory war König Polens

494	Nenne eine der europäischen Landschaften, wo es dem Deutschen Orden, nachdem er 1225 aus Siebenbürgen vertrieben worden war, gelang, weiträumige Territorialherrschaften zu etablieren?

A Kulmer Land und Weichselmündung

495	In welchem Land setzten rumänische Truppen 1919 dem Versuch ein Ende, eine kommunistische Räterepublik zu schaffen?

B In Ungarn

Fragen 496-499

496 Aus welchem Adelsgeschlecht stammte der erste rumänische König?

A Ottonen

B Habsburger

C Hohenzollern-Sigmaringen

D Merowinger

497 Welcher ungarische Politiker trug maßgeblich zum Zustandekommen des österreichisch-ungarischen Ausgleichs von 1867 bei?

A Mihály Vörösmarty

B Lajos Batthyány

C Ferenc Deák

D Ferenc Erkel

498 Wie heißt das „ruhmreiche Herrschergeschlecht des überaus großen und über alle Maßen schönen und berühmten Landes Maghrebinien" in Gregor von Rezzoris „Maghrebinischen Geschichten"?

A Karakriminalowitsch

B Romanow

C Ottonen

D Wittelsbacher

499 Welcher Teil der Walachei gehörte einige Jahre 1718-1739 der Habsburgermonarchie an?

A Die gesamte Walachei

B Die Kleine Walachei (Oltenien)

C Die Walachei gehörte nie zur Habsburgermonarchie

D Die Große Walachei (Muntenien)

Lösungen 496-499

496 Aus welchem Adelsgeschlecht stammte der erste rumänische König?

C Hohenzollern-Sigmaringen

497 Welcher ungarische Politiker trug maßgeblich zum Zustandekommen des österreichisch-ungarischen Ausgleichs von 1867 bei?

C Ferenc Deák

498 Wie heißt das „ruhmreiche Herrschergeschlecht des überaus großen und über alle Maßen schönen und berühmten Landes Maghrebinien" in Gregor von Rezzoris „Maghrebinischen Geschichten"?

A Karakriminalowitsch

499 Welcher Teil der Walachei gehörte einige Jahre 1718-1739 der Habsburgermonarchie an?

B Die Kleine Walachei (Oltenien)

Fragen 500-503

500 Wie viele Personen aus den nach 1918 an Rumänien gelangten Gebieten Ungarns wurden bei ihrer Migration und Niederlassung nach Ungarn bis 1940 registriert?

A 60 000

B 30 000

C 10 000

D 140 000

501 Welcher Schlesier machte die vielzitierte Aussage, die Siebenbürger Sachsen seien „germanissimi germani" (sehr „deutsche" Deutsche)?

A Horst Köhler

B Volker Kauder

C Martin Opitz

D Joschka Fischer

502 Im 16.-17. Jahrhundert reichte der Einfluss der siebenbürgischen Fürsten zeitweise bis Kaschau (Košice/Kassa). In welchem Land liegt diese Stadt heute?

A Litauen

B Russland

C Slowakei

D Tschechien

503 Der Vater von welchem deutschen Bundeskanzler starb als deutscher Panzergrenadier im Oktober 1944 an der siebenbürgischen Front?

A Helmut Schmidt

B Gerhard Schröder

C Konrad Adenauer

D Willy Brandt

500	Wie viele Personen aus den nach 1918 an Rumänien gelangten Gebieten Ungarns wurden bei ihrer Migration und Niederlassung nach Ungarn bis 1940 registriert?

D 140 000

501	Welcher Schlesier machte die vielzitierte Aussage, die Siebenbürger Sachsen seien „germanissimi germani" (sehr „deutsche" Deutsche)?

C Martin Opitz

502	Im 16.-17. Jahrhundert reichte der Einfluss der siebenbürgischen Fürsten zeitweise bis Kaschau (Košice/Kassa). In welchem Land liegt diese Stadt heute?

C Slowakei

503	Der Vater von welchem deutschen Bundeskanzler starb als deutscher Panzergrenadier im Oktober 1944 an der siebenbürgischen Front?

B Gerhard Schröder

504 Was wurde dem Anführer des Bauernaufstands 1514 bei seiner Hinrichtung u.a. auf sein Haupt gesetzt?

- A Narrenkappe
- B Dornenkrone
- C Kuhmist
- D Glühende Eisenkrone

505 Wann wurde Dakien römische Provinz?

- A 6 n. Chr.
- B 106 n. Chr.
- C 306 n. Chr.
- D 206 n. Chr.

506 Welche konkrete Auswirkung auf die Siebenbürger Sachsen hatte der sogenannte zweite Wiener Schiedsspruch im Jahr 1940?

- A Siebenbürger Sachsen dienten im 2. Weltkrieg nicht in einer Armee, sondern in drei (Ungarn, Deutschland und Rumänien)
- B Siebenbürger Sachsen wurden generell nicht zum Wehrdienst eingezogen
- C Alle Siebenbürger Sachsen dienten im 2. Weltkrieg in der deutschen Armee
- D Alle Siebenbürger Sachsen dienten im 2. Weltkrieg in der rumänischen Armee

507 Wie lange war die Bauzeit vom Castelul Bran?

- A 105 Jahre
- B 55 Jahre
- C 25 Jahre
- D 5 Jahre

504	Was wurde dem Anführer des Bauernaufstands 1514 bei seiner Hinrichtung u.a. auf sein Haupt gesetzt?

D Glühende Eisenkrone

505	Wann wurde Dakien römische Provinz?

B 106 n. Chr.

506	Welche konkrete Auswirkung auf die Siebenbürger Sachsen hatte der sogenannte zweite Wiener Schiedsspruch im Jahr 1940?

A Siebenbürger Sachsen dienten im 2. Weltkrieg nicht in einer Armee, sondern in drei (Ungarn, Deutschland und Rumänien)

507	Wie lange war die Bauzeit vom Castelul Bran?

D 5 Jahre

508 In welchen Jahren bestand eine autonome ungarische Region in der Zeit des Sozialismus in Rumänien?

A 1952-1968

B 1956-1986

C 1990-2000

D 1948-1952

509 Der mit dem Karlspreis geehrte Klaus Johannis wurde wofür zu einer Geldstrafe von 1 000 Euro verurteilt?

A Verstoß gegen die Corona-Regeln

B Zu schnelles Fahren mit dem Auto

C Verunglimpfung der ungarischen Minderheit

D Falschparken mit dem Auto

510 Wann löste sich die Walachei vom Königreich Ungarn und wurde selbstständige Woiwodschaft?

A 1730

B 1530

C 1030

D 1330

511 Wann löste sich die Moldau vom Königreich Ungarn und wurde selbstständiges Fürstentum?

A 1059

B 1359

C 859

D 1159

Lösungen 508-511

508 In welchen Jahren bestand eine autonome ungarische Region in der Zeit des Sozialismus in Rumänien?

A 1952-1968

509 Der mit dem Karlspreis geehrte Klaus Johannis wurde wofür zu einer Geldstrafe von 1 000 Euro verurteilt?

C Verunglimpfung der ungarischen Minderheit

510 Wann löste sich die Walachei vom Königreich Ungarn und wurde selbstständige Woiwodschaft?

D 1330

511 Wann löste sich die Moldau vom Königreich Ungarn und wurde selbstständiges Fürstentum?

B 1359

512 Deutsche aus Rumänien und Siebenbürger Sachsen wurden im 2. Weltkrieg überwiegend in die Waffen-SS und nicht in die Wehrmacht eingezogen. Wie viele Deutsche aus Rumänien und Siebenbürger Sachsen dienten Ende 1943 in der Waffen-SS?

A 15 000 Deutsche aus Rumänien und davon 5 000 Siebenbürger Sachsen

B 4 000 Deutsche aus Rumänien und davon 2 000 Siebenbürger Sachsen

C 54 000 Deutsche aus Rumänien und davon 25 000 Siebenbürger Sachsen

D 100 000 Deutsche aus Rumänien und davon 45 000 Siebenbürger Sachsen

513 Was war die „Eiserne Garde"?

A Das Eishockeyteam in der Sozialistischen Republik Rumänien.

B Eine faschistische Bewegung bzw. politische Partei im Königreich Rumänien.

C Die persönliche Leibgarde von Ceauşescu

D Die Königliche Leibgarde der Könige Rumäniens

514 Wie lange dauerten die Magyarisierungsmaßnahmen vom Königreich Ungarn in Siebenbürgen etwa?

A 49 Jahre

B 79 Jahre

C 9 Jahre

D 109 Jahre

Lösungen 512-514

512	Deutsche aus Rumänien und Siebenbürger Sachsen wurden im 2. Weltkrieg überwiegend in die Waffen-SS und nicht in die Wehrmacht eingezogen. Wie viele Deutsche aus Rumänien und Siebenbürger Sachsen dienten Ende 1943 in der Waffen-SS?

C 54 000 Deutsche aus Rumänien und davon 25 000 Siebenbürger Sachsen

513	Was war die „Eiserne Garde"?

B Eine faschistische Bewegung bzw. politische Partei im Königreich Rumänien.

514	Wie lange dauerten die Magyarisierungsmaßnahmen vom Königreich Ungarn in Siebenbürgen etwa?

A 49 Jahre

Fragen 515-518

515 Was war der ursprüngliche Zweck des Lutsch-Hauses aus den 15. Jahrhundert?

- A Zunfthaus der Zimmerer
- B Herrschaftssitz einer Adelsfamilie
- C Unterbringung von hohen Würdenträgern
- D Schüle der Siebenbürger Sachsen

516 Als was wurde die Ungarische Bürgerunion gegründet?

- A Parteiunabhängige Bürgerbewegung
- B Politische Partei
- C Ungarischer Kulturverein
- D Ungarischer Sportverein

517 Wo wurde der Sohn und Thronfolger von Vlad III. Draculea geboren?

- A Hermannstadt/Sibiu/Nagyszeben
- B Schloss Bran
- C Neumarkt am Mieresch/Târgu Mureș/Marosvásárhely
- D Klausenburg/Kolozsvár/Cluj-Napoca

518 Wo wurde im Jahr 2014 ein nationaler Verband der Siebenbürger Sachsen gegründet?

- A Polen
- B Österreich
- C Schweiz
- D Frankreich

515	Was war der ursprüngliche Zweck des Lutsch-Hauses aus den 15. Jahrhundert?

C Unterbringung von hohen Würdenträgern

516	Als was wurde die Ungarische Bürgerunion gegründet?

A Parteiunabhängige Bürgerbewegung

517	Wo wurde der Sohn und Thronfolger von Vlad III. Draculea geboren?

A Hermannstadt/Sibiu/Nagyszeben

518	Wo wurde im Jahr 2014 ein nationaler Verband der Siebenbürger Sachsen gegründet?

C Schweiz

Fragen 519-522

519 Welche dieser Personen eroberte die Burg von Rosenau/Barcarozsnyó/Râşnov?

- A Michael der Tapfere
- B Gabriel Báthory
- C Napoleon
- D Nicolae Ceauşescu

520 Was wurde zum ersten Mal in Osteuropa auf einer Halbinsel im Bâlea See im Jahr 2006 gebaut?

- A Ein emissionsfreies Hotel
- B Ein Eishotel
- C Ein Dracula-Freizeitpark
- D Ein Lego-Freizeitpark

521 In welchem Bereich engagierte sich der Siebenbürger Rudolf Brandsch?

- A Wissenschaft
- B Sport
- C Kunst
- D Politik

522 Für welche Armee kämpfte der aus Birthälm stammende Offizier Artur Phleps nicht?

- A Deutschland
- B Sowjetunion
- C Österreich-Ungarn
- D Rumänien

Lösungen 519-522

519	Welche dieser Personen eroberte die Burg von Rosenau/Barcarozsnyó/Râşnov?

B Gabriel Báthory

520	Was wurde zum ersten Mal in Osteuropa auf einer Halbinsel im Bâlea See im Jahr 2006 gebaut?

B Ein Eishotel

521	In welchem Bereich engagierte sich der Siebenbürger Rudolf Brandsch?

D Politik

522	Für welche Armee kämpfte der aus Birthälm stammende Offizier Artur Phleps nicht?

B Sowjetunion

Fragen 523-526

523 In welchem siebenbürgischen Kreis starb Michael der Tapfere im Jahr 1601?

- A Cluj
- B Mureș
- C Harghita
- D Sibiu

524 Welches Ereignis geschah chronologisch als erstes?

- A Der Zweite Wiener Schiedsspruch
- B Vertrag von Trianon
- C Vertrag von Versailles
- D Friedensvertrag von Bukarest

525 Die UN-Menschenrechtskommission nahm am 9. März 1989 eine Resolution zur Untersuchung von Verletzungen von Menschenrechten in Rumänien an. Worauf bezog sich diese Resolution?

- A Verbot der deutschen Sprache im Alltag
- B Berufsverbote für Minderheiten
- C Zwangsumsiedlung aus kleinen Ortschaften
- D Verbot der ungarischen Sprache im Alltag

526 Von welchem Land war der in Siebenbürgen gestorbene Wilhelm Friedrich Heinrich Prinz zu Wied 6 Monate Herrscher?

- A Griechenland
- B Albanien
- C Serbien
- D Kosovo

Lösungen 523-526

523 In welchem siebenbürgischen Kreis starb Michael der Tapfere im Jahr 1601?

A Cluj

524 Welches Ereignis geschah chronologisch als erstes?

D Friedensvertrag von Bukarest

525 Die UN-Menschenrechtskommission nahm am 9. März 1989 eine Resolution zur Untersuchung von Verletzungen von Menschenrechten in Rumänien an. Worauf bezog sich diese Resolution?

C Zwangsumsiedlung aus kleinen Ortschaften

526 Von welchem Land war der in Siebenbürgen gestorbene Wilhelm Friedrich Heinrich Prinz zu Wied 6 Monate Herrscher?

B Albanien

Fragen 527-530

527 Von welcher Politikerin stammt das Zitat: „Ich habe mein Herz in Siebenbürgen verloren!"?

A Hilary Clinton

B Barbara Stamm

C Angela Merkel

D Claudia Roth

528 Welches Jubiläum feiert die Saxonia-Stiftung im Jahr 2022?

A 50 Jahre

B 20 Jahre

C 40 Jahre

D 30 Jahre

529 In welcher Stadt wurde Paul Philippi geboren?

A Kronstadt/Brassó/Braşov

B Neumarkt am Mieresch/Marosvásárhely/Târgu Mureş

C Hermannstadt/Nagyszeben/Sibiu

D Klausenburg/Kolozsvár/Cluj-Napoca

530 Was sind Kuruzen?

A Revolutionäre in der Märzrevolution 1848 im Kaiserreich Österreich

B Bewaffnete antihabsburgische Aufständische im Königreich Ungarn von 1671 bis 1711

C Reformatorische Bewegung in Siebenbürgen ab 1572

D Türkische Angreifer im Königreich Ungarn im Großen Türkenkrieg (1683–1699)

527	Von welcher Politikerin stammt das Zitat: „Ich habe mein Herz in Siebenbürgen verloren!"?

B Barbara Stamm

528	Welches Jubiläum feiert die Saxonia-Stiftung im Jahr 2022?

D 30 Jahre

529	In welcher Stadt wurde Paul Philippi geboren?

A Kronstadt/Brassó/Braşov

530	Was sind Kuruzen?

B Bewaffnete antihabsburgische Aufständische im Königreich Ungarn von 1671 bis 1711

Fragen 531-534

531 Wann wurde Siebenbürgen an die Habsburger Monarchie angeschlossen?

A 1699

B 1599

C 1799

D 1499

532 Wann wurde die Alliance of Transylvanian Saxons (ATS) in den USA gegründet?

A 1942

B 1902

C 1962

D 1982

533 Wie hieß der Führer der deutschen Volksgruppe in Rumänien von 1940 bis 1944?

A Andreas Schmidt

B Baldur von Schirach

C Wilhelm Frick

D Reinhard Heydrich

534 Wer war bis 1787 Gubernator von Siebenbürgen und der einzige Siebenbürger Sachse mit diesem Amt?

A Anton Freiherr von Puchner

B Erzherzog Ferdinand Karl

C Samuel Baron Freiherr von Brukenthal

D Stephan Graf Haller von Hallerstein

Lösungen 531-534

531	Wann wurde Siebenbürgen an die Habsburger Monarchie angeschlossen?

A 1699

532	Wann wurde die Alliance of Transylvanian Saxons (ATS) in den USA gegründet?

B 1902

533	Wie hieß der Führer der deutschen Volksgruppe in Rumänien von 1940 bis 1944?

A Andreas Schmidt

534	Wer war bis 1787 Gubernator von Siebenbürgen und der einzige Siebenbürger Sachse mit diesem Amt?

C Samuel Baron Freiherr von Brukenthal

Fragen 535-538

535 Welcher spätere siebenbürgische Landstand profitierte von der 1222 erlassenen königlichen Urkunde, der Goldenen Bulle?

- A Die Bauern
- B Niemand
- C Der Klerus
- D Der Adel

536 Wie viele Stühle machten seit Karl I. Robert (1307-1342) tatsächlich die Hermannstädter Provinz der sog. „Sieben Stühle" aus?

- A 9
- B 7
- C 8
- D 3

537 Welchem siebenbürgischen Volk gehörten die Verfasser des „Supplex Libellus Valachorum" (1792) an?

- A Den Russen
- B Den Siebenbürger Sachsen
- C Den Ungarn
- D Den Rumänen

538 Wer war Stadtpfarrer von Kronstadt zum Zeitpunkt des Schusteraufstandes 1688?

- A Albertus Magnus
- B Meister Eckhardt
- C Markus Fronius
- D Johannes Calvin

Lösungen 535-538

535	Welcher spätere siebenbürgische Landstand profitierte von der 1222 erlassenen königlichen Urkunde, der Goldenen Bulle?

D Der Adel

536	Wie viele Stühle machten seit Karl I. Robert (1307-1342) tatsächlich die Hermannstädter Provinz der sog. „Sieben Stühle" aus?

C 8

537	Welchem siebenbürgischen Volk gehörten die Verfasser des „Supplex Libellus Valachorum" (1792) an?

D Den Rumänen

538	Wer war Stadtpfarrer von Kronstadt zum Zeitpunkt des Schusteraufstandes 1688?

C Markus Fronius

539 Der Hermannstädter Magistrat des späten 18. Jahrhunderts machte aus Eitelkeit für welchen Beruf vom generellen Verbot des Bürgerrechtserwerbs für Nichteinheimische eine Ausnahme?

A Nerzzüchter

B Perückenmacher

C Barbier

D Hutmacher

540 Wo war Iuliu Maniu, der Vorsitzende der Nationalen Bauernpartei Rumäniens, bis zu seinem Tod inhaftiert?

A Er ertrank auf der Flucht in der Donau

B Hermannstadt/Sibiu/Nagyszeben

C Bukarest

D Sighetul Marmaţiei/Mármarossziget

541 Wo stimmten am 8. Januar 1919 die Siebenbürger Sachsen einer Vereinigung Siebenbürgens mit dem Königreich Rumänien zu?

A In Mediasch/Medgyes/Mediaş

B In Kronstadt/Brassó/Braşov

C In Bukarest

D In Wien

542 In welchem Jahrhundert fand der große „Mongolensturm" in Ungarn statt?

A 12. Jahrhundert

B 14. Jahrhundert

C 13. Jahrhundert

D 11. Jahrhundert

539	Der Hermannstädter Magistrat des späten 18. Jahrhunderts machte aus Eitelkeit für welchen Beruf vom generellen Verbot des Bürgerrechtserwerbs für Nichteinheimische eine Ausnahme?

B Perückenmacher

540	Wo war Iuliu Maniu, der Vorsitzende der Nationalen Bauernpartei Rumäniens, bis zu seinem Tod inhaftiert?

D Sighetul Marmaţiei/Mármarossziget

541	Wo stimmten am 8. Januar 1919 die Siebenbürger Sachsen einer Vereinigung Siebenbürgens mit dem Königreich Rumänien zu?

A In Mediasch/Medgyes/Mediaş

542	In welchem Jahrhundert fand der große „Mongolensturm" in Ungarn statt?

C 13. Jahrhundert

543 Wie viele Verfassungen waren im Verlauf des 20. Jahrhunderts in Rumänien gültig?

A 5

B 8

C 7

D 6

544 Welchen Titel trug Mihai I., letzter König Rumäniens, während er Thronfolger war?

A Bischof der Evangelischen Kirche A. B. in Siebenbürgen

B Herţeg de Amnaş şi Făgăraş (Herzog von Hamlesch/Omlás und Fogarasch/Fogaras)

C Mare Voievod de Alba Iulia (Großwoiwode von Karlsburg/Gyulafehérvár)

D Principe de Transilvania (Fürst von Siebenbürgen)

545 Bis wann bestand die 1952 eingerichtete „Autonome Ungarische Region" in Siebenbürgen?

A Bis 1968

B Bis 1992

C Bis 1989

D Bis 1954

546 In welchem Jahrhundert wurde Siebenbürgen Großfürstentum?

A Nie

B Im 17. Jahrhundert

C Im 18. Jahrhundert

D Im 15. Jahrhundert

543	Wie viele Verfassungen waren im Verlauf des 20. Jahrhunderts in Rumänien gültig?

C 7

544	Welchen Titel trug Mihai I., letzter König Rumäniens, während er Thronfolger war?

C Mare Voievod de Alba Iulia (Großwoiwode von Karlsburg/Gyulafehérvár)

545	Bis wann bestand die 1952 eingerichtete „Autonome Ungarische Region" in Siebenbürgen?

A Bis 1968

546	In welchem Jahrhundert wurde Siebenbürgen Großfürstentum?

C Im 18. Jahrhundert

Fragen 547-550

547 Wer verfasste 1795-1797 „Kritische Sammlungen zur Geschichte der Deutschen in Siebenbürgen"?

A Ahasver von Brandt

B Theodor Mommsen

C Ernst Nolte

D Ludwig August Schlözer

548 Wo lag nach dem Zweiten Wiener Schiedsspruch 1940 die nach Hermann Göring benannte Ausbeulung des Grenzverlaufs?

A Zwischen Oradea/Großwardein/Nagyvárad und Satu Mare/Sathmar/Szatmárnémeti

B Zwischen Klausenburg/Thorenburg und Neumarkt

C Zwischen Sibiu/Hermannstadt/Nagyszeben und Braşov/Kronstadt/Brassó

D Zwischen Bistritz/Bistriţa/Beszterce und Timişoara/Temesvar

549 Warum wurde Joseph II., römisch-deutscher Kaiser und König von Ungarn, von den Ungarn der „König mit dem Hut" genannt?

A Weil er sich nicht mit der ungarischen Krone krönen ließ

B Wegen seiner ungezähmten Haarpracht, welche ihn wie ein Hut vor dem Regen schützte

C Weil er einen ungarischen Hut als Polizeiuniform eingeführt hat

D Weil er gerne modische ungarische Hüte trug

550 In welchem siebenbürgischen Kohleabbaugebiet kam es 1977 erstmals in Rumänien zu Arbeiterprotesten gegen das Regime Ceauşescus?

A In Oradea/Großwardein/Nagyvárad

B In Turda

C Im Schiltal

D In Geamăna

Lösungen 547-550

547	Wer verfasste 1795-1797 „Kritische Sammlungen zur Geschichte der Deutschen in Siebenbürgen"?

D Ludwig August Schlözer

548	Wo lag nach dem Zweiten Wiener Schiedsspruch 1940 die nach Hermann Göring benannte Ausbeulung des Grenzverlaufs?

B Zwischen Klausenburg/Thorenburg und Neumarkt

549	Warum wurde Joseph II., römisch-deutscher Kaiser und König von Ungarn, von den Ungarn der „König mit dem Hut" genannt?

A Weil er sich nicht mit der ungarischen Krone krönen ließ

550	In welchem siebenbürgischen Kohleabbaugebiet kam es 1977 erstmals in Rumänien zu Arbeiterprotesten gegen das Regime Ceauşescus?

C Im Schiltal

551 In welcher Stadt kam es im März 1990 zu blutigen rumänisch-ungarischen Zusammenstößen?

A Tschippendorf/Cepari/Csépán

B Târgu Mureş/Neumarkt/Marosvásárhely

C Kronstadt/Brasov/Brassó

D Sächsisch Regen/Szászrégen/Reghin

552 Was war der „Katharinalkonflux" bzw. „Konflux"?

A Siebenbürgisch-Sächsische Art und Weise, jemanden zur Ader zu lassen

B Jährlich wiederkehrende Zusammenkunft der Jesuiten in Siebenbürgen

C Stark kritisierte Steuer für Siebenbürger Sachsen

D Herbstsitzung der Abgeordneten der Sächsischen Nationsuniversität

553 Ordne diese Provinzen gemäß der Volkszählung von 1930, nach ihrem Anteil der rumänischen Muttersprachler aufsteigend.

A Bessarabien, Bukowina und Siebenbürgen

B Bukowina, Bessarabien und Siebenbürgen

C Siebenbürgen, Bessarabien und Bukowina

D Siebenbürgen, Bukowina und Bessarabien

554 Das Geschlecht der Haller, dem z.B. der Sachsengraf Peter Haller (1557-1569) angehörte, stammte ursprünglich aus einer süddeutschen Reichsstadt - welcher?

A Nürnberg

B Augsburg

C Ulm

D Aalen

551	In welcher Stadt kam es im März 1990 zu blutigen rumänisch-ungarischen Zusammenstößen?

B Târgu Mureş/Neumarkt/Marosvásárhely

552	Was war der „Katharinalkonflux" bzw. „Konflux"?

D Herbstsitzung der Abgeordneten der Sächsischen Nationsuniversität

553	Ordne diese Provinzen gemäß der Volkszählung von 1930, nach ihrem Anteil der rumänischen Muttersprachler aufsteigend.

B Bukowina, Bessarabien und Siebenbürgen

554	Das Geschlecht der Haller, dem z.B. der Sachsengraf Peter Haller (1557-1569) angehörte, stammte ursprünglich aus einer süddeutschen Reichsstadt – welcher?

A Nürnberg

555 Wie heißt der westlichste bzw. östlichste Ort der 1224 privilegierten Hermannstädter Provinz?

A Birthälm/Biertan/Berethalom und Buzd /Bußd/Szászbuzd

B Buzd/Bußd/Szászbuzd und Băgaciu/Bogeschdorf/Szászbogács

C Moşna/Meschen/Muzsna und Aţel/Hetzeldorf/Ecel

D Broos/Szásváros/Oraştie und Draas /Homoróddaróc/Drăuşeni

556 Welche Stühle umfasst das Gebiet „Zwei Stühle", das zu Beginn des 14. Jahrhunderts entstand?

A Die sächsischen Stühle Mühlbach und Reußmarkt

B Die sächsischen Stühle Mediasch und Schelk

C Die sächsischen Stühle Leschkirch und Schäßburg

D Die sächsischen Stühle Hermannstadt und Schäßburg

557 Die „Legion des Erzengels Michael" bzw. „Eiserne Garde" fand in den 1930er Jahren zum Teil auch in Siebenbürgen Sympathisanten. Zurück ging die Bewegung jedoch auf eine Gruppe von Studenten. An welcher Universität studierten sie?

A Budapest

B Braşov/Kronstadt

C Iaşi/Jassy

D Bukarest

558 Zu welchem Staat gehörte Predeal vor 1918?

A Ukraine

B Serbien

C Rumanien

D Österreich-Ungarn

555	Wie heißt der westlichste bzw. östlichste Ort der 1224 privilegierten Hermannstädter Provinz?

D Broos/Szásváros/Oraştie und Draas /Homoróddaróc/Drăuşeni

556	Welche Stühle umfasst das Gebiet „Zwei Stühle", das zu Beginn des 14. Jahrhunderts entstand?

B Die sächsischen Stühle Mediasch und Schelk

557	Die „Legion des Erzengels Michael" bzw. „Eiserne Garde" fand in den 1930er Jahren zum Teil auch in Siebenbürgen Sympathisanten. Zurück ging die Bewegung jedoch auf eine Gruppe von Studenten. An welcher Universität studierten sie?

C Iaşi/Jassy

558	Zu welchem Staat gehörte Predeal vor 1918?

C Rumänien

Fragen 559-562

559 1856 erschien bei Julius Springer in Berlin durch Vermittlung von Jacob Grimm ein Band siebenbürgischer Volksmärchen. Wer hatte diese Sammlung zusammengestellt?

A Erich Kästner

B Astrid Lindgren

C Joseph Haltrich

D Wilhelm Grimm

560 Wie nennt man die Fürsten griechischer Herkunft, die im 18. und frühen 19. Jahrhundert in der Moldau und der Walachei herrschten?

A Anjou

B Merowinger

C Pippiniden

D Phanarioten

561 Welcher Siebenbürger Rumäne aus der Nähe von Bistriz ist für seine Lyrik bekannt, ging 1890 nach Rumänien und war bei der Gründung der Zeitschriften „Vatra" (1894) und Semănătorul beteiligt?

A Gheorghe Coşbuc

B Gheorghe Hagi

C Ion Luca Caragiale

D Mircea Cărtărescu

562 Die Statue von Gheorghe Lazăr auf dem Großen Ring in Hermannstadt ersetzte was?

A Die Statue des Johannes Honterus

B Das Monument der betenden Hände von Martin Luther

C Die Statue des Hl. Nepomuk

D Das Reiterstandbild von Nicolae Ceaușescu

559	1856 erschien bei Julius Springer in Berlin durch Vermittlung von Jacob Grimm ein Band siebenbürgischer Volksmärchen. Wer hatte diese Sammlung zusammengestellt?

C Joseph Haltrich

560	Wie nennt man die Fürsten griechischer Herkunft, die im 18. und frühen 19. Jahrhundert in der Moldau und der Walachei herrschten?

D Phanarioten

561	Welcher Siebenbürger Rumäne aus der Nähe von Bistriz ist für seine Lyrik bekannt, ging 1890 nach Rumänien und war bei der Gründung der Zeitschriften „Vatra" (1894) und Semănătorul beteiligt?

A Gheorghe Coşbuc

562	Die Statue von Gheorghe Lazăr auf dem Großen Ring in Hermannstadt ersetzte was?

C Die Statue des Hl. Nepomuk

Fragen 563-566

563 Wie viele Menschen wurden aus Nordsiebenbürgen in während des Zweiten Weltkriegs Konzentrationslager deportiert?

- A Ca. 110 000-130 000
- B Ca. 10 000-20 000
- C Ca. 220 000-260 000
- D Ca. 330 000-490 000

564 Welche Auswirkung auf die Ungarn in Siebenbürgen hatte der sogenannte zweite Wiener Schiedsspruch im Jahr 1940?

- A Flucht von 100 000-150 000 Ungarn von Nordsiebenbürgen nach Südsiebenbürgen
- B Flucht von 100 000-150 000 Ungarn von Südsiebenbürgen nach Nordsiebenbürgen
- C Flucht von 10 000-15 000 Ungarn von Südsiebenbürgen nach Nordsiebenbürgen
- D Flucht von 10 000-15 000 Ungarn von Nordsiebenbürgen nach Südsiebenbürgen

565 Seit wann stehen laut der Verfassung jeder ethnischen Gruppe in Rumänien pauschal ein Vertreter im Abgeordnetenhaus zu?

- A 1991
- B 1996
- C 2000
- D 2006

566 Wie viele Mitglieder etwa hatte die Eiserne Garde zu ihrem Höhepunkt?

- A 100 000
- B 150 000
- C 250 000
- D 400 000

Lösungen 563-566

563	Wie viele Menschen wurden aus Nordsiebenbürgen in während des Zweiten Weltkriegs Konzentrationslager deportiert?

A Ca. 110 000-130 000

564	Welche Auswirkung auf die Ungarn in Siebenbürgen hatte der sogenannte zweite Wiener Schiedsspruch im Jahr 1940?

B Flucht von 100 000-150 000 Ungarn von Südsiebenbürgen nach Nordsiebenbürgen

565	Seit wann stehen laut der Verfassung jeder ethnischen Gruppe in Rumänien pauschal ein Vertreter im Abgeordnetenhaus zu?

A 1991

566	Wie viele Mitglieder etwa hatte die Eiserne Garde zu ihrem Höhepunkt?

C 250 000

567 Wofür wurde Castelul Bran während des 2. Weltkrieges verwendet?

A Lagerplatz für Raubgut

B Hauptquartier der Wehrmacht

C Quartier für deutsche Offiziere

D Krankenhaus für verletzte Soldaten

568 Wann zogen die Sowjetischen Truppen aus dem sozialistischen Rumänien ab?

A 1948

B 1988

C 1978

D 1958

569 Welche Auswirkung auf die Rumänen in Siebenbürgen hatte der sogenannte zweite Wiener Schiedsspruch im Jahr 1940?

A Flucht von 200 000-220 000 Rumänen von Nordsiebenbürgen nach Südsiebenbürgen bis ins Jahr 1944

B Flucht von 200 000-220 000 Rumänen von Südsiebenbürgen nach Nordsiebenbürgen bis ins Jahr 1944

C Flucht von 20 000-22 000 Rumänen von Nordsiebenbürgen nach Südsiebenbürgen bis ins Jahr 1944

D Flucht von 20 000-22 000 Rumänen von Südsiebenbürgen nach Nordsiebenbürgen bis ins Jahr 1944

570 Wie viele offizielle und inoffizielle Mitarbeiter hatte die Securitate schätzungsweise im Jahr 1990?

A 40 000 Offizielle und 400 000 Inoffizielle

B 4 000 Offizielle und 40 000 Inoffizielle

C 400 000 Offizielle und 4 000 000 Inoffizielle

D 400 Offizielle und 4 000 Inoffizielle

Lösungen 567-570

567	Wofür wurde Castelul Bran während des 2. Weltkrieges verwendet?

D Krankenhaus für verletzte Soldaten

568	Wann zogen die Sowjetischen Truppen aus dem sozialistischen Rumänien ab?

D 1958

569	Welche Auswirkung auf die Rumänen in Siebenbürgen hatte der sogenannte zweite Wiener Schiedsspruch im Jahr 1940?

A Flucht von 200 000-220 000 Rumänen von Nordsiebenbürgen nach Südsiebenbürgen bis ins Jahr 1944

570	Wie viele offizielle und inoffizielle Mitarbeiter hatte die Securitate schätzungsweise im Jahr 1990?

A 40 000 Offizielle und 400 000 Inoffizielle

Fragen 571-574

571 Wie verdiente der letzte rumänische König Michael I. zwischen 1951 und 1955 seinen Lebensunterhalt, nachdem er im Jahr 1947 abdanken musste und 1948 ins Exil gezwungen wurde?

A Als Diplomat für die USA

B Als Offizier in der Schweizer Armee

C Als Hühnerzüchter und Gärtner

D Als Berater der Alliierten

572 Wie lange war Dakien römische Provinz?

A 165 Jahre

B 255 Jahre

C 105 Jahre

D 355 Jahre

573 Wie viel wurdem dem letzten rumänischen König Michael I. nach seiner Enteignung vom rumänischen Staat nach Angaben der kommunistischen Zeitung Scînteia 1948 gegeben?

A 1 Schweizer Franken

B Schuldzuweisungen im Wert von 500 000 Schweizer Franken

C Nichts

D 500 000 Schweizer Franken

574 Der Legende nach verlor der vorherige Besitzer Georg Lutsch das heutige Forumshaus des DFDR bei was?

A Trinkspiel

B Poker

C Kegelspiel

D Wettlauf

Lösungen 571-574

571	Wie verdiente der letzte rumänische König Michael I. zwischen 1951 und 1955 seinen Lebensunterhalt, nachdem er im Jahr 1947 abdanken musste und 1948 ins Exil gezwungen wurde?

C Als Hühnerzüchter und Gärtner

572	Wie lange war Dakien römische Provinz?

A 165 Jahre

573	Wie viel wurdem dem letzten rumänischen König Michael I. nach seiner Enteignung vom rumänischen Staat nach Angaben der kommunistischen Zeitung Scînteia 1948 gegeben?

D 500 000 Schweizer Franken

574	Der Legende nach verlor der vorherige Besitzer Georg Lutsch das heutige Forumshaus des DFDR bei was?

C Kegelspiel

Fragen 575-578

575 Wie starb Johannes Lutsch, nach dem das Lutsch-Haus in Hermannstadt benannt wurde?

A An der Pest in osmanischer Geiselhaft

B Bei einem Reiterangriff im Krieg gegen Polen

C Eines natürlichen Todes

D Verunfallt beim Feldzug gegen die Osmanen

576 Wann trat die Ungarische Bürgerunion zum ersten Mal als politische Partei bei einer Wahl an?

A 2015

B 2004

C 1989

D 1995

577 Wo starb der Sohn und Thronfolger von Vlad III. Draculea?

A Schloss Bran/Castelul Bran/Törcsvári kastély

B Klausenburg/Kolozsvár/Cluj-Napoca

C Neumarkt am Mieresch/Târgu Mureș/Marosvásárhely

D Hermannstadt/Sibiu/Nagyszeben

578 Wie starb der Sohn und Thronfolger von Vlad III. Draculea?

A Ertrunken in einem Fluss

B Ermordet vor einer Kirche

C Gestorben an der Pest

D Hingerichtet durch die Osmanen

Lösungen 575-578

575 Wie starb Johannes Lutsch, nach dem das Lutsch-Haus in Hermannstadt benannt wurde?

A An der Pest in osmanischer Geiselhaft

576 Wann trat die Ungarische Bürgerunion zum ersten Mal als politische Partei bei einer Wahl an?

B 2004

577 Wo starb der Sohn und Thronfolger von Vlad III. Draculea?

D Hermannstadt/Sibiu/Nagyszeben

578 Wie starb der Sohn und Thronfolger von Vlad III. Draculea?

B Ermordet vor einer Kirche

Fragen 579-582

579 In welcher Stadt lebte Wilhelm Friedrich Heinrich Prinz zu Wied 20 Jahre lang?

A Haschagen/Hasság/Haşag

B Streitfort/Mirkvásár/Mercheaşa

C Honigberg/Szászhermány/Hărman

D Predeal

580 Was ist keine Erklärung für den Ursprung des Begriffs Kuruzen?

A Ungarisch-türkischer Herkunft „khurudzs" bedeutet also „Aufständischer"

B Abwandlung einer vulgären rumänischen Beleidigung für Arsch

C Lateinisch „crux" bedeutet „Kreuz" und bezeichnet die Kreuzfahrer

D Ungarischer Eigenname „kuruc" bedeutet „schneidig, widerspenstig, aufmüpfig"

581 Wie viele siebenbürgische Fürsten wurden Könige von Polen?

A Vier

B Drei

C Einer

D Zwei

582 Was prägte den jungen Vlad III. Draculea?

A Pesterkrankung

B Früher Tod des Vaters

C Geiselhaft bei den Osmanen

D Schwerer Unfall bei Ritterturnier

Lösungen 579-582

579 In welcher Stadt lebte Wilhelm Friedrich Heinrich Prinz zu Wied 20 Jahre lang?

D Predeal

580 Was ist keine Erklärung für den Ursprung des Begriffs Kuruzen?

B Abwandlung einer vulgären rumänischen Beleidigung für Arsch

581 Wie viele siebenbürgische Fürsten wurden Könige von Polen?

C Einer

582 Was prägte den jungen Vlad III. Draculea?

C Geiselhaft bei den Osmanen

Fragen 583-586

583 Wem erkannte Klaus Johannis im Jahr 2016 die Auszeichnung Stern von Rumänien ab?

A Michael I. von Rumänien

B Edmund Stoiber

C László Tőkés

D Jean-Claude Juncker

584 Welche gemeinsame Etappe im Leben hatten die Siebenbürger Sachsen Klaus Johannis und Bernd Fabritius?

A Kindergartenfreunde

B Konfirmation

C Studienkollegen

D Schulkameraden

585 Wen rief nach einem Zeitungsbericht Klaus Johannis nach seinem Wahlsieg zum Präsidenten um ca. 01:00 Uhr an?

A Eltern in Würzburg

B Schwester in New York

C Bruder in Bukarest

D Onkel in Hawaii

586 Welcher Familienname ist auf der Geburtsurkunde von Klaus Johannis vermerkt?

A Johannes

B Iohan

C Iohannis

D John

Lösungen 583-586

583	Wem erkannte Klaus Johannis im Jahr 2016 die Auszeichnung Stern von Rumänien ab?

C László Tőkés

584	Welche gemeinsame Etappe im Leben hatten die Siebenbürger Sachsen Klaus Johannis und Bernd Fabritius?

D Schulkameraden

585	Wen rief nach einem Zeitungsbericht Klaus Johannis nach seinem Wahlsieg zum Präsidenten um ca. 01:00 Uhr an?

A Eltern in Würzburg

586	Welcher Familienname ist auf der Geburtsurkunde von Klaus Johannis vermerkt?

C Iohannis

Fragen 587-590

587 Als was wurde das Salzbergwerk Turda im Zweiten Weltkrieg benutzt?

- A Gefängnis
- B Geheimes Versuchslabor
- C Luftschutzbunker
- D Abschussvorrichtung für Raketen

588 Als was wurde das Salzbergwerk Turda zwischen dem Zweiten Weltkrieg und 1992 benutzt?

- A Weinlager
- B Lasertag-Areal
- C Käselager
- D Atomendlager

589 Welchen Stollen gab es im Salzbergwerk Turda nicht?

- A Anton
- B Josif
- C Teresia
- D Emil

590 Wie oft wurde die Burg von Rosenau/Barcarozsnyó/Râşnov erobert?

- A 4
- B 3
- C 1
- D 2

Lösungen 587-590

587	Als was wurde das Salzbergwerk Turda im Zweiten Weltkrieg benutzt?

C Luftschutzbunker

588	Als was wurde das Salzbergwerk Turda zwischen dem Zweiten Weltkrieg und 1992 benutzt?

C Käselager

589	Welchen Stollen gab es im Salzbergwerk Turda nicht?

D Emil

590	Wie oft wurde die Burg von Rosenau/Barcarozsnyó/Râşnov erobert?

C 1

Fragen 591-594

591 Was liegt der Legende nach im Brunnen der Burg von Rosenau/Barcarozsnyó/Râşnov?

A Dracula

B Die ungarische Königskrone

C Die österreichische Kaiserkrone

D Ein Schatz

592 Wann zog der Magistrat aus dem Alten Rathaus in Kronstadt aus?

A 1945

B 1876

C 1918

D 1989

593 In welchen Jahren war Rudolf Brandsch Vorsitzender der deutschen Volksgruppen in Europa?

A 1922-1931

B 1938-1945

C 1891-1895

D 1951-1965

594 Wie und wann starb Rudolf Brandsch?

A 1952 eines natürlichen Todes

B 1938 durch Exekution

C 1953 im Gefängnis

D 1942 im Krieg

Lösungen 13-16

591	Was liegt der Legende nach im Brunnen der Burg von Rosenau/Barcarozsnyó/Râşnov?

D Ein Schatz

592	Wann zog der Magistrat aus dem Alten Rathaus in Kronstadt aus?

B 1876

593	In welchen Jahren war Rudolf Brandsch Vorsitzender der deutschen Volksgruppen in Europa?

A 1922-1931

594	Wie und wann starb Rudolf Brandsch?

C 1953 im Gefängnis

Fragen 595-598

595 Wer übernahm nicht die Regentschaft für den minderjährigen Michael I.?

A Prinz Nicolae

B Gheorghe Buzdugan

C Miron Cristea

D Karl IV.

596 Für wie lange ca. hatte Michael der Tapfere die gemeinsame Herrschaft über die Fürstentümer Moldau, Siebenbürgen und Walachei inne?

A 40 Tage

B 40 Wochen

C 4 Jahre

D 4 Monate

597 Welcher Partei gehörte der bekannte Siebenbürger Hermann Oberth in den Jahren 1965-1967 an?

A NPD

B SPD

C CDU

D CSU

598 Was studierte Hermann Oberth mit Unterbrechungen von 1912-1917 bevor er zum Studiengang Physik wechselte?

A Jura

B Chemie

C Biologie

D Medizin

Lösungen 595-598

595 Wer übernahm nicht die Regentschaft für den minderjährigen Michael I.?

D Karl IV.

596 Für wie lange ca. hatte Michael der Tapfere die gemeinsame Herrschaft über die Fürstentümer Moldau, Siebenbürgen und Walachei inne?

D 4 Monate

597 Welcher Partei gehörte der bekannte Siebenbürger Hermann Oberth in den Jahren 1965-1967 an?

A NPD

598 Was studierte Hermann Oberth mit Unterbrechungen von 1912-1917 bevor er zum Studiengang Physik wechselte?

D Medizin

599 Was machte Ceaușescu bevor er hingerichtet wurde?

A Er betete ein Vaterunser

B Er sang die Internationale

C Er schwieg

D Er verschmähte die USA

600 Welcher Politiker bzw. welche Politikerin unterstützte den Aufbau einer Fachschule für Heilerziehungspflege und Altenpflege in Hermannstadt/Nagyszeben/Sibiu?

A Edmund Stoiber

B Barbara Stamm

C Anton Hofreiter

D Claudia Roth

601 Wo wurde Sándor Kőrösi Csoma geboren?

A Csomakőrös/Chiuruș

B Țapu/Csicsóholdvilág

C Batiz

D Bruiu/Brulya

602 Wann starb Ceaușescu?

A 13. März

B 1. Mai

C 25. Dezember

D 11. November

599 Was machte Ceauşescu bevor er hingerichtet wurde?

B Er sang die Internationale

600 Welcher Politiker bzw. welche Politikerin unterstützte den Aufbau einer Fachschule für Heilerziehungspflege und Altenpflege in Hermannstadt/Nagyszeben/Sibiu?

B Barbara Stamm

601 Wo wurde Sándor Kőrösi Csoma geboren?

A Csomakőrös/Chiuruş

602 Wann starb Ceauşescu?

C 25. Dezember

Frage 603

603 Wann wurde die Landsmannschaft der Siebenbürger Sachsen in Kanada gegründet?

A 1951

B 1931

C 1911

D 1971

Lösung 603

603	Wann wurde die Landsmannschaft der Siebenbürger Sachsen in Kanada gegründet?

A 1951

GESELLSCHAFT

Die Gesellschaft Siebenbürgens ist äußerst vielfältig. Beim Spaziergang durch die Straßen lassen sich deutsche, ungarische und rumänische Einflüsse erkennen, die jeweiligen Sprachen hören und ein einzigartiges Lebensgefühl erleben, das aus der Koexistenz verschiedener ethnischer Gruppen entsteht.

Siebenbürgen ist faszinierend, es lohnt sich, dieses Land zu erleben und in die vielfältigen Gegebenheiten der einzelnen Regionen einzutauchen, um die Freude und Lebenslust der Bevölkerung zu erfahren.

Diese Lebensfreude spiegelt sich auch in den Trachten der unterschiedlichen ethnischen Gruppen wider, die beispielsweise bei den zahlreichen Festen in Siebenbürgen oder beim jährlichen Treffen der Siebenbürger Sachsen in Dinkelsbühl zu beobachten sind.

In Anbetracht der reichen Vielfalt und der faszinierenden kulturellen Dynamik Siebenbürgens bietet dieses Quiz-Buch eine spannende Möglichkeit, tiefer in die facettenreiche Geschichte, Traditionen und Lebensweise dieser Region einzutauchen. Die vorangegangenen Einblicke haben bereits einen Vorgeschmack auf die kulturelle Schönheit und die vielfältigen Facetten des Lebens in Siebenbürgen gegeben. Nun laden die kommenden Quizfragen dazu ein, Ihr Wissen über diese reiche kulturelle Landschaft zu testen und noch mehr über die Geschichte, Bräuche und die lebendige Vielfalt dieser Region zu erfahren.

Die Tracht der Siebenbürger Sachsen repräsentiert einen bedeutenden Bestandteil des kulturellen Erbes dieser Gemeinschaft. Sie entwickelte sich organisch aus dem Leben der Gemeinschaft heraus und spiegelt deren Lebensrealität wider.

Besonders bemerkenswert an der Tracht der Siebenbürger Sachsen ist das ausgeprägte Gemeinschafts- und Traditionsbewusstsein, das in jedem Kleidungsstück verankert ist. Neben diesen Merkmalen sind in der Tracht auch Einflüsse erkennbar, die durch die ständigen Wechselwirkungen mit anderen ethnischen Gruppen entstanden sind. Es war eine bewusste Entscheidung, dass Miteinander und den Austausch mit anderen Kulturen zu nutzen, um harmonische Beziehungen zu fördern und diese Elemente in die eigene Tracht zu integrieren. Dies zeigen die Offenheit und Vielfalt der siebenbürgisch-sächsischen Kultur.

604 Was bedeutet die ungarische Bezeichnung für Siebenbürgen, Erdély?

A Das alte Land

B Das bergige Land

C Das Land jenseits des Waldes

D Das Land des Silbers

605 Welcher Brauch ist in Siebenbürgen mit umherziehenden Männern und mit der Überstrapazierung der Geruchssinne und oft auch der Leber verbunden?

A „Christbaumloben" zu Weihnachten

B „Bespritzen" zu Ostern

C „Maibaumstellen" zum Beginn vom Mai

D Fasnacht

606 Welche drei historischen protestantischen Konfessionen sind in Siebenbürgen anzutreffen?

A Luthertum, Calvinismus und Unitarismus

B Römisch-Katholisch, Rumänisch-Orthodox und Griechisch-Orthodox

C Schiiten, Sunniten und Aleviten

D Hinayana, Mahayana und Vajrayana

607 Wie lautet der bei Ungarn, Rumänen und Sachsen Siebenbürgens beliebteste und gleichklingende Bestürzungsseufzer?

A No niin/noni/nin

B Awa/aia

C Joi/jaj/ioi

D Nanu

Lösungen 604-607

604	Was bedeutet die ungarische Bezeichnung für Siebenbürgen, Erdély?

C Das Land jenseits des Waldes

605	Welcher Brauch ist in Siebenbürgen mit umherziehenden Männern und mit der Überstrapazierung der Geruchssinne und oft auch der Leber verbunden?

B „Bespritzen" zu Ostern

606	Welche drei historischen protestantischen Konfessionen sind in Siebenbürgen anzutreffen?

A Luthertum, Calvinismus und Unitarismus

607	Wie lautet der bei Ungarn, Rumänen und Sachsen Siebenbürgens beliebteste und gleichklingende Bestürzungsseufzer?

C Joi/jaj/ioi

608 Welche amerikanische Radiostation mit Sitz in München stellte während des Kalten Krieges auch in Siebenbürgen eine der wichtigsten politischen Informationsquellen dar?

A Radio Free Europe

B Radio West

C Freies München

D Free World

609 Das Vorbild war der 1862 und 1869 gegründete Österreichische bzw. Deutsche Alpenverein. Wie heißt das Pendant, das 1880 in Hermannstadt gegründet wurde?

A Siebenbürgischer Karpatenverein

B Siebenbürger Jäger

C Siebenbürger Wanderverein

D Siebenbürger Alpenverein

610 In welcher mittelfränkischen Stadt findet der „Heimattag der Siebenbürger Sachsen" statt?

A Stuttgart

B Augsburg

C Dinkelsbühl

D Wiesbaden

611 Welche Farbe haben die Flaggen von Ungarn und Rumänien gemeinsam?

A Grün

B Rot

C Weiss

D Schwarz

608 Welche amerikanische Radiostation mit Sitz in München stellte während des Kalten Krieges auch in Siebenbürgen eine der wichtigsten politischen Informationsquellen dar?

A Radio Free Europe

609 Das Vorbild war der 1862 und 1869 gegründete Österreichische bzw. Deutsche Alpenverein. Wie heißt das Pendant, das 1880 in Hermannstadt gegründet wurde?

A Siebenbürgischer Karpatenverein

610 In welcher mittelfränkischen Stadt findet der „Heimattag der Siebenbürger Sachsen" statt?

C Dinkelsbühl

611 Welche Farbe haben die Flaggen von Ungarn und Rumänien gemeinsam?

B Rot

Fragen 612-615

612 Wo genießt ein dem Siebenbürgisch-Sächsisch sehr ähnlicher Dialekt heute noch den offiziellen Status einer Nationalsprache?

A Österreich

B Schweiz

C Sachsen

D Luxemburg

613 Was kann man in Siebenbürgen finden?

A Hadrian-Wall

B Kreml

C Louvre

D Kirchenburgen

614 Wie sieht die aktuelle rumänische Flagge aus?

A Weißes Kreuz auf rotem Grund

B Schwarz/Rot und Gold in waagerechten Streifen

C Blau/Gelb und Rot in senkrechten Streifen

D Blaues Kreuz auf weißem Grund

615 Wer bekam im Jahr 2020 den Karlspreis für seine/ihre Verdienste um die Werte Europas?

A Angela Merkel

B Klaus Johannis

C Wladimir Putin

D Recep Tayyip Erdoğan

Lösungen 612-615

612	Wo genießt ein dem Siebenbürgisch-Sächsisch sehr ähnlicher Dialekt heute noch den offiziellen Status einer Nationalsprache?

D Luxemburg

613	Was kann man in Siebenbürgen finden?

D Kirchenburgen

614	Wie sieht die aktuelle rumänische Flagge aus?

C Blau/Gelb und Rot in senkrechten Streifen

615	Wer bekam im Jahr 2020 den Karlspreis für seine/ihre Verdienste um die Werte Europas?

B Klaus Johannis

Fragen 616-619

616 Welche im Banat geborene Autorin gewann mit ihrem Werk „Atemschaukel" im Jahr 2009 den Literaturnobelpreis?

- A Doris Lessing
- B Louise Glück
- C Herta Müller
- D Elfriede Jelinek

617 Auf was bezieht sich der Name der Automarke „Dacia"?

- A Den römischen Feldherrn Dacia
- B Die römische Provinz Dakien
- C Den Geburtsort von Ceauşescu
- D Hat keine Bedeutung

618 Im Jahr 2014 wurde welcher Siebenbürger Sachse Präsident von Rumänien?

- A Klaus Thomas
- B Thomas Johannes
- C Klaus Johannis
- D Bernd Thoma

619 Welche Farbe gehört nicht zur Fahne der Siebenbürger Sachsen?

- A Rot
- B Grün
- C Gold
- D Blau

Lösungen 616-619

616	Welche im Banat geborene Autorin gewann mit ihrem Werk „Atemschaukel" im Jahr 2009 den Literaturnobelpreis?

C Herta Müller

617	Auf was bezieht sich der Name der Automarke „Dacia"?

B Die römische Provinz Dakien

618	Im Jahr 2014 wurde welcher Siebenbürger Sachse Präsident von Rumänien?

C Klaus Johannis

619	Welche Farbe gehört nicht zur Fahne der Siebenbürger Sachsen?

B Grün

Fragen 620-623

620 Welche Farben gehören nicht zur Fahne der Szekler?

- A Rot
- B Weiß
- C Gold
- D Blau

621 Wo leben Siebenbürger Sachsen seit dem 12. Jahrhundert?

- A Siebenbürgen
- B Sachsen
- C Sachsen-Anhalt
- D Niedersachsen

622 Wofür ist der Siebenbürger Sachse Klaus Johannis bekannt?

- A Europameister im Boxen
- B Olympiasieger über 100 m im Jahr 2021
- C Präsident von Rumänien seit 2014
- D Singer and Songwriter

623 Wie viele Siebenbürger Sachsen leben in Deutschland? (Stand 2022)

- A 25 000
- B 250 000
- C 2 500
- D 2 500 000

Lösungen 620-623

620 Welche Farben gehören nicht zur Fahne der Szekler?

A Rot

621 Wo leben Siebenbürger Sachsen seit dem 12. Jahrhundert?

A Siebenbürgen

622 Wofür ist der Siebenbürger Sachse Klaus Johannis bekannt?

C Präsident von Rumänien seit 2014

623 Wie viele Siebenbürger Sachsen leben in Deutschland? (Stand 2022)

B 250 000

Fragen 624-627

624 Was ist Siebenbürgen?

A Eine Werteordnung

B Ein Verteidigungsbündnis

C Ein Zusammenschluss unabhängiger Staaten

D Ein geographisches Gebiet

625 Welche besondere eigentümliche Sprache sprechen viele Siebenbürger Sachsen?

A Sächsisch

B Schwäbisch

C Hochdeutsch

D Siebenbürgisch-Sächsisch

626 Gheorghe Pop führte im Jahr 2000 eine Studie durch. Wie viele der ausgewanderten Siebenbürger Sachsen sahen ihre Erwartungen an Deutschland „größtenteils erfüllt"?

A 86 %

B 100 %

C 46 %

D 26 %

627 Wer ist keine „größere" ethnische Minderheit in Siebenbürgen?

A Ungarn

B Spanier

C Ukrainer

D Deutsche

Lösungen 624-627

624	Was ist Siebenbürgen?

D Ein geographisches Gebiet

625	Welche besondere eigentümliche Sprache sprechen viele Siebenbürger Sachsen?

D Siebenbürgisch-Sächsisch

626	Gheorghe Pop führte im Jahr 2000 eine Studie durch. Wie viele der ausgewanderten Siebenbürger Sachsen sahen ihre Erwartungen an Deutschland „größtenteils erfüllt"?

A 86 %

627	Wer ist keine „größere" ethnische Minderheit in Siebenbürgen?

B Spanier

Fragen 628-631

628 Was ist die Landeshymne der Siebenbürger Sachsen?

A Siebenbürgenlied

B Land der Berge

C Lied der Deutschen

D Sachsenpsalm

629 Welche berühmte Person macht gerne Urlaub in Siebenbürgen? (Stand 2022)

A Britney Spears

B König Charles

C Angela Merkel

D Wladimir Putin

630 Wie viele Vampire existieren in Transsylvanien?

A Es existieren keine Vampire

B 9 3/4

C 200

D 3 000

631 Der mit Siebenbürgen verbundene Vampir-Kult ist angesagt. Wie viele Treffer bei Google erhält man mit dem Stichwort Vampir? (Stand 2022)

A 300 000

B 3 Millionen

C Über 30 Millionen

D 30 000

Lösungen 628-631

628	Was ist die Landeshymne der Siebenbürger Sachsen?

A Siebenbürgenlied

629	Welche berühmte Person macht gerne Urlaub in Siebenbürgen? (Stand 2022)

B König Charles

630	Wie viele Vampire existieren in Transsylvanien?

A Es existieren keine Vampire

631	Der mit Siebenbürgen verbundene Vampir-Kult ist angesagt. Wie viele Treffer bei Google erhält man mit dem Stichwort Vampir? (Stand 2022)

C Über 30 Millionen

Fragen 632-635

632 Wie viel Prozent der Menschen in Rumänien im Jahr 2015 vertrauten nach einer Studie der rumänischen Antikorruptionsbehörde (DNA) dem Parlament?

A 11 %

B 21 %

C 41 %

D 61 %

633 Wem gehört heute das Castelul Bran? (Stand 2022)

A Der Adelsfamilie von Habsburg

B Dem rumänischen Staat

C Der Adelsfamilie Hohenzollern-Sigmaringen

D Dem ungarischen Staat

634 Wie viele Menschen besuchten im Jahr 2019 das Castelul Bran?

A 250 000

B Über 10 Millionen

C Über 1 Millionen

D 500 000

635 Wie viele verschiedene Ministerpräsidenten hatte Rumänien von 01.01.2012 bis 01.01.2022?

A 12

B 14

C 4

D 8

Lösungen 632-635

632 Wie viel Prozent der Menschen in Rumänien im Jahr 2015 vertrauten nach einer Studie der rumänischen Antikorruptionsbehörde (DNA) dem Parlament?

A 11 %

633 Wem gehört heute das Castelul Bran? (Stand 2022)

A Der Adelsfamilie von Habsburg

634 Wie viele Menschen besuchten im Jahr 2019 das Castelul Bran?

C Über 1 Millionen

635 Wie viele verschiedene Ministerpräsidenten hatte Rumänien von 01.01.2012 bis 01.01.2022?

B 14

Fragen 636-639

636 Wie viele verschiedene Ministerpräsidenten aus Siebenbürgen hatte Rumänien von 01.01.2012 bis 01.01.2022?

A 1

B 2

C 3

D 4

637 Wer war der letzte Ministerpräsident Rumäniens aus Siebenbürgen? (Stand 2022)

A Victor Ponta

B Mihai Tudose

C Ludovic Orban

D Petre Roman

638 Wann war zuletzt ein Siebenbürger Ministerpräsident Rumäniens? (Stand 2022)

A 2022

B 2008

C 2020

D 1995

639 Für welche fiktive Person ist Transsilvanien bekannt?

A Frankenstein

B Dracula

C King Arthur

D Der Schwarze Prinz

Lösungen 636-639

636	Wie viele verschiedene Ministerpräsidenten aus Siebenbürgen hatte Rumänien von 01.01.2012 bis 01.01.2022?

B 2

637	Wer war der letzte Ministerpräsident Rumäniens aus Siebenbürgen? (Stand 2022)

C Ludovic Orban

638	Wann war zuletzt ein Siebenbürger Ministerpräsident Rumäniens? (Stand 2022)

C 2020

639	Für welche fiktive Person ist Transsilvanien bekannt?

B Dracula

640 Wie veränderte sich die weltweite Platzierung von Rumänien beim Korruptionswahrnehmungsindex von Transparency International in den Jahren 2019-2021?

A Verschlechterung um 8 Plätze

B Verschlechterung um 4 Plätze

C Verbesserung um 4 Plätze

D Verbesserung um 8 Plätze

641 Wer ist kein ungarischer Nationalheld?

A György Dózsa

B Béla Kun

C Sándor Petőfi

D Lajos Kossuth

642 Welchen Siebenbürgisch-Sächsischen Verein gibt es in Kanada nicht? (Stand 2022)

A Windsor Sachsen-Klub

B Transylvania Club

C Club der Siebenbürger-Sachsen

D Deutsch-Kanadische Klub

643 Das Bronzestandbild des Johannes Honterus in Kronstadt zeigt den Reformator mit zwei seiner Werke. Welche?

A Jahrhundert des Kindes und Schulordnung

B Reformationsbüchlein und Schulordnung

C Reformationsbüchlein und Integrative Pädagogik

D Integrative Pädagogik und Religionspädagogik

Lösungen 640-643

640	Wie veränderte sich die weltweite Platzierung von Rumänien beim Korruptionswahrnehmungsindex von Transparency International in den Jahren 2019-2021?

C Verbesserung um 4 Plätze

641	Wer ist kein ungarischer Nationalheld?

B Béla Kun

642	Welchen Siebenbürgisch-Sächsischen Verein gibt es in Kanada nicht? (Stand 2022)

C Club der Siebenbürger-Sachsen

643	Das Bronzestandbild des Johannes Honterus in Kronstadt zeigt den Reformator mit zwei seiner Werke. Welche?

B Reformationsbüchlein und Schulordnung

644 Welches Jubiläum feierten die Siebenbürger Sachsen 1991?

A 850 Jahre Siebenbürger Sachsen

B 500 Jahre Siebenbürger Sachsen

C 250 Jahre Siebenbürger Sachsen

D 100 Jahre Siebenbürger Sachsen

645 Der rumänische Schriftsteller Ioan Slavici gründete 1884 in Hermannstadt die „Tribuna". Worum handelt es sich dabei?

A Eine politische und literarische Tageszeitung

B Eine politische Partei

C Die Fußballmannschaft Tribuna Sibiu

D Ein Heimatmuseum

646 Was wurde zunächst abgelehnt, sollte bis 1777 landesweit eingeführt werden, um einen Brief sicher zuzustellen, und ist mancherorts nicht mehr vorhanden?

A Zuordnung zu einem Postbezirk

B Zuordnung zu einer Straße

C Die Hausnummer

D Eine Straßenanbindung

647 Was für ein Markt findet alljährlich am Muntele Găina im Motzenland statt?

A Schafmarkt

B Mädchenmarkt

C Bienenmarkt

D Pferdemarkt

644	Welches Jubiläum feierten die Siebenbürger Sachsen 1991?

A 850 Jahre Siebenbürger Sachsen

645	Der rumänische Schriftsteller Ioan Slavici gründete 1884 in Hermannstadt die „Tribuna". Worum handelt es sich dabei?

A Eine politische und literarische Tageszeitung

646	Was wurde zunächst abgelehnt, sollte bis 1777 landesweit eingeführt werden, um einen Brief sicher zuzustellen, und ist mancherorts nicht mehr vorhanden?

C Die Hausnummer

647	Was für ein Markt findet alljährlich am Muntele Găina im Motzenland statt?

B Mädchenmarkt

648 Welche siebenbürgische Stadt beheimatet den Roma-König und-Kaiser?

A Reußmarkt

B Fogarasch

C Schäßburg

D Hermannstadt

649 Welcher siebenbürgisch-sächsische Komponist baute in abgewandelter Form seinen Geburtsortes Sächsisch-Regen als Namenszusatz ein?

A Michael Nösner-Reen

B Jakob Reen

C Richard Regen

D Rudolf Wagner-Régeny

650 In welcher siebenbürgischen Stadt soll Vlad III. Dracula (Vlad Ţepeş) Gerüchten gemäß geboren worden sein?

A In Schäßburg

B In Mediasch

C In Sächsisch-Regen

D In Bistritz

651 Wie lautet die Eigenbezeichnung der Ungarn?

A Német (Singular) oder Németek (Plural)

B Magyar (Singular) oder Magyarok (Plural)

C Orosz (Singular) oder Oroszok (Plural)

D Uszony (Singular) oder Finnek (Plural)

648	Welche siebenbürgische Stadt beheimatet den Roma-König und-Kaiser?

D Hermannstadt

649	Welcher siebenbürgisch-sächsische Komponist baute in abgewandelter Form seinen Geburtsortes Sächsisch-Regen als Namenszusatz ein?

D Rudolf Wagner-Régeny

650	In welcher siebenbürgischen Stadt soll Vlad III. Dracula (Vlad Ţepeş) Gerüchten gemäß geboren worden sein?

A In Schäßburg

651	Wie lautet die Eigenbezeichnung der Ungarn?

B Magyar (Singular) oder Magyarok (Plural)

Fragen 652-655

652 Warum passt der Hermannstädter „große Ring" an niemandes Finger?

- A Weil dieser 3 m groß ist und im Museum steht
- B Weil es sich um eine Ringstraße handelt
- C Weil es sich um einen Platz handelt
- D Weil es sich um die Philharmonie von Hermannstadt handelt

653 Was sind in Siebenbürgen die „Gelsen"?

- A Brötchen bzw. Semmeln
- B Stechmücken/Schnaken
- C Berliner
- D Butter

654 In Rumänien traf man Blumenläden an, die als Teil des Firmenschildes den Namen welcher Burzenländer Gemeinde trugen?

- A Codlea
- B Deva
- C Bran
- D Prejmer

655 Wem sind der Sage nach die ersten deutschen Siedler Siebenbürgens dorthin gefolgt?

- A Paracelsus
- B Den Gebrüdern Grimm
- C Dem Rattenfänger von Hameln
- D Ulrich Zwingli

Lösungen 652-655

652 Warum passt der Hermannstädter „große Ring" an niemandes Finger?

C Weil es sich um einen Platz handelt

653 Was sind in Siebenbürgen die „Gelsen"?

B Stechmücken/Schnaken

654 In Rumänien traf man Blumenläden an, die als Teil des Firmenschildes den Namen welcher Burzenländer Gemeinde trugen?

A Codlea

655 Wem sind der Sage nach die ersten deutschen Siedler Siebenbürgens dorthin gefolgt?

C Dem Rattenfänger von Hameln

656 Giorgio Biandrata, der Arzt von Johann II. Sigismund, konnte den siebenbürgischen Fürsten zum Glaubenswechsel bewegen. Welche Konfession, die vorübergehend auch „Blandratismus" hieß, nahm er an?

- A Unitarische
- B Römisch-katholische
- C Griechisch-Orthodoxe
- D Rumänisch-Orthodoxe

657 Paul Schuster (*1930) schrieb über fünf Liter davon. Wovon?

- A Schnaps
- B Wasser
- C Wein
- D Bier

658 Wie heißen die siebenbürgischen Liebestöter?

- A Long Johns
- B Schlüppis
- C Gatschen
- D Feinripp

659 Wie heißt das große Ereignis im winterlichen Harbachtal, z.B. in Agnetheln?

- A Kronenfest
- B Urzellauf
- C Oktoberfest
- D Winterfest

656	Giorgio Biandrata, der Arzt von Johann II. Sigismund, konnte den siebenbürgischen Fürsten zum Glaubenswechsel bewegen. Welche Konfession, die vorübergehend auch „Blandratismus" hieß, nahm er an?

A Unitarische

657	Paul Schuster (*1930) schrieb über fünf Liter davon. Wovon?

A Schnaps

658	Wie heißen die siebenbürgischen Liebestöter?

C Gatschen

659	Wie heißt das große Ereignis im winterlichen Harbachtal, z.B. in Agnetheln?

B Urzellauf

Fragen 660-663

660 Wie wird bei den Sachsen der rundgeschnittene Frauenmantel aus Lammfell genannt?

A Krakowiacy

B Dirndl

C Henriquatre

D Kürschen

661 Bei welchem Sachsen und Ungarn in Siebenbürgen ausgeübte Osterbrauch steht ein männliches Federvieh im Mittelpunkt?

A Hahnenkampf

B Hahnloben

C Hahnweitwurf

D Hahnenschießen oder Hahnenschlagen

662 Wen oder was symbolisieren die Sonne und der Mond im Wappen Siebenbürgens?

A Die harte Arbeit und den wohlverdienten Schlaf

B Dracula

C Die Nation der Szekler

D Ebbe und Flut

663 Wen symbolisiert der Adler im Wappen Siebenbürgens?

A Die Siebenbürger Sachsen

B Den ungarischen Adel

C Die Rumänen

D Die Roma

660 Wie wird bei den Sachsen der rundgeschnittene Frauenmantel aus Lammfell genannt?

D Kürschen

661 Bei welchem Sachsen und Ungarn in Siebenbürgen ausgeübte Osterbrauch steht ein männliches Federvieh im Mittelpunkt?

D Hahnenschießen oder Hahnenschlagen

662 Wen oder was symbolisieren die Sonne und der Mond im Wappen Siebenbürgens?

C Die Nation der Szekler

663 Wen symbolisiert der Adler im Wappen Siebenbürgens?

B Den ungarischen Adel

664 Wie heißt das traditionell reichgeschmückte, mit Immergrün umwundene Kerzengestell bei den Siebenbürger Sachsen zu Weihnachten?

- A Engelskerze
- B Menora
- C Lichtert
- D Michael Leuchte

665 Wie lautet der sogenannte „Schäßburger Gruß"?

- A Moin Moin
- B Lāk mich um Ōrsch
- C Terve
- D Grüezi

666 Mit welchem Lied erfreuen die rumänischen Kinder, von Haus zu Haus ziehend, die Leute in der Weihnachtszeit?

- A Feliz Navidad
- B Joulupukki
- C Colinde
- D Mele Kalikimaka

667 Wie nennt man die dörflichen Gemeinschaften zur gegenseitigen Hilfeleistung bei den Siebenbürger Sachsen, Ungarn und Szeklern Siebenbürgens?

- A Bürgerhilfe
- B Nachbarschaften
- C Helferhände
- D Nachbarschaftshilfe

664	Wie heißt das traditionell reichgeschmückte, mit Immergrün umwundene Kerzengestell bei den Siebenbürger Sachsen zu Weihnachten?

C Lichtert

665	Wie lautet der sogenannte „Schäßburger Gruß"?

B Lāk mich um Ōrsch

666	Mit welchem Lied erfreuen die rumänischen Kinder, von Haus zu Haus ziehend, die Leute in der Weihnachtszeit?

C Colinde

667	Wie nennt man die dörflichen Gemeinschaften zur gegenseitigen Hilfeleistung bei den Siebenbürger Sachsen, Ungarn und Szeklern Siebenbürgens?

B Nachbarschaften

668 Wie nennt man bei den Siebenbürger Sachsen die kirchliche Gemeinschaft, der alle Burschen nach der Konfirmation und bis zur Heirat angehörten?

A Kirchliche Jugendbewegung

B Bruderschaft

C Burschenschaft

D Kirchlicher Bund der sächsischen Jugend in Siebenbürgen

669 Wie nennt man bei den Siebenbürger Sachsen die kirchliche Gemeinschaft, der alle Mädchen nach der Konfirmation und bis zur Heirat angehörten?

A Schwesternschaft

B Kirchliche Jugendbewegung

C Kirchlicher Bund der sächsischen Jugend in Siebenbürgen

D Bund Siebenbürgisch-Sächsischer Mädchen

670 Wann werden die rumänischen Frauen einem Brauch gemäß mit einem kleinen Gegenstand, meist an einer rot-weißen Schnur befestigt, dem sogenannten „mărtişor", beschenkt?

A Am 1. Dezember

B Am 29. Februar

C Am 1. März

D Am 1. Mai

671 Welches war der letzte Monarch, der unter anderem über Siebenbürgen herrschte?

A Karl I. von Österreich-Ungarn

B König Mihai von Rumänien

C Friedrich Wilhelm I.

D Maria Theresia

Lösungen 668-671

668	Wie nennt man bei den Siebenbürger Sachsen die kirchliche Gemeinschaft, der alle Burschen nach der Konfirmation und bis zur Heirat angehörten?

A Bruderschaft

669	Wie nennt man bei den Siebenbürger Sachsen die kirchliche Gemeinschaft, der alle Mädchen nach der Konfirmation und bis zur Heirat angehörten?

A Schwesternschaft

670	Wann werden die rumänischen Frauen einem Brauch gemäß mit einem kleinen Gegenstand, meist an einer rot-weißen Schnur befestigt, dem sogenannten „mărtişor", beschenkt?

C Am 1. März

671	Welches war der letzte Monarch, der unter anderem über Siebenbürgen herrschte?

B König Mihai von Rumänien

Fragen 672-675

672 Bei welchem Fest mussten die sächsischen Burschen Kletterkünste beweisen?

A Beim Waldfest

B Beim Osterfest

C Beim Weihnachtsfest

D Beim Kronenfest

673 Wie heißt der rumänische Bergrettungsdienst?

A Transporturile Aeriene Române

B Serviciul Mobil de Urgenţă Reanimare şi Descarcerare

C Căile Ferate Române

D Salvamont

674 Bei welchem Fest verwenden die Rumänen den Ausdruck „Casă de piatră" (wörtlich: Steinhaus) als Glückwunsch?

A Hochzeit

B Geburtstag

C Namenstag

D Nationalfeiertag

675 Was meint ein Siebenbürger Sachse in Sächsisch-Regen, wenn er „Schnirich" sagt?

A Arbeitgeber

B Schnaps

C Schwiegertochter

D Geschenk

Lösungen 672-675

672	Bei welchem Fest mussten die sächsischen Burschen Kletterkünste beweisen?

D Beim Kronenfest

673	Wie heißt der rumänische Bergrettungsdienst?

D Salvamont

674	Bei welchem Fest verwenden die Rumänen den Ausdruck „Casă de piatră" (wörtlich: Steinhaus) als Glückwunsch?

A Hochzeit

675	Was meint ein Siebenbürger Sachse in Sächsisch-Regen, wenn er „Schnirich" sagt?

B Schwiegertochter

Fragen 676-679

676 Die Rumänen des Siebenbürgischen Westgebirges werden Motzen genannt. Woher stammt diese Bezeichnung?

A Von den traditionell großen Hüten

B Von der Tradition, einen langen Bart zu tragen

C Von ihrem Brauch, einen Zopf zu tragen

D Von der traditionellen Musik

677 Was meint ein Siebenbürger Sachse, wenn er „Blôch" sagt?

A Blech

B Rumäne

C Buch

D Ungar

678 Wie heißen die siebenbürgischen „Hetschenpetsch" im deutschsprachigen Ausland?

A Hagebutten

B Erdbeeren

C Moltebeeren

D Pflaumen

679 Welche Institution des dörflichen Lebens war bei den Siebenbürger Sachsen traditionellerweise für Brandschutz und Löscharbeiten zuständig?

A Helferhände

B Bürgerhilfe

C Nachbarschaften

D Nachbarschaftshilfe

676	Die Rumänen des Siebenbürgischen Westgebirges werden Motzen genannt. Woher stammt diese Bezeichnung?

C Von ihrem Brauch, einen Zopf zu tragen

677	Was meint ein Siebenbürger Sachse, wenn er „Blôch" sagt?

B Rumäne

678	Wie heißen die siebenbürgischen „Hetschenpetsch" im deutschsprachigen Ausland?

A Hagebutten

679	Welche Institution des dörflichen Lebens war bei den Siebenbürger Sachsen traditionellerweise für Brandschutz und Löscharbeiten zuständig?

C Nachbarschaften

Fragen 680-683

680 Was bedeutet die Bezeichnung „Transsilvanien" wörtlich übersetzt?

- A Jenseits der Wälder
- B Nahe dem Silber
- C Durch den Wald
- D Im Schatten der Burg

681 Welcher Vertreter des britischen Königshauses hat auf Grund seiner Vorfahren eine Verbindung zu Siebenbürgen und setzt sich für die dörfliche siebenbürgisch-sächsische Kultur ein?

- A König Charles
- B Harry, Duke of Sussex
- C Prinz William
- D Beatrice of York

682 Wie heißt der Titel von der aktuellen rumänischen Nationalhymne?

- A Lied der Rumänen
- B Kämpfe, Rumäne
- C Erwache, Rumäne
- D Lied der Ungarn, Rumänen und Sachsen

683 Wer gilt als Reformator der Siebenbürger Sachsen?

- A Ulrich Zwingli
- B Johannes Honterus
- C Jan Hus
- D Philipp Melanchthon

680	Was bedeutet die Bezeichnung „Transsilvanien" wörtlich übersetzt?

A Jenseits der Wälder

681	Welcher Vertreter des britischen Königshauses hat auf Grund seiner Vorfahren eine Verbindung zu Siebenbürgen und setzt sich für die dörfliche siebenbürgisch-sächsische Kultur ein?

A König Charles

682	Wie heißt der Titel von der aktuellen rumänischen Nationalhymne?

C Erwache, Rumäne

683	Wer gilt als Reformator der Siebenbürger Sachsen?

B Johannes Honterus

Fragen 684-687

684 Wer verfasste den Roman „Dracula", mit dem Transsylvanien schaurige Berühmtheit erlangte?

- A Edgar Allan Poe
- B Bram Stoker
- C James Baldwin
- D Washington Irving

685 Wovon ist das Wort „gulyás" (dt. Gulasch) abgeleitet?

- A Vom Vornamen seines englischen Erfinders (Guy)
- B Vom lateinischen Begriff für Völlerei (gula)
- C Vom ungarischen Begriff für Rinderherde (gulya)
- D Vom slowakischen Begriff für Kugel (guľa)

686 Welchen Ziervogel besang die Banater Rockband Phoenix 1968 mit großem Erfolg?

- A Die Taube
- B Den Papagei
- C Den Kanarienvogel
- D Den Adler

687 Welches deutsche Bundesland hat die „Patenschaft" über die Siebenbürger Sachsen inne?

- A Bayern
- B Nordrhein-Westfalen
- C Baden-Württemberg
- D Sachsen

684	Wer verfasste den Roman „Dracula", mit dem Transsylvanien schaurige Berühmtheit erlangte?

B Bram Stoker

685	Wovon ist das Wort „gulyás" (dt. Gulasch) abgeleitet?

C Vom ungarischen Begriff für Rinderherde (gulya)

686	Welchen Ziervogel besang die Banater Rockband Phoenix 1968 mit großem Erfolg?

C Den Kanarienvogel

687	Welches deutsche Bundesland hat die „Patenschaft" über die Siebenbürger Sachsen inne?

B Nordrhein-Westfalen

688 Zu welcher Dialektgruppe des Deutschen wird das Siebenbürgisch-Sächsische gezählt?

A Plattdeutsch

B Alemannisch

C Westmitteldeutsch

D Schweizerdeutsch

689 Bei welchem auf einen türkischen Geldbegriff zurückgehenden Gebührenwesen kommt es in Gregor von Rezzoris „Maghrebinischen Geschichten" stets auf die Verhältnismäßigkeit an?

A Beim Feilschen (Handels-Tarife)

B Beim Bakschischwesen (Bestechungstarife)

C Beim Schmuggeln

D Beim Wein

690 Wer oder was ist schwarz, schnell und weiß, kreischt aber doch nicht?

A Ein weißer Hund

B Eine schwarze Katze

C Die Flüsse Schwarze, Schnelle und Weiße Kreisch

D Dracula

691 „Az a szép, az a szép / a kinek a szeme kék..." Was für eine Farbe haben die Augen in diesem bekannten ungarischen Lied?

A Braun

B Grün

C Blau

D Türkis

688	Zu welcher Dialektgruppe des Deutschen wird das Siebenbürgisch-Sächsische gezählt?

C Westmitteldeutsch

689	Bei welchem auf einen türkischen Geldbegriff zurückgehenden Gebührenwesen kommt es in Gregor von Rezzoris „Maghrebinischen Geschichten" stets auf die Verhältnismäßigkeit an?

B Beim Bakschischwesen (Bestechungstarife)

690	Wer oder was ist schwarz, schnell und weiß, kreischt aber doch nicht?

C Die Flüsse Schwarze, Schnelle und Weiße Kreisch

691	„Az a szép, az a szép / a kinek a szeme kék..." Was für eine Farbe haben die Augen in diesem bekannten ungarischen Lied?

C Blau

Fragen 692-695

692 Welcher Banater Ungar leistete bei der Erforschung der siebenbürgischen Volksmusik Pionierarbeit und komponierte mit Elementen daraus klassische Musik?

A György Vukán

B Béla Bartók

C Károly Aggházy

D Zoltán Kodály

693 Wann findet der ungarische Volksbrauch statt, bei dem ein brennendes Rad einen Hügel hinuntergerollt wird?

A Geburtstag

B Weihnachten

C Silvesterabend

D Nationalfeiertag

694 „Sechs Sachsen in sechs Säcken" heißt es bei den Rumänen. Dabei handelt es sich um...

A Ein Theaterstück, in dem sechs Sachen bestohlen werden

B Eine Ironisierung der Auswanderungssituation bei den Sachsen

C Einen Zungenbrecher

D Eine siebenbürgisch-sächsische Komödie

695 Welche Sprache ist keine romanische Sprache?

A Rumänisch

B Ungarisch

C Französisch

D Italienisch

Lösungen 692-695

692 Welcher Banater Ungar leistete bei der Erforschung der siebenbürgischen Volksmusik Pionierarbeit und komponierte mit Elementen daraus klassische Musik?

B Béla Bartók

693 Wann findet der ungarische Volksbrauch statt, bei dem ein brennendes Rad einen Hügel hinuntergerollt wird?

C Silvesterabend

694 „Sechs Sachsen in sechs Säcken" heißt es bei den Rumänen. Dabei handelt es sich um...

C Einen Zungenbrecher

695 Welche Sprache ist keine romanische Sprache?

B Ungarisch

Fragen 696-699

696 Seit wann ist Rumänien Mitglied der NATO?

A 2012

B 2009

C 2000

D 2004

697 Wer ist kein Siebenbürger Sachse?

A Peter Maffay

B Johannes Honterus

C Klaus Johannis

D Nicolae Ceaușescu

698 Für was steht der 10. März im Szeklerland?

A Freiheitstag der Szekler

B Mittsommerfest

C Reformationstag

D Kathreinenabend

699 Was bildet der traditionelle Kathreinenabend bei den Siebenbürger Sachsen?

A Übergang Sommer zum Herbst

B Übergang Herbst zum Winter

C Übergang Frühjahr zum Sommer

D Übergang Winter zum Frühjahr

Lösungen 696-699

696	Seit wann ist Rumänien Mitglied der NATO?

D 2004

697	Wer ist kein Siebenbürger Sachse?

D Nicolae Ceauşescu

698	Für was steht der 10. März im Szeklerland?

A Freiheitstag der Szekler

699	Was bildet der traditionelle Kathreinenabend bei den Siebenbürger Sachsen?

B Übergang Herbst zum Winter

Fragen 700-702

700 Gheorghe Pop führte im Jahr 2000 eine Studie durch. Wie viele der ausgewanderten Siebenbürger Sachsen arbeiteten noch in der gleichen Branche wie in Siebenbürgen?

- A 50 %
- B 75 %
- C 35 %
- D 15 %

701 Welcher Siebenbürger Sachse spielte in der 1. Fußball-Bundesliga?

- A Oliver Kahn
- B Ralph Gunesch
- C Thomas Müller
- D Philipp Lahm

702 Von welchem Gedicht stammt das „Siebenbürgenlied"?

- A Siebenbürgen, Land des Segens
- B Land der Berge
- C Deutschlandlied
- D Land unsrer Väter

703 Wie lautet die erste Zeile des Liedes „Siebenbürgenlied"?

- A Siebenbürgen, grüne Wiege
- B Land voll Gold und Rebensaft
- C Siebenbürgen, Land des Segens
- D Land der Fülle und der Kraft

Lösungen 700-702

700	Gheorghe Pop führte im Jahr 2000 eine Studie durch. Wie viele der ausgewanderten Siebenbürger Sachsen arbeiteten noch in der gleichen Branche wie in Siebenbürgen?

C 35 %

701	Welcher Siebenbürger Sachse spielte in der 1. Fußball-Bundesliga?

B Ralph Gunesch

702	Von welchem Gedicht stammt das „Siebenbürgenlied"?

A Siebenbürgen, Land des Segens

703	Wie lautet die erste Zeile des Liedes „Siebenbürgenlied"?

C Siebenbürgen, Land des Segens

Fragen 704-707

704 Welchem Verband auf Bundesebene gehört der Verband der Siebenbürger Sachsen in Deutschland an?

A Amnesty Deutschland

B Europäische Vereinigung der Vertriebenen

C Bund der Vertriebenen

D Fluchthilfe Deutschland

705 Was wird nicht garantiert, wenn in lokalen Verwaltungsgebieten der Anteil von Minderheiten 20 % oder mehr beträgt? (Stand 2022)

A Bürger dürfen mit den Behörden in Minderheitensprache schriftlich und mündlich kommunizieren

B Minderheitensprache ersetzt Rumänisch

C Möglichkeit, eine Parlamentssitzung in einer Minderheitensprache zu halten, bei einen mind. 33 % Anteil

D Beschlüsse in Amts- und jeweiliger Minderheitensprache

706 Welches Land hat absteigend die höchste Pressefreiheit im Jahr 2021 nach der NGO „Reporter ohne Grenzen"?

A Ungarn, Rumänien, Serbien und Moldawien

B Moldawien, Ungarn, Serbien und Rumänien

C Rumänien, Moldawien, Ungarn und Serbien

D Serbien, Rumänien, Ungarn und Moldawien

707 Wann wurde Homosexualität in Rumänien entkriminalisiert?

A 2006

B 2002

C 2008

D 1998

704	Welchem Verband auf Bundesebene gehört der Verband der Siebenbürger Sachsen in Deutschland an?

C Bund der Vertriebenen

705	Was wird nicht garantiert, wenn in lokalen Verwaltungsgebieten der Anteil von Minderheiten 20 % oder mehr beträgt? (Stand 2022)

B Minderheitensprache ersetzt Rumänisch

706	Welches Land hat absteigend die höchste Pressefreiheit im Jahr 2021 nach der NGO „Reporter ohne Grenzen"?

C Rumänien, Moldawien, Ungarn und Serbien

707	Wann wurde Homosexualität in Rumänien entkriminalisiert?

B 2002

708 Ab wann gab es ein allgemeines Wahlrecht in Rumänien für Männer und Frauen?

A 1918

B 1946

C 1956

D 1989

709 Vlad III. Draculea erhielt posthum den Beinamen Ţepeş. Was bedeutet Ţepeş?

A Blutbefleckt

B Tyrann

C Pfähler

D Vampyr

710 Wie heißt das Forumshaus des Demokratischen Forums der Deutschen in Rumänien?

A Trink-Haus

B Kau-Haus

C Lutsch-Haus

D Schluck-Haus

711 Wo leben die Eltern von Klaus Johannis?

A Rumänien

B Deutschland

C USA

D Schweiz

Lösungen 708-711

708	Ab wann gab es ein allgemeines Wahlrecht in Rumänien für Männer und Frauen?

B 1946

709	Vlad III. Draculea erhielt posthum den Beinamen Ţepeş. Was bedeutet Ţepeş?

C Pfähler

710	Wie heißt das Forumshaus des Demokratischen Forums der Deutschen in Rumänien?

C Lutsch-Haus

711	Wo leben die Eltern von Klaus Johannis?

B Deutschland

Fragen 712-715

712 Wie bezeichnet sich Klaus Johannis selbst?

- A Deutscher und rumänischer Staatsbürger
- B Ungarischer und rumänischer Staatsbürger
- C Ethnischer Deutscher und rumänischer Staatsbürger
- D Ethnischer Ungar und rumänischer Staatsbürger

713 Welche deutsche Volksgruppe gibt es in Rumänien nicht?

- A Siebenbürger Sachsen
- B Walachei-Sachsen
- C Banater Schwaben
- D Sathmarer Schwaben

714 Von welcher Nation werden manche ethnisch ungarisch dominierten Ortschaften im Szeklerland finanziell unterstützt?

- A Ukraine
- B Russland
- C Ungarn
- D Serbien

715 Welche Person, deren Vater aus Siebenbürgen stammt, gehörte im Jahr 2020 zu den 20 reichsten Deutschen?

- A Reinhold Würth
- B Hasso Plattner
- C Dieter Schwarz
- D Stefan Quandt

Lösungen 712-715

712 Wie bezeichnet sich Klaus Johannis selbst?

C Ethnischer Deutscher und rumänischer Staatsbürger

713 Welche deutsche Volksgruppe gibt es in Rumänien nicht?

B Walachei-Sachsen

714 Von welcher Nation werden manche ethnisch ungarisch dominierten Ortschaften im Szeklerland finanziell unterstützt?

C Ungarn

715 Welche Person, deren Vater aus Siebenbürgen stammt, gehörte im Jahr 2020 zu den 20 reichsten Deutschen?

B Hasso Plattner

Fragen 716-719

716 Was ist die siebenbürgische Thomasnacht?

A Feier zur Wintersonnenwende

B Feier zur Sommersonnenwende

C Faschingsfeier

D Pfingstfeier

717 Für was ist Mediaş/Medgyes/Mediasch bekannt?

A Margarethenkirche

B Schloss Dracula

C Mittelalterliches Rathaus

D Fischerviertel

718 Wann wurde die Quiz-App „Transylvania Quiz" über Siebenbürgen veröffentlicht?

A 2022

B 2021

C 2023

D 2020

719 Welches ist die größte ethnische Minderheit in Siebenbürgen?

A Ukrainer

B Ungarn

C Deutsche

D Roma

Lösungen 716-719

716	Was ist die siebenbürgische Thomasnacht?

A Feier zur Wintersonnenwende

717	Für was ist Mediaş/Medgyes/Mediasch bekannt?

A Margarethenkirche

718	Wann wurde die Quiz-App „Transylvania Quiz" über Siebenbürgen veröffentlicht?

C 2023

719	Welches ist die größte ethnische Minderheit in Siebenbürgen?

B Ungarn

720 Wie hieß die von Johannes Honterus eingeführte Schüler-Organisation an den sächsischen Gymnasien?

- A Allgemeine integrative Pädagogik
- B Reformpädagogik
- C Jahrhundert des Kindes
- D Coetus

721 Was sind die Tschangos/Csángós?

- A Marktverkäufer, welcher Langos verkaufen
- B Ein bekanntes ungarisches Weihnachtsgebäck
- C In Siebenbürgen siedelnde Moldauer Rumänen
- D eine in der Moldau siedelnde ungarischsprachige Bevölkerungsgruppe

722 Auf dem Großen Ring in Hermannstadt steht heute eine Statue eines rumänischen Pädagogen. Von wem?

- A Gheorghe Lazăr
- B Wolfgang Klafki
- C Johann Heinrich Pestalozzi
- D Maria Montessori

723 Was heißt „En jeat jebroden Jeoas äs en jeat Jouf Jottes"?

- A Eine jetzt gegebene Gabe ist eine gute Gabe Gottes
- B Eine gut gebratene Gans ist eine gute Gabe Gottes
- C Ein Wort gebrochen bedeutet ein strafendes Wort Gottes
- D Ein neu gekaufter Topf kocht so gut wie der Koch

Lösungen 720-723

720	Wie hieß die von Johannes Honterus eingeführte Schüler-Organisation an den sächsischen Gymnasien?

D Coetus

721	Was sind die Tschangos/Csángós?

D eine in der Moldau siedelnde ungarischsprachige Bevölkerungsgruppe

722	Auf dem Großen Ring in Hermannstadt steht heute eine Statue eines rumänischen Pädagogen. Von wem?

A Gheorghe Lazăr

723	Was heißt „En jeat jebroden Jeoas äs en jeat Jouf Jottes"?

B Eine gut gebratene Gans ist eine gute Gabe Gottes

Fragen 724-727

724 Was ist „Bobohalma"?

- A Ein ungarischer Tanz im Kalotaszeg
- B Die szeklerische Nationalspeise (vegetarisch)
- C Ein rumänischer Ortsname
- D Die ungarische Tracht (Husarenstiefel)

725 Was versteht man unter einem „Chef"?

- A Altes rumänisches Längenmaß
- B Umgangssprachliche Bezeichnung für Party
- C Rumänisches Wort für Nachbarschaft
- D Veralteter rumänischer Begriff für Bürgerwehr

726 Umgangssprachlich sagt man im Siebenbürgisch-Sächsischen, dass bei länger unangenehm kaltem und feuchtem Wetter den Pferden einmal ein bestimmtes Körperteil abgefroren sei. Welches?

- A Die Hörner
- B Die Daumen
- C Das Einhorn
- D Der Kamelbuckel

727 Mit welchem letzten Ausruf endet die aktuelle rumänische Nationalhymne?

- A Wollen wir singen das Lied der Soldaten
- B Das unreine Blut tränke unserer Äcker Furchen
- C Lieber glorreich in der Schlacht sterben, als wieder Sklaven auf unserem alten Boden zu sein
- D Gesetz und König und die Freiheit hoch

Lösungen 724-727

724	Was ist „Bobohalma"?

C Ein rumänischer Ortsname

725	Was versteht man unter einem „Chef"?

B Umgangssprachliche Bezeichnung für Party

726	Umgangssprachlich sagt man im Siebenbürgisch-Sächsischen, dass bei länger unangenehm kaltem und feuchtem Wetter den Pferden einmal ein bestimmtes Körperteil abgefroren sei. Welches?

A Die Hörner

727	Mit welchem letzten Ausruf endet die aktuelle rumänische Nationalhymne?

C Lieber glorreich in der Schlacht sterben, als wieder Sklaven auf unserem alten Boden zu sein

728 Welches oft reichverzierte Hilfsmittel hilft, dass bei der siebenbürgisch-sächsischen Tracht der Schleier der verheirateten Frauen nicht verrutscht?

- A Die Bockelnadeln
- B Der Haarknoten
- C Die Burka
- D Die Kippa

729 Was machten die siebenbürgisch-sächsischen „Adjuvanten"?

- A Musik
- B Schießen
- C Protestieren
- D Predigen

730 Wie nennt man das gesellige Beisammensein der Mädchen und Frauen an langen Winterabenden zum Spinnen des Flachses und des Hanfs?

- A Hanfen
- B Flachsen
- C Rockenstube
- D Wintern

731 Wer war Paul Wiener?

- A Der erste Bürgermeister von Kronstadt
- B Der erste Bischof der Siebenbürger Sachsen
- C Reformator und Theologe
- D Berühmter Arzt unter Sauerbruch

Lösungen 728-731

728	Welches oft reichverzierte Hilfsmittel hilft, dass bei der siebenbürgisch-sächsischen Tracht der Schleier der verheirateten Frauen nicht verrutscht?

A Die Bockelnadeln

729	Was machten die siebenbürgisch-sächsischen „Adjuvanten"?

A Musik

730	Wie nennt man das gesellige Beisammensein der Mädchen und Frauen an langen Winterabenden zum Spinnen des Flachses und des Hanfs?

C Rockenstube

731	Wer war Paul Wiener?

B Der erste Bischof der Siebenbürger Sachsen

732 Wodurch ist Borsec/Borszék im Kreis Harghita bekannt?

A Bank-Industrie

B Wohnwagen-Industrie

C Gute Spirituosen

D Mineralwasserquellen

733 Wie hieß das Pyramidenspiel (Kettenspiel) in Klausenburg, bei dem in den ersten Jahren nach der Wende viele tausend Personen mitgespielt und ein Großteil davon große Summen verloren hat?

A Super-Glücks-Los

B Diaconia

C Pyramidon

D Caritas

734 Wie hieß die erste ab 1784 mehrmals wöchentlich erscheinende deutschsprachige Zeitung Siebenbürgens aus dem Verlag Hochmeister in Hermannstadt?

A Das Siebenbürgisch-Deutsche Tageblatt

B Die Hermannstädter Zeitung

C Siebenbürgische Zeitung

D Theatral Wochenblatt

735 In welchem überaus erfolgreichen siebenbürgischen Verlag erschien ab 1790 in Klausenburg die erste ungarischsprachige überregionale Zeitung Siebenbürgens (Az Erdély Magyar Hir-Vivő)?

A Lambertus

B Hochmeister

C Springer

D Siedler

732	Wodurch ist Borsec/Borszék im Kreis Harghita bekannt?

D Mineralwasserquellen

733	Wie hieß das Pyramidenspiel (Kettenspiel) in Klausenburg, bei dem in den ersten Jahren nach der Wende viele tausend Personen mitgespielt und ein Großteil davon große Summen verloren hat?

D Caritas

734	Wie hieß die erste ab 1784 mehrmals wöchentlich erscheinende deutschsprachige Zeitung Siebenbürgens aus dem Verlag Hochmeister in Hermannstadt?

C Siebenbürgische Zeitung

735	In welchem überaus erfolgreichen siebenbürgischen Verlag erschien ab 1790 in Klausenburg die erste ungarischsprachige überregionale Zeitung Siebenbürgens (Az Erdély Magyar Hir-Vivő)?

B Hochmeister

736 Was bedeutet die Endung -vár in verschiedenen ungarischen Städtenamen (Segesvár, Kolozsvár, Temesvár etc.)?

A Berg

B Fluss

C Burg

D Insel

737 Was meint ein Siebenbürger Sachse in Sächsisch-Regen, wenn er „Bálich" sagt?

A Weiber

B Kinder

C Alte

D Männer

738 Welcher Profession geht der siebenbürgisch-sächsische „Käppekratz" nach?

A Er ist Rattenfänger

B Er ist Bader

C Er ist Schornsteinfeger

D Er ist Hutmacher

739 Was die Franzosen Crêpes nennen, heißt im sächsischen Volksmund anders. Wie?

A Französischer Fladen

B Kletitten

C Crap

D Crapes

736	Was bedeutet die Endung -vár in verschiedenen ungarischen Städtenamen (Segesvár, Kolozsvár, Temesvár etc.)?

C Burg

737	Was meint ein Siebenbürger Sachse in Sächsisch-Regen, wenn er „Bálich" sagt?

B Kinder

738	Welcher Profession geht der siebenbürgisch-sächsische „Käppekratz" nach?

C Er ist Schornsteinfeger

739	Was die Franzosen Crêpes nennen, heißt im sächsischen Volksmund anders. Wie?

B Kletitten

Fragen 740-743

740 Welche Nationalität war nach der Volkszählung im Jahr 1910 die größte Bevölkerungsgruppe in Kronstadt?

A Ungarn

B Siebenbürger Sachsen

C Rumänen

D Roma

741 Seit wann findet der „Heimattag der Siebenbürger Sachsen" in Dinkelsbühl statt?

A 1951

B 1969

C 1945

D 1918

742 Wer verbarg sich hinter dem literarischen Pseudonym „Carmen Sylva"?

A Elisabeth, Königin von Österreich-Ungarn

B Elisabeth, Königin von Großbritannien

C Elisabeth, Königin von Rumänien

D Ion Luca Caragiale

743 Ein Teil der Mitglieder einer in Deutschland auftretenden Popgruppe trug mit ihrer siebenbürgischen Herkunft u.a. zu deren Namen bei. Wie heißt die Gruppe?

A Dracula

B The Transsylvanians

C Singing Siebenbürger

D Dancing Dracula

Lösungen 740-743

740	Welche Nationalität war nach der Volkszählung im Jahr 1910 die größte Bevölkerungsgruppe in Kronstadt?

A Ungarn

741	Seit wann findet der „Heimattag der Siebenbürger Sachsen" in Dinkelsbühl statt?

A 1951

742	Wer verbarg sich hinter dem literarischen Pseudonym „Carmen Sylva"?

C Elisabeth, Königin von Rumänien

743	Ein Teil der Mitglieder einer in Deutschland auftretenden Popgruppe trug mit ihrer siebenbürgischen Herkunft u.a. zu deren Namen bei. Wie heißt die Gruppe?

B The Transsylvanians

744 Womit provozierte der später abgesetzte rumänische Regierungschef Mihai Tudose 2018 einen rumänisch-ungarischen Eklat?

A Ungleichbehandlung der ungarischen Minderheit durch Vorschlag der höheren Besteuerung der ungarischen Minderheit

B Konfrontation mit Ungarn durch die Aussage: "Man braucht wirklich eine sehr starke Grenzsicherung zu Ungarn."

C Streichung der Minderheitenrechte der ungarischen Minderheit

D Anfeindung der ungarischen Minderheit durch die Drohung „Wenn sie irgendwo ihre Fahne aufhängen, werden sie daneben hängen."

745 Welche Hunderasse kommt aus Siebenbürgen?

A Siebenbürger Wasserhund

B Siebenbürger Spitz

C Siebenbürger Dogge

D Siebenbürger Bracke

746 Wer verfasste den Liedtext vom „Siebenbürgenlied"?

A Maximilian Leopold Moltke

B Joseph Haydn

C Paula Preradović

D Anton Pichler

744	Womit provozierte der später abgesetzte rumänische Regierungschef Mihai Tudose 2018 einen rumänisch-ungarischen Eklat?

D Anfeindung der ungarischen Minderheit durch die Drohung „Wenn sie irgendwo ihre Fahne aufhängen, werden sie daneben hängen."

745	Welche Hunderasse kommt aus Siebenbürgen?

D Siebenbürger Bracke

746	Wer verfasste den Liedtext vom „Siebenbürgenlied"?

A Maximilian Leopold Moltke

Fragen 747-750

747 Als was arbeitete Klaus Johannis lange in Siebenbürgen?

A Richter

B Polizist

C Lehrer

D Arzt

748 Gegen was haben gut 500 000 Menschen am 05.02.2017 in Bukarest protestiert?

A Autonomes Szeklerland

B Straffreiheit bei bestimmtem Maß an Korruption

C Ungarisch als Amtssprache

D Verlängerung der Amtszeit des Präsidenten

749 Welche rumänische Partei wurde wegen Verstößen gegen die Rechtsstaatlichkeit 2019 aus ihrer Europafraktion suspendiert?

A PSD (Sozialdemokratische Partei)

B PNL (Nationalliberale Partei)

C USR (Union Rettet Rumänien)

D DFDR (Demokratisches Forum der Deutschen in Rumänien)

750 In welchem zweiten Land neben Rumänien trat die Partei „Allianz für die Vereinigung der Rumänen" im Jahr 2021 an?

A Ukraine

B Ungarn

C Moldawien

D Serbien

Lösungen 747-750

747	Als was arbeitete Klaus Johannis lange in Siebenbürgen?

C Lehrer

748	Gegen was haben gut 500 000 Menschen am 05.02.2017 in Bukarest protestiert?

B Straffreiheit bei bestimmtem Maß an Korruption

749	Welche rumänische Partei wurde wegen Verstößen gegen die Rechtsstaatlichkeit 2019 aus ihrer Europafraktion suspendiert?

A PSD (Sozialdemokratische Partei)

750	In welchem zweiten Land neben Rumänien trat die Partei „Allianz für die Vereinigung der Rumänen" im Jahr 2021 an?

C Moldawien

Fragen 751-754

751 Was studierte Klaus Johannis?

- A Physik
- B Medizin
- C Ingenieurwesen
- D Biologie

752 Auf welchen Platz von 150 Ländern weltweit ist Rumänien beim Korruptionswahrnehmungsindex von Transparency International im Jahr 2021?

- A 66
- B 106
- C 46
- D 26

753 Was war die größte deutsche Volksgruppe in Rumänien im Jahr 1970?

- A Sathmarer Schwaben
- B Siebenbürger Sachsen
- C Banater Schwaben
- D Regatsdeutsche

754 Seit wann haben die ethnischen Ungarn aus Rumänien das Recht auf ein vereinfachtes Einbürgerungsverfahren in Ungarn?

- A 2022
- B 2010
- C 1990
- D 1946

Lösungen 751-754

751	Was studierte Klaus Johannis?

A Physik

752	Auf welchen Platz von 150 Ländern weltweit ist Rumänien beim Korruptionswahrnehmungsindex von Transparency International im Jahr 2021?

A 66

753	Was war die größte deutsche Volksgruppe in Rumänien im Jahr 1970?

C Banater Schwaben

754	Seit wann haben die ethnischen Ungarn aus Rumänien das Recht auf ein vereinfachtes Einbürgerungsverfahren in Ungarn?

B 2010

Fragen 755-758

755 Wann wird die Thomasnacht gefeiert?

- A 21. Februar
- B 21. Dezember
- C 21. Juni
- D 5. Juni

756 Welche Sprache ist mit der ungarischen Sprache verwandt?

- A Deutsch
- B Rumänisch
- C Finnisch
- D Serbisch

757 Wer ist der in Siebenbürgen geborene Albert-László Barabási?

- A Chefarzt an der Charité
- B Fußballprofi
- C Professor für Physik
- D Bestsellerautor

758 Was ist die deutsche Partnerstadt von Mediaş/Medgyes/Mediasch?

- A Ulm
- B Lutherstadt Wittenberg
- C Hamburg
- D Konstanz

Lösungen 755-758

755	Wann wird die Thomasnacht gefeiert?

B 21. Dezember

756	Welche Sprache ist mit der ungarischen Sprache verwandt?

C Finnisch

757	Wer ist der in Siebenbürgen geborene Albert-László Barabási?

C Professor für Physik

758	Was ist die deutsche Partnerstadt von Mediaş/Medgyes/Mediasch?

B Lutherstadt Wittenberg

Fragen 759-762

759 Als was engagierte sich der in Hermannstadt/Nagyszeben/Sibiu geborene Claus Voss?

- A Leiter der Bundesbank
- B Wirtschaftsminister der BRD
- C General der Bundeswehr
- D Fußballnationaltrainer BRD

760 Wer ist der Urheber des Textes der rumänischen Nationalhymne?

- A Mihai Eminescu
- B Andrei Mureșanu
- C Ion Luca Caragiale
- D Ioan Slavici

761 Was ist bzw. war keine in Hermannstadt/Sibiu/Nagyszeben veröffentlichte Zeitung?

- A Hermannstädter Zeitung
- B Ziarul de Sibiu
- C Adevărul
- D Allgemeine Deutsche Zeitung

762 Auf was bezieht sich das Denkmal der nationalen Zusammengehörigkeit?

- A Friedensvertrag von Bukarest
- B Vertrag von Versailles
- C Vertrag von Trianon
- D Zweite Wiener Schiedsspruch

Lösungen 759-762

759	Als was engagierte sich der in Hermannstadt/Nagyszeben/Sibiu geborene Claus Voss?

C General der Bundeswehr

760	Wer ist der Urheber des Textes der rumänischen Nationalhymne?

B Andrei Mureşanu

761	Was ist bzw. war keine in Hermannstadt/Sibiu/Nagyszeben veröffentlichte Zeitung?

C Adevărul

762	Auf was bezieht sich das Denkmal der nationalen Zusammengehörigkeit?

C Vertrag von Trianon

Fragen 763-766

763 Wer entwickelte die Quiz-App „Transylvania Quiz" über Siebenbürgen?

A Der rumänische Staat

B Global Education

C Der deutsche Staat

D Der Verband der Siebenbürger Sachsen in Deutschland

764 Wie viele Fragen enthält die Quiz-App „Transylvania Quiz" über Siebenbürgen?

A Unter 800

B Unter 1 000

C Unter 1 500

D Unter 500

765 Mit welcher Aktion provozierte Viktor Orban den rumänischen Staat im Jahr 2022?

A Entsendung von ungarischen Soldaten im Szeklerland

B Große Truppenübungen des ungarischen Militärs an der rumänischen Grenze

C Tragen eines Großungarn-Schals bei einem Fußball-Länderspiel

D Entsendung von ungarischen Polizisten im Szeklerland

766 Wofür ist Kathrin Depner bekannt, deren Eltern aus Siebenbürgen stammen? (Stand 2022)

A Singen

B Tanzen

C Handball

D Politik

Lösungen 763-766

763	Wer entwickelte die Quiz-App „Transylvania Quiz" über Siebenbürgen?

B Global Education

764	Wie viele Fragen enthält die Quiz-App „Transylvania Quiz" über Siebenbürgen?

C Unter 1 500

765	Mit welcher Aktion provozierte Viktor Orban den rumänischen Staat im Jahr 2022?

C Tragen eines Großungarn-Schals bei einen Fußball-Länderspiel

766	Wofür ist Kathrin Depner bekannt, deren Eltern aus Siebenbürgen stammen? (Stand 2022)

B Tanzen

Fragen 767-770

767 Was ist nach dem in Siebenbürgen geborenen György Dózsa benannt?

- A Metrostation in Bukarest
- B Straße des ungarischen Verteidigungsministeriums
- C Straße des rumänischen Verteidigungsministeriums
- D Metrostation in Budapest

768 Wer ist die zweitgrößte ethnische Minderheit in Rumänien?

- A Serben
- B Deutsche
- C Ukrainer
- D Roma

769 An welcher Stelle nach absoluten Zahlen in Siebenbürgen war die deutsche Minderheit in der Volkszählung im Jahr 2011?

- A 4
- B 3
- C 2
- D 5

770 Wie viele Siebenbürger Sachsen waren Präsidenten des Bundes der Vertriebenen in Deutschland? (Stand 2022)

- A 3
- B 1
- C 2
- D 4

Lösungen 767-770

767	Was ist nach dem in Siebenbürgen geborenen György Dózsa benannt?

D Metrostation in Budapest

768	Wer ist die zweitgrößte ethnische Minderheit in Rumänien?

D Roma

769	An welcher Stelle nach absoluten Zahlen in Siebenbürgen war die deutsche Minderheit in der Volkszählung im Jahr 2011?

A 4

770	Wie viele Siebenbürger Sachsen waren Präsidenten des Bundes der Vertriebenen in Deutschland? (Stand 2022)

B 1

771 Wie heißt die Dachorganisation der österreichischen Vertriebenenverbände auf Bundesebene vergleichbar mit dem Bund der Vertriebenen in Deutschland?

A Deutsche Fluchthilfe Österreich

B Verband der deutschen Vertriebenen in Österreich

C Verband der deutschen altösterreichischen Landsmannschaften in Österreich

D Amnesty Österreich

772 Was ist das Ziel des Vereins Stephan Ludwig Roth e.V.?

A Stärkung der deutsch-rumänischen Wirtschaftsbeziehungen

B Unterhalt eines Altenheimes in Deutschland

C Stärkung der deutsch-rumänischen Kulturbeziehungen

D Unterhalt eines Altenheimes in Rumänien

773 Auf welches historische Ereignis nimmt die ungarische Nationalhymne Bezug?

A Alles Genannte

B Mongolensturm

C Besiedelung der Karpaten-Region

D Türkische Besetzung

774 Wo wurden die beiden Europaabgeordneten Siegfried Muresan und Iuliu Winkler geboren?

A Kronstadt/ Braşov/ Brassó

B Mediasch/Medgyes/Mediaş

C Hunedoara/Vajdahunyad/Eisenmarkt

D Neumarkt am Mures/Târgu Mureş/Marosvásárhely

771	Wie heißt die Dachorganisation der österreichischen Vertriebenenverbände auf Bundesebene vergleichbar mit dem Bund der Vertriebenen in Deutschland?

C Verband der deutschen altösterreichischen Landsmannschaften in Österreich

772	Was ist das Ziel des Vereins Stephan Ludwig Roth e.V.?

B Unterhalt eines Altenheimes in Deutschland

773	Auf welches historische Ereignis nimmt die ungarische Nationalhymne Bezug?

A Alles Genannte

774	Wo wurden die beiden Europaabgeordneten Siegfried Muresan und Iuliu Winkler geboren?

C Hunedoara/Vajdahunyad/Eisenmarkt

775 Wer wurde in Răşinari geboren, war Dichter, Kämpfer für die Union Siebenbürgens mit Rumänien sowie später Parteichef und mehrfach Ministerpräsident?

- A Nicolae Iorga (1871-1940)
- B Gheorghe Manu (1833-1910)
- C Octavian Goga (1881-1938)
- D Ion G. Duca (1879-1930)

776 Wie bezeichnet Joseph Roth in seinen Werken die kaiserliche und königliche (k.u.k.) Monarchie Österreich-Ungarn?

- A Kokolores
- B Kakanien
- C Kuckuck
- D Kukrien

777 Aus welchem Jahrhundert stammt das älteste genau datierbare Schriftstück, das in rumänischer Sprache erhalten ist?

- A 14. Jahrhundert
- B 15. Jahrhundert
- C 16. Jahrhundert
- D 17. Jahrhundert

778 Wie heißt das Kloster im Fogarascher Land, welches 1698 vom Fürsten der Walachei, Constantin Brâncoveanu, gestiftet wurde?

- A Mănăstirea Bârsana
- B Sâmbăta de Sus
- C Curtea de Arges
- D Sihăstria Voronei

775	Wer wurde in Răşinari geboren, war Dichter, Kämpfer für die Union Siebenbürgens mit Rumänien sowie später Parteichef und mehrfach Ministerpräsident?

C Octavian Goga (1881-1938)

776	Wie bezeichnet Joseph Roth in seinen Werken die kaiserliche und königliche (k.u.k.) Monarchie Österreich-Ungarn?

B Kakanien

777	Aus welchem Jahrhundert stammt das älteste genau datierbare Schriftstück, das in rumänischer Sprache erhalten ist?

C 16. Jahrhundert

778	Wie heißt das Kloster im Fogarascher Land, welches 1698 vom Fürsten der Walachei, Constantin Brâncoveanu, gestiftet wurde?

B Sâmbăta de Sus

Fragen 779-782

779 Ostland ist...?

- A Ein Gedicht von Adolf Meschendörfer
- B Eine Hermannstädter Zeitschrift
- C Ein Heimatroman von Heinrich Zillich
- D Eine Burg nahe Karlsburg

780 Wie heißt der Prinz aus der Hymne der Szekler?

- A Prinz László
- B Prinz Ernő
- C Prinz Csaba
- D Prinz János

781 Was symbolisierten die vier Ecktürme, die manche Kirchtürme siebenbürgischer Orte aufweisen?

- A Recht zur Prägung eigener Münzen
- B Recht, am Ort einen Markt abzuhalten
- C Recht zur Blutgerichtsbarkeit des betreffenden Ortes
- D Recht zur Einnahme von Zoll

782 Die „Lex Apponyi" von 1907 führte zu einer verstärkten Magyarisierung. Auf welche Institutionen bezog sich dieses Gesetz?

- A Kirchen
- B Schulen
- C Bürgermeisterämter
- D Polizei

Lösungen 779-782

779	Ostland ist...?

B Eine Hermannstädter Zeitschrift

780	Wie heißt der Prinz aus der Hymne der Szekler?

C Prinz Csaba

781	Was symbolisierten die vier Ecktürme, die manche Kirchtürme siebenbürgischer Orte aufweisen?

C Recht zur Blutgerichtsbarkeit des betreffenden Ortes

782	Die „Lex Apponyi" von 1907 führte zu einer verstärkten Magyarisierung. Auf welche Institutionen bezog sich dieses Gesetz?

B Schulen

783 Wie heißt die erste ungarische Zeitschrift Siebenbürgens ab 1790?

A Erdély-Magyar Hir-Vivő

B Mercurius

C Új Ember

D Pester Lloyd

784 Welche Kleinstadt an der Großen Kokel/Târnava Mare/Nagy-Küküllő erlangte aufgrund der dortigen Umweltverschmutzung traurige Berühmtheit?

A Copşa Mică/Klein Kopisch/Kiskapus

B Blaj/Blasendorf/Balázsfalva

C Orăştie/Broos/Szászváros

D Schaas/Segesd/Şaeş

785 Wer verfasste für die „romänischen Bürger deutscher Nation" 1921 eine „Kurze Geschichte des romänischen Volkes"?

A Ion Iliescu

B Traian Băsescu

C Nicolae Iorga

D Nicolae Ceauşescu

786 Wer prägte den Begriff „Halb-Asien" für den östlichen Zipfel der ehemaligen Habsburger Monarchie?

A Ernst Nolte

B Karl Emil Franzos

C Karl Julius Beloch

D Hartmann Schedel

783	Wie heißt die erste ungarische Zeitschrift Siebenbürgens ab 1790?

A Erdély-Magyar Hir-Vivő

784	Welche Kleinstadt an der Großen Kokel/Târnava Mare/Nagy-Küküllő erlangte aufgrund der dortigen Umweltverschmutzung traurige Berühmtheit?

A Copşa Mică/Klein Kopisch/Kiskapus

785	Wer verfasste für die „rumänischen Bürger deutscher Nation" 1921 eine „Kurze Geschichte des rumänischen Volkes"?

C Nicolae Iorga

786	Wer prägte den Begriff „Halb-Asien" für den östlichen Zipfel der ehemaligen Habsburger Monarchie?

B Karl Emil Franzos

Fragen 787-790

787 Welche Protestbewegung gegen die Einheitskultur im Sozialismus begann mit ungarischen Jugendlichen Ende der 1960er Jahre, die sich traditionell, vor allem siebenbürgisch ungarische Volkskultur als Vorbild nahm?

A Schnurrbartbewegung (bajusz)

B Tanzhausbewegung (táncház)

C Trachtenbewegung (viselet)

D Hutbewegung (sapka)

788 In das heutige Staatswappen Rumäniens ist das Wappen Siebenbürgens integriert. Welches größere Volk ist nicht im Wappen Siebenbürgens enthalten?

A Die Ungarn

B Die Siebenbürger Sachsen

C Die Rumänen

D Die Szekler

789 Welches Land hat die gleichen Farben in seiner Flagge wie Rumänien?

A Libyen

B Gabun

C Tschad

D Iran

790 Welche Forderung wird am 10. März regelmäßig von Teilen der Szekler vorgebracht?

A Ungarisch als Amtssprache in Rumänien

B Forderungen nach mehr Selbstbestimmung für das Szeklerland

C Weitere Annäherung an die EU

D Annäherung an Russland

787	Welche Protestbewegung gegen die Einheitskultur im Sozialismus begann mit ungarischen Jugendlichen Ende der 1960er Jahre, die sich traditionell, vor allem siebenbürgisch ungarische Volkskultur als Vorbild nahm?

B Tanzhausbewegung (táncház)

788	In das heutige Staatswappen Rumäniens ist das Wappen Siebenbürgens integriert. Welches größere Volk ist nicht im Wappen Siebenbürgens enthalten?

C Die Rumänen

789	Welches Land hat die gleichen Farben in seiner Flagge wie Rumänien?

C Tschad

790	Welche Forderung wird am 10. März regelmäßig von Teilen der Szekler vorgebracht?

B Forderungen nach mehr Selbstbestimmung für das Szeklerland

Fragen 791-794

791 Wie hat sich die Platzierung von Rumänien im World Happiness Report von 2013 bis 2021 verändert?

A 24 Plätze verbessert

B 44 Plätze verschlechtert

C 44 Plätze verbessert

D 24 Plätze verschlechtert

792 Welche(r) siebenbürgische(r) Jurist/Juristin leitete sehr erfolgreich von 2013-2018 die höchste Antikorruptionsbehörde Rumäniens?

A Sanda Ladosi

B Laura Codruța Kövesi

C Michael Miess

D Elena Alexandra Apostoleanu

793 Was ist der Ungarische Nationalrat von Siebenbürgen?

A Bürgerorganisation der Siebenbürger in Ungarn

B Politische Partei

C Bürgerorganisation der ethnischen Ungarn in Siebenbürgen

D Siebenbürgisch-ungarische Organisation zur Wahlbeobachtung

794 Für welche beiden Länder war der Siebenbürger László Tőkés Abgeordneter im Europaparlament?

A Österreich und Ungarn

B Rumänien und Deutschland

C Rumänien und Ungarn

D Ungarn und Deutschland

Lösungen 791-794

791	Wie hat sich die Platzierung von Rumänien im World Happiness Report von 2013 bis 2021 verändert?

C 44 Plätze verbessert

792	Welche(r) siebenbürgische(r) Jurist/Juristin leitete sehr erfolgreich von 2013-2018 die höchste Antikorruptionsbehörde Rumäniens?

B Laura Codruța Kövesi

793	Was ist der Ungarische Nationalrat von Siebenbürgen?

C Bürgerorganisation der ethnischen Ungarn in Siebenbürgen

794	Für welche beiden Länder war der Siebenbürger László Tőkés Abgeordneter im Europaparlament?

C Rumänien und Ungarn

Fragen 795-798

795 Wo wurde László Tőkés geboren?

- A Hermannstadt/Sibiu/Nagyszeben
- B Cluj-Napoca/Kolozsvár/Klausenburg
- C Neumarkt am Mieresch/Târgu Mureș/Marosvásárhely
- D Kronstadt/Brașov/Brassó

796 In welchem Kreis in Siebenbürgen leben prozentual am meisten Menschen mit ungarischer Muttersprache? (Stand 2002)

- A Cluj
- B Sibiu
- C Harghita
- D Mureș

797 In welchem Kreis in Siebenbürgen leben prozentual am wenigsten Menschen mit ungarischer Muttersprache? (Stand 2002)

- A Mureș
- B Cluj
- C Sibiu
- D Brașov

798 Welche ethnische Gruppe in Siebenbürgen ist für Brânză de burduf bekannt?

- A Ungarn
- B Rumänen
- C Deutsche
- D Ukrainer

795 Wo wurde László Tőkés geboren?

B Cluj-Napoca/Kolozsvár/Klausenburg

796 In welchem Kreis in Siebenbürgen leben prozentual am meisten Menschen mit ungarischer Muttersprache? (Stand 2002)

C Harghita

797 In welchem Kreis in Siebenbürgen leben prozentual am wenigsten Menschen mit ungarischer Muttersprache? (Stand 2002)

C Sibiu

798 Welche ethnische Gruppe in Siebenbürgen ist für Brânză de burduf bekannt?

B Rumänen

Fragen 799-802

799 Wie hoch war die Lebenserwartung bei der Geburt in Rumänien im Jahr 2020?

A 68,2 Jahre

B 84,2 Jahre

C 78,2 Jahre

D 74,2 Jahre

800 Mit welcher Aktion provozierte Viktor Orbán den rumänischen Staat im Jahr 2020?

A Militärübung an der Grenze zu Rumänien

B Entsendung von ungarischen Soldaten im Szeklerland

C Entsendung von ungarischen Polizisten im Szeklerland

D Posten der Karte Großungarns auf Facebook

801 Was ist keine Variation des Worts „nagyon" (sehr) im Szekler Dialekt?

A abból

B erősen

C szorgosan

D ugyanvalóst

802 Wodurch hebt sich der Szeklerdialekt vornehmlich von anderen ungarischen Dialekten ab?

A Phonetik

B Syntax

C Morphologie

D Graphemik

Lösungen 799-802

799	Wie hoch war die Lebenserwartung bei der Geburt in Rumänien im Jahr 2020?

D 74,2 Jahre

800	Mit welcher Aktion provozierte Viktor Orbán den rumänischen Staat im Jahr 2020?

D Posten der Karte Großungarns auf Facebook

801	Was ist keine Variation des Worts „nagyon" (sehr) im Szekler Dialekt?

A abból

802	Wodurch hebt sich der Szeklerdialekt vornehmlich von anderen ungarischen Dialekten ab?

B Syntax

Fragen 803-806

803 Wer war der Erbauer der Burg Hunedoara?

A König Michael I. von Rumänien

B Vlad III. Drăculea

C Johann Hunyadi

D Kaiserin Maria Theresia

804 Welche Sprache ist mit der ungarischen Sprache verwandt?

A Russisch

B Estnisch

C Tschechisch

D Polnisch

805 Welche berühmte Persönlichkeit steht nicht in Verbindung mit Sächsisch-Regen/Reghin/Szászrégen?

A George Soros

B Ernő Goldfinger

C Daniel Ciucă

D Rudolf Wagner-Régeny

806 Wofür wurde die in Kronstadt geborene Doris Schmidts im Jahr 2009 bekannt?

A Tagesschau-Moderatorin

B Spiegel-Bestseller

C Miss Germany

D Wahl in den Bundestag

Lösungen 803-806

803	Wer war der Erbauer der Burg Hunedoara?

C Johann Hunyadi

804	Welche Sprache ist mit der ungarischen Sprache verwandt?

B Estnisch

805	Welche berühmte Persönlichkeit steht nicht in Verbindung mit Sächsisch-Regen/Reghin/Szászrégen?

A George Soros

806	Wofür wurde die in Kronstadt geborene Doris Schmidts im Jahr 2009 bekannt?

C Miss Germany

Fragen 807-810

807 Welcher Siebenbürger gilt als Martin Luther von Ungarn?

A Johannes Honterus

B Gáspár Károlyi

C Matthias Devai Biro

D Johannes Sylvester

808 Was ist das Denkmal der nationalen Zusammengehörigkeit?

A Riesige begehbare Schale, auf der mehrere Hundert Personen Platz finden

B Eine Rampe, bei der alle ungarischen Ortschaften von 1913 genannt werden

C Ein von der Siegesgöttin Victoria gekrönter Obelisk

D Zwei Brunnenbecken mit Bronzefiguren, die in der Mitte von einer sitzenden Frauengestalt dominiert werden

809 Was studierte László Bölöni parallel zu seiner vorherigen Fußballkarriere als Spieler?

A Sportwissenschaften

B Rechtswissenschaften

C Zahnmedizin

D Mathematik

810 Welche in Klausenburg/Kolozsvár/Cluj-Napoca geborene Sportlerin trat unter drei verschiedenen Namen bei vier Olympischen Spielen an?

A Iolanda Balas

B Ileana Gyulai

C Ileana Silai

D Gabriela Szabo

807	Welcher Siebenbürger gilt als Martin Luther von Ungarn?

C Matthias Devai Biro

808	Was ist das Denkmal der nationalen Zusammengehörigkeit?

B Eine Rampe, bei der alle ungarischen Ortschaften von 1913 genannt werden

809	Was studierte László Bölöni parallel zu seiner vorherigen Fußballkarriere als Spieler?

C Zahnmedizin

810	Welche in Klausenburg/Kolozsvár/Cluj-Napoca geborene Sportlerin trat unter drei verschiedenen Namen bei vier Olympischen Spielen an?

B Ileana Gyulai

811 Welcher Siebenbürger Sachse hielt von 1935-1949 den österreichischen Rekord im 100-Meter-Brustschwimmen?

A Hans Bergel

B Gunther Philipp

C Melitta Rühn

D Claudia Presăcan

812 Wo hat die Saxonia-Stiftung ihren Sitz?

A Dinkelsbühl

B Kronstadt/Brassó/Braşov

C Rosenau/Barcarozsnyó/Râşnov

D Hermannstadt/Nagyszeben/Sibiu

813 Von welcher Stadt wurde Professor Adrian Constantin im Jahr 2022 Ehrenbürger?

A Klausenburg/Kolozsvár/Cluj-Napoca

B Hermannstadt/Nagyszeben/Sibiu

C Temeswar/Temesvár/Timişoara

D Sächsisch-Regen/Szászrégen/Reghin

814 Was sind die Michelsberger Spaziergänge?

A Treffen der Siebenbürger-Sachsen auf den Michelsberg in Ulm

B Veranstaltung der Kirchengemeinde im Kreis Hermannstadt/Nagyszeben/Sibiu

C Veranstaltung der Kirchengemeinde in Klausenburg/Kolozsvár/Cluj-Napoca

D Jährlicher Kulturtag auf Schloss Horneck

811	Welcher Siebenbürger Sachse hielt von 1935-1949 den österreichischen Rekord im 100-Meter-Brustschwimmen?

B Gunther Philipp

812	Wo hat die Saxonia-Stiftung ihren Sitz?

C Rosenau/Barcarozsnyó/Râşnov

813	Von welcher Stadt wurde Professor Adrian Constantin im Jahr 2022 Ehrenbürger?

C Temeswar/Temesvár/Timişoara

814	Was sind die Michelsberger Spaziergänge?

B Veranstaltung der Kirchengemeinde im Kreis Hermannstadt/Nagyszeben/Sibiu

Fragen 815-818

815 Wofür ist Gheorghe Răşinaru bekannt?

- A Politik
- B Musik
- C Schauspielerei
- D Fußball

816 Wofür ist Edit Miklós bekannt?

- A Politik
- B Singen
- C Turnen
- D Ski

817 Wofür ist die in Siebenbürgen geborene Vasilica Haralambie bekannt?

- A Skisprung
- B Tanzen
- C Singen
- D Boxen

818 Wofür ist die in Fürth aufgewachsene Amelie Schuster bekannt, deren Eltern aus Siebenbürgen stammen? (Stand 2022)

- A Politikerin bei der CSU
- B Fußballspielerin beim FC Bayern
- C Wissenschaftlerin an der TU München
- D Sängerin bei DSDS

Lösungen 815-818

815	Wofür ist Gheorghe Răşinaru bekannt?

D Fußball

816	Wofür ist Edit Miklós bekannt?

D Ski

817	Wofür ist die in Siebenbürgen geborene Vasilica Haralambie bekannt?

A Skisprung

818	Wofür ist die in Fürth aufgewachsene Amelie Schuster bekannt, deren Eltern aus Siebenbürgen stammen? (Stand 2022)

B Fußballspielerin beim FC Bayern

Fragen 819-822

819 Welcher Siebenbürger wurde als erster Europäer vom Dalai Lama eingeladen?

A György Dózsa

B Tivadar Puskás

C Sándor Kőrösi Csoma

D Albert-László Barabási

820 Welche Würdigung erlangte der aus Siebenbürgen stammende Sándor Kőrösi Csoma als erster Europäer im Jahr 1933?

A Ehrenbürger von Lhasa

B Ernennung zum Buddhistischen Heiligen

C Berater des Dalai Lama

D Verleihung der Tibeter Staatsangehörigkeit

821 Welcher Siebenbürger Sachse ist der amtierende Präsident des Bundes der Vertriebenen in Deutschland? (Stand 2022)

A Bernd Fabritius

B Hans-Christian Habermann

C Steffen Schlandt

D Harald Roth

822 Welcher Siebenbürger Sachse ist der amtierende Bundesobmann des Bundesverbands der Siebenbürger Sachsen in Österreich? (Stand 2022)

A Steffen Schlandt

B Adam Lang

C Volker Petri

D Harald Roth

Lösungen 819-822

819	Welcher Siebenbürger wurde als erster Europäer vom Dalai Lama eingeladen?

C Sándor Kőrösi Csoma

820	Welche Würdigung erlangte der aus Siebenbürgen stammende Sándor Kőrösi Csoma als erster Europäer im Jahr 1933?

B Ernennung zum Buddhistischen Heiligen

821	Welcher Siebenbürger Sachse ist der amtierende Präsident des Bundes der Vertriebenen in Deutschland? (Stand 2022)

A Bernd Fabritius

822	Welcher Siebenbürger Sachse ist der amtierende Bundesobmann des Bundesverbands der Siebenbürger Sachsen in Österreich? (Stand 2022)

C Volker Petri

Fragen 823-826

823 Wer ist der Präsident des Transylvania Club in Kanada? (Stand 2022)

- A Reinhard Schmidt
- B Adam Lang
- C Peter Maffay
- D Thomas Nägler

824 Nenne einen der deutschen Namen der Stadt Gherla/Számosújvár.

- A Neuschloss
- B Neumarkt
- C Stuhlweissenburg
- D Neuburg

825 Wie heißt die rumänische Bevölkerung im Westgebirge?

- A Aramäer
- B Berber
- C Motzen
- D Räter

826 In welchem Jahr wurde das Honterus-Denkmal im Honterushof in Kronstadt aufgestellt?

- A 1752
- B 1898
- C 1920
- D 1945

823	Wer ist der Präsident des Transylvania Club in Kanada? (Stand 2022)

A Reinhard Schmidt

824	Nenne einen der deutschen Namen der Stadt Gherla/Számosújvár.

A Neuschloss

825	Wie heißt die rumänische Bevölkerung im Westgebirge?

C Motzen

826	In welchem Jahr wurde das Honterus-Denkmal im Honterushof in Kronstadt aufgestellt?

B 1898

Fragen 827-830

827 Welches dieser Gebäude ist im Barockstil erbaut?

A Schloss Bran

B Kulturpalast in Neumarkt

C Schwarze Kirche in Kronstadt

D Brukenthal-Palais in Hermannstadt

828 Welcher schriftstellerisch tätige siebenbürgische Architekt war einer der herausragendsten Vertreter des ungarischen Transsilvanismus?

A János Hunyadi

B George Soros

C Gábor Király

D Kós Károly

829 Welcher siebenbürgische Lautenspieler wurde im 16. Jahrhundert über die Grenzen Siebenbürgens hinaus berühmt?

A Záviš von Zap

B Oswald von Wolkenstein

C Bálint Bakfark/Valentin Greff-Bakfark

D Adam de la Halle

830 Gheorghe Pop führte im Jahr 2000 eine Studie durch. Wie viele der ausgewanderten Siebenbürger Sachsen besuchen Siebenbürgen mehr als einmal im Jahr?

A 40,2 %

B 20,1 %

C 60,3 %

D 10,4 %

827	Welches dieser Gebäude ist im Barockstil erbaut?

D Brukenthal-Palais in Hermannstadt

828	Welcher schriftstellerisch tätige siebenbürgische Architekt war einer der herausragendsten Vertreter des ungarischen Transsilvanismus?

D Kós Károly

829	Welcher siebenbürgische Lautenspieler wurde im 16. Jahrhundert über die Grenzen Siebenbürgens hinaus berühmt?

C Bálint Bakfark/Valentin Greff-Bakfark

830	Gheorghe Pop führte im Jahr 2000 eine Studie durch. Wie viele der ausgewanderten Siebenbürger Sachsen besuchen Siebenbürgen mehr als einmal im Jahr?

B 20,1 %

Fragen 831-834

831 Wie bezeichnete die Bundesbeauftragte der Bundesrepbulik Deutschland für Aussiedlerfragen und nationale Minderheiten Natalie Pawlik die Siebenbürger Sachsen in einer Rede im Juni 2022?

A Wahre Rumänen

B Wahre Deutsche

C Wahre Europäer

D Wahre Demokraten

832 Gheorghe Pop führte im Jahr 2000 eine Studie durch. Wie viele der ausgewanderten Siebenbürger Sachsen vermissen manchmal Siebenbürgen?

A 48 %

B 68 %

C 28 %

D 88 %

833 Welcher Siebenbürger Sachse war letzter Generalstabschef der k.u.k. Armee?

A Kurt Freiherr von Hammerstein-Equord

B Alfred Graf von Schlieffen

C Arthur Arz von Straußenburg

D Helmuth Graf von Moltke

834 Wo befindet sich das originale Schriftstück der Melodie des Liedes „Siebenbürgenlied"?

A Schloss Bran

B Archiv der Kirchengemeinde in Heldsdorf

C Kirchenburg von Birthälm

D Schwarzen Kirche Kronstadt

831	Wie bezeichnete die Bundesbeauftragte der Bundesrepbulik Deutschland für Aussiedlerfragen und nationale Minderheiten Natalie Pawlik die Siebenbürger Sachsen in einer Rede im Juni 2022?

C Wahre Europäer

832	Gheorghe Pop führte im Jahr 2000 eine Studie durch. Wie viele der ausgewanderten Siebenbürger Sachsen vermissen manchmal Siebenbürgen?

B 68 %

833	Welcher Siebenbürger Sachse war letzter Generalstabschef der k.u.k. Armee?

C Arthur Arz von Straußenburg

834	Wo befindet sich das originale Schriftstück der Melodie des Liedes „Siebenbürgenlied"?

B Archiv der Kirchengemeinde in Heldsdorf

Fragen 835-838

835 Wie hat sich die Platzierung von Rumänien in der Rangliste Pressefreiheit nach der NGO „Reporter ohne Grenzen" von 2004 bis 2021 verändert?

- A 22 Plätze verbessert
- B 12 Plätze verbessert
- C 12 Plätze verschlechtert
- D 22 Plätze verschlechtert

836 Bis März 2015 wurde gegen wie viele Minister verschiedener rumänischer Regierungen wegen Korruption ermittelt?

- A 30
- B 3
- C 15
- D 10

837 Welches Land hat absteigend die glücklichste Bevölkerung im Jahr 2021 nach den World Happiness Report?

- A Serbien, Polen, Rumänien und Deutschland
- B Rumänien, Serbien, Deutschland und Polen
- C Deutschland, Polen, Rumänien und Serbien
- D Polen, Rumänien, Deutschland und Serbien

838 Welche leitende Position in einer neu gegründeten europäischen Behörde bekleidet die siebenbürgische Juristin Laura Kövesi seit Juni 2021?

- A Generaldirektorin für Steuern und Zoll
- B EU-Generalstaatsanwältin
- C Direktorin des Europäischen Polizeiamtes
- D Präsidentin des Europäischen Gerichtshofs

Lösungen 835-838

835 Wie hat sich die Platzierung von Rumänien in der Rangliste Pressefreiheit nach der NGO „Reporter ohne Grenzen" von 2004 bis 2021 verändert?

A 22 Plätze verbessert

836 Bis März 2015 wurde gegen wie viele Minister verschiedener rumänischer Regierungen wegen Korruption ermittelt?

A 30

837 Welches Land hat absteigend die glücklichste Bevölkerung im Jahr 2021 nach den World Happiness Report?

C Deutschland, Polen, Rumänien und Serbien

838 Welche leitende Position in einer neu gegründeten europäischen Behörde bekleidet die siebenbürgische Juristin Laura Kövesi seit Juni 2021?

B EU-Generalstaatsanwältin

Fragen 839-842

839 Wie viel Prozent der Menschen in Rumänien im Jahr 2015 vertrauten nach einer Studie der rumänischen Antikorruptionsbehörde (DNA) der DNA?

A 40 %

B 80 %

C 25 %

D 60 %

840 Was ereignete sich 2020 im ausschließlich von Szeklern bewohnten Dorf Ditrau/Dittersdorf/Ditró?

A Treffen von Parteien der Ungarn in Rumänien

B Attentat auf ethnisch ungarische Politiker

C Großer Protest für mehr Autonomie

D Aufruf für ein „Ditrau ohne Migranten"

841 Welche drei Kreise in Siebenbürgen besitzen prozentual am meisten Menschen mit ungarischer Muttersprache? (Stand 2002)

A Harghita, Covasna und Mureș

B Brașov, Cluj und Mureș

C Sibiu, Covasna und Alba

D Harghita, Alba und Cluj

842 Welche drei Kreise in Siebenbürgen besitzen prozentual am wenigsten Menschen mit ungarischer Muttersprache? (Stand 2002)

A Sibiu, Cluj und Bistrița-Năsăud

B Sibiu, Hunedoara und Alba

C Covasna, Hunedoara und Mureș

D Harghita, Brașov und Alba

Lösungen 839-842

839	Wie viel Prozent der Menschen in Rumänien im Jahr 2015 vertrauten nach einer Studie der rumänischen Antikorruptionsbehörde (DNA) der DNA?

D 60 %

840	Was ereignete sich 2020 im ausschließlich von Szeklern bewohnten Dorf Ditrau/Dittersdorf/Ditró?

D Aufruf für ein „Ditrau ohne Migranten"

841	Welche drei Kreise in Siebenbürgen besitzen prozentual am meisten Menschen mit ungarischer Muttersprache? (Stand 2002)

A Harghita, Covasna und Mureş

842	Welche drei Kreise in Siebenbürgen besitzen prozentual am wenigsten Menschen mit ungarischer Muttersprache? (Stand 2002)

B Sibiu, Hunedoara und Alba

Fragen 843-846

843 Welche Auszeichnung erhielt Klaus Johannis im Jahr 2006?

A Matthias-Corvinus-Ehrenzeichen

B Held der Russischen Föderation

C Bundesverdienstkreuz am Bande

D Légion d'Honneur

844 Wie hoch war 2020 der im Ausland geborene Bevölkerungsanteil von Rumänien?

A 7 %

B 0,7 %

C 0,07 %

D 17 %

845 Wie veränderte sich die Lebenserwartung bei der Geburt in Rumänien von 2005-2020?

A +3,2 %

B +0,32 %

C -0,32 %

D -3,2 %

846 Welchen Platz von 180 Ländern nahm Rumänien im Korruptionswahrnehmungsindex von Transparency International im Jahr 2021 ein?

A 44

B 88

C 66

D 22

Lösungen 843-846

843	Welche Auszeichnung erhielt Klaus Johannis im Jahr 2006?

C Bundesverdienstkreuz am Bande

844	Wie hoch war 2020 der im Ausland geborene Bevölkerungsanteil von Rumänien?

B 0,7 %

845	Wie veränderte sich die Lebenserwartung bei der Geburt in Rumänien von 2005-2020?

A +3,2 %

846	Welchen Platz von 180 Ländern nahm Rumänien im Korruptionswahrnehmungsindex von Transparency International im Jahr 2021 ein?

C 66

Fragen 847-850

847 Welches Wort wird für „köszörülés" (schleifend) im Szeklerdialekt benutzt?

A gürüzdölés

B megbonyul

C olló

D ádámbűz

848 Welches Wort wird für „ott" (dort) im Szeklerdialekt benutzt?

A ahajt

B megbonyul

C olló

D ádámbűz

849 In welcher Sprache gibt es das Werk „Ábel" von Tamási Áron nicht? (Stand 2022)

A Ungarisch

B Deutsch

C Englisch

D Französisch

850 Welcher Film wurde nicht in der Burg Hunedoara gedreht?

A Vlad

B Underworld

C Blood Rayne

D Martin Luther

Lösungen 847-850

847	Welches Wort wird für „köszörülés" (schleifend) im Szeklerdialekt benutzt?

A gürüzdölés

848	Welches Wort wird für „ott" (dort) im Szeklerdialekt benutzt?

A ahajt

849	In welcher Sprache gibt es das Werk „Ábel" von Tamási Áron nicht? (Stand 2022)

C Englisch

850	Welcher Film wurde nicht in der Burg Hunedoara gedreht?

B Underworld

Fragen 851-584

851 Nach welchem Stil wurde die Zitadelle Alba Carolina gebaut?

A Alberti

B Vauban

C Tartaglia

D Gaffron

852 Wann wurde der erste Kindergarten in Siebenbürgen gegründet?

A 1772

B 1572

C 1872

D 1672

853 Wie viel m^2 Gesamtfläche besitzt die Burg von Rosenau/Barcarozsnyó/Râşnov?

A 500

B 1 500

C 3 500

D 5 000

854 Welche Farbe hat das Luxemburg-Haus in Hermannstadt/Nagyszeben/Sibiu?

A Blau

B Rot

C Grün

D Gelb

Lösungen 851-854

851	Nach welchem Stil wurde die Zitadelle Alba Carolina gebaut?

B Vauban

852	Wann wurde der erste Kindergarten in Siebenbürgen gegründet?

C 1872

853	Wie viel m² Gesamtfläche besitzt die Burg von Rosenau/Barcarozsnyó/Râşnov?

C 3 500

854	Welche Farbe hat das Luxemburg-Haus in Hermannstadt/Nagyszeben/Sibiu?

B Rot

Fragen 855-858

855 Wie heißt der in Kronstadt/Braşov geborene Europameister in Schach im Jahr 2005?

A Andreea Roxana Acatrinei

B Dumitru Stângaciu

C Liviu-Dieter Nisipeanu

D Ria Schindler

856 Wo wurde der Urheber des Textes der rumänischen Nationalhymne geboren?

A Kronstadt/Brassó/Braşov

B Bistritz/Bistrita/Beszterce

C Hermannstadt/Sibiu/Nagyszeben

D Schäßburg/Segesvár/Sighisoara

857 Mit welchem Album war Peter Maffay 64 Wochen auf Platz 1. in Deutschland?

A Kein Weg zu weit

B Ich will leben

C Wenn das so ist

D Für das Mädchen, das ich liebe

858 Welchem Siebenbürger ist in der Schlosskirche zu Wittenberg ein Kirchenfenster gewidmet?

A Franz Davidis

B Gáspár Károlyi

C Matthias Devai Biro

D Johannes Sylvester

855	Wie heißt der in Kronstadt/Braşov geborene Europameister in Schach im Jahr 2005?

C Liviu-Dieter Nisipeanu

856	Wo wurde der Urheber des Textes der rumänischen Nationalhymne geboren?

B Bistritz/Bistrita/Beszterce

857	Mit welchem Album war Peter Maffay 64 Wochen auf Platz 1. in Deutschland?

C Wenn das so ist

858	Welchem Siebenbürger ist in der Schlosskirche zu Wittenberg ein Kirchenfenster gewidmet?

C Matthias Devai Biro

Fragen 859-862

859 In welcher Stadt wird jeden Nachmittag um 17:00 Uhr seit 2008 eine Melodie in Erinnerung an den Vertrag von Trianon abgespielt?

A Budapest

B Esztergom

C Bukarest

D Szekesfehervar

860 Welcher aus Târgu Mureş stammende Fußballtrainer gewann in zwei Ländern als Trainer den Meistertitel?

A László Tőkés

B Sándor Kányádi

C László Bölöni

D Ladislau Şimon

861 Was ist das Diletto Musicale?

A Jährlicher Kulturtag auf Schloss Horneck

B Eine Veranstaltung der Kirchengemeinde in Kolozsvár/Cluj-Napoca/Klausenburg

C Eine Veranstaltung der Kirchengemeinde in Tartlau/Prejmer

D Jährlicher Kulturtag in Sibiu/Hermannstadt/Nagyszeben

862 Wo wurde die bekannte siebenbürgische Skifahrerin Edit Miklós geboren?

A Sächsisch Regen/Szászrégen/Reghin

B Szeklerburg/Miercurea Ciuc/Csíkszereda

C Oberwischau/Felsővisó/Vişeu de Sus

D Thorenburg/Turda/Tord

859	In welcher Stadt wird jeden Nachmittag um 17:00 Uhr seit 2008 eine Melodie in Erinnerung an den Vertrag von Trianon abgespielt?

B Esztergom

860	Welcher aus Târgu Mureş stammende Fußballtrainer gewann in zwei Ländern als Trainer den Meistertitel?

C László Bölöni

861	Was ist das Diletto Musicale?

C Eine Veranstaltung der Kirchengemeinde in Tartlau/Prejmer

862	Wo wurde die bekannte siebenbürgische Skifahrerin Edit Miklós geboren?

B Szeklerburg/Miercurea Ciuc/Csíkszereda

863 Wer ist der amtierende Präsident des Verbands der deutschen altösterreichischen Landsmannschaften in Österreich (VLÖ)? (Stand 2022)

A Norbert Kapeller

B Volker Petri

C Christian Wulff

D Erika Steinbach

864 Welche Veranstaltung bietet der Transylvania Club in Kanada nicht an? (Stand 2022)

A Mittsommerfest

B Oktoberfest

C Trachtentag

D Weihnachtsfeier

863	Wer ist der amtierende Präsident des Verbands der deutschen altösterreichischen Landsmannschaften in Österreich (VLÖ)? (Stand 2022)

A Norbert Kapeller

864	Welche Veranstaltung bietet der Transylvania Club in Kanada nicht an? (Stand 2022)

A Mittsommerfest

SPORT

Der Sport nimmt eine herausragende Stellung in der Gesellschaft ein. Er verkörpert und vermittelt grundlegende Werte wie Toleranz und Fairness. Sport hat die einzigartige Fähigkeit, Menschen verschiedener Kulturen und sozialer Hintergründe zusammenzuführen, sei es im gemeinsamen Sporttreiben, im Teamwork oder im sportlichen Wettbewerb. Als Förderer der Integration und Bildung spielt der Sport eine bedeutende Rolle.

In Siebenbürgen, einem bedeutenden Teil Rumäniens, wird der Sport ebenfalls hochgeschätzt. Zahlreiche bekannte Sportler aus Siebenbürgen haben Ruhm erlangt und stolz ihr Land repräsentiert. Verschiedene Bevölkerungsgruppen kommen zusammen, um gemeinsam sportlich aktiv zu sein und als Team zu agieren. Diese Kooperation hat sich in verschiedenen Sportarten als äußerst erfolgreich erwiesen.

Die Expertise Siebenbürgens im Bereich des Sports beschränkt sich keineswegs nur auf nationale Grenzen. Siebenbürgische Sportprofis haben sich international engagiert, einige von ihnen konnten auch als Trainer große Erfolge verzeichnen und haben nachhaltigen Eindruck bei Menschen in und außerhalb Siebenbürgens hinterlassen. Sie haben maßgeblich dazu beigetragen, den Sport in Siebenbürgen auf internationalem Parkett zu etablieren und blieben nachhaltig im Gedächtnis vieler Menschen in und außerhalb Siebenbürgens.

Ecaterina Szabó, ungarisch Szabó Katalin, (* 22. Januar 1968 in Zagon, Kreis Covasna) ist eine ehemalige rumänische Kunstturnerin und heutige Trainerin. Sie ist Angehörige der ungarischen Minderheit im Szeklerland. Sie war mehrfache Olympiasiegerin sowie Welt- und Europameisterin.

Szabó begann im Alter von sechs Jahren mit dem Turnen und zeigte schon früh ihr großes Talent. Sie wurde 1982 Junioren-Weltmeisterin im im Sprung und Bodenturnen. Im Jahr darauf gewann sie bei den Weltmeisterschaften die Goldmedaille im Bodenturnen. Ihr großer Durchbruch gelang Szabó bei den Olympischen Spielen 1984 in Los Angeles. Sie gewann vier Goldmedaillen im Bodenturnen, am Schwebebalken, im Sprung sowie im Mannschaftswettbewerb. Damit war sie die erfolgreichste Turnerin der Spiele.

Szabó blieb auch in den folgenden Jahren eine der führenden Turnerinnen der Welt. Nach den Olympischen Spielen 1988 in Seoul beendete Szabó ihre Karriere als Aktive und zog 1992 nach Chamalières (Frankreich), wo sie als Trainerin arbeitet.

Fragen 865-868

865 In welchen Ländern spielte die Szeklerin Szidónia Lázárné-Vajda nicht im Schachverein?

A Ungarn

B Deutschland

C Belgien

D Österreich

866 Welcher der folgenden siebenbürgisch-sächsischen Tänze ist erfunden?

A Budaker

B Botscher

C Königinnentanz

D Tekendörfer

867 Wer war Boxweltmeister aus der ungarischen Minderheit in Siebenbürgen?

A Ferenc Vastag

B Dominik Szoboszlai

C Rudolf Kárpáti

D Zoltán Magyar

868 Welcher gebürtige Kronstadter machte zunächst Karriere als Sportler und später als Geschäftsmann, u.a. als Becker-Manager?

A Gheorghe Marinescu

B Ion Ţiriac

C Grigore Moisil

D Tristan Tzara

Lösungen 865-868

865	In welchen Ländern spielte die Szeklerin Szidónia Lázárné-Vajda nicht im Schachverein?

D Österreich

866	Welcher der folgenden siebenbürgisch-sächsischen Tänze ist erfunden?

D Tekendörfer

867	Wer war Boxweltmeister aus der ungarischen Minderheit in Siebenbürgen?

A Ferenc Vastag

868	Welcher gebürtige Kronstädter machte zunächst Karriere als Sportler und später als Geschäftsmann, u.a. als Becker-Manager?

B Ion Ţiriac

Fragen 869-872

869 In welcher Ballspielart war der Hermannstädter Turnverein nach 1925 jahrelang Landesmeister?

- A Volleyball
- B Fußball
- C Handball
- D Basketball

870 Bei den Olympischen Spielen von 1936 erreichte die Handballauswahl Rumäniens unter starker Beteiligung sächsischer Spieler und zweier Rumänen den wievielten Rang?

- A 7
- B 5
- C 3
- D 1

871 Welches Land erreichte in ihrer bisherigen Geschichte der Weltmeisterschaften im Fußball das beste Ergebnis? (Stand 2022)

- A Ungarn
- B Rumänien
- C Moldawien
- D Slowakei

872 Welche aus Siebenbürgen stammende Sängerin nahm 2004 für Rumänien an der Eurovision teil?

- A Lothar Matthäus
- B Thomas Häßler
- C Gerhard Poschner
- D Fredi Bobic

Lösungen 869-872

869	In welcher Ballspielart war der Hermannstädter Turnverein nach 1925 jahrelang Landesmeister?

C Handball

870	Bei den Olympischen Spielen von 1936 erreichte die Handballauswahl Rumäniens unter starker Beteiligung sächsischer Spieler und zweier Rumänen den wievielten Rang?

B 5

871	Welches Land erreichte in ihrer bisherigen Geschichte der Weltmeisterschaften im Fußball das beste Ergebnis? (Stand 2022)

A Ungarn

872	Welcher Siebenbürger Sachse gewann mit dem VfB den DFB-Pokal und wurde mit Dortmund in der Bundesliga Vizemeister?

C Gerhard Poschner

Fragen 873-876

873 Welches ist der größte Erfolg bei einer Weltmeisterschaft, den die rumänische Nationalauswahl im Fußball bisher erreichte? (Stand 2022)

A Viertelfinale

B Halbfinale

C Achtelfinale

D Finale

874 Welcher Fußballverein hat den Spitznamen „The Székelys"?

A AFC Chindia Târgoviște

B CFR Cluj

C Asociația Club Sportiv Sepsi OSK Sfântu Gheorghe

D ACSC FC Arges

875 In welchem rumänischen Kreis liegt der Fußballverein „Asociația Club Sportiv Sepsi OSK Sfântu Gheorghe"?

A Cluj

B Brașov

C Covasna

D Mureș

876 Wer ist die Szeklerin Szidónia Lázárné-Vajda?

A Internationaler Meister in Schach

B Nationaler Meister im Judo

C Weltmeister in Dart

D Europameister in Boxen

Lösungen 873-876

873	Welches ist der größte Erfolg bei einer Weltmeisterschaft, den die rumänische Nationalauswahl im Fußball bisher erreichte? (Stand 2022)

A Viertelfinale

874	Welcher Fußballverein hat den Spitznamen „The Székelys"?

C Asociația Club Sportiv Sepsi OSK Sfântu Gheorghe

875	In welchem rumänischen Kreis liegt der Fußballverein „Asociația Club Sportiv Sepsi OSK Sfântu Gheorghe"?

C Covasna

876	Wer ist die Szeklerin Szidónia Lázárné-Vajda?

A Internationaler Meister in Schach

Fragen 877-880

877 Wofür ist die Szeklerin Ecaterina Szabó bekannt?

A Turnen

B Schach

C Wasserball

D Stabhochsprung

878 Für welche olympische Disziplin ist die aus Siebenbürgen stammende Sportlerin Viorica Daniela Silivaş bekannt?

A Turnen

B Leichtathletik

C Schwimmen

D Fechten

879 Wie viel Prozent der rumänischen männlichen Sportler, die in der International Gymnastics Hall of Fame aufgenommen wurden, stammen aus Siebenbürgen?

A 25 %

B 100 %

C 75 %

D 50 %

880 Welcher siebenbürgisch-sächsische Pädagoge setzte sich als erster für die Einführung des Turnunterrichts in der Schule ein?

A Joseph Haltrich

B Stephan Ludwig Roth

C Hermann Oberth

D Klaus Johannis

Lösungen 877-880

877	Wofür ist die Szeklerin Ecaterina Szabó bekannt?

B Turnen

878	Für welche olympische Disziplin ist die aus Siebenbürgen stammende Sportlerin Viorica Daniela Silivaş bekannt?

A Turnen

879	Wie viel Prozent der rumänischen männlichen Sportler, die in der International Gymnastics Hall of Fame aufgenommen wurden, stammen aus Siebenbürgen?

D 50 %

880	Welcher siebenbürgisch-sächsische Pädagoge setzte sich als erster für die Einführung des Turnunterrichts in der Schule ein?

B Stephan Ludwig Roth

Fragen 881-884

881 Welcher Fußballverein wurde beim Bau seines Fußballstadions im Jahr 2017-2018 von der ungarischen Regierung finanziell unterstützt?

- A ACSC FC Arges
- B AFC Chindia Târgoviște
- C CFR Cluj
- D Asociația Club Sportiv Sepsi OSK Sfântu Gheorghe

882 Für welche beiden Länder spielte die Schachspielerin und Szeklerin Szidónia Lázárné-Vajda?

- A Rumänien und Moldawien
- B Rumänien und Schweiz
- C Rumänien und Deutschland
- D Rumänien und Ungarn

883 Bei welchen Olympischen Spielen wurde die Szeklerin Ecaterina Szabó als erfolgreichste Turnerin ausgezeichnet?

- A 1984 in Los Angeles
- B 2014 in Sotschi
- C 2021 in Tokio
- D 1976 in Montreal

884 In welchem Kreis wurde die Ecaterina Szabó geboren?

- A Brasov
- B Covasna
- C Mures
- D Cluj

881	Welcher Fußballverein wurde beim Bau seines Fußballstadions im Jahr 2017-2018 von der ungarischen Regierung finanziell unterstützt?

D Asociaţia Club Sportiv Sepsi OSK Sfântu Gheorghe

882	Für welche beiden Länder spielte die Schachspielerin und Szeklerin Szidónia Lázárné-Vajda?

D Rumänien und Ungarn

883	Bei welchen Olympischen Spielen wurde die Szeklerin Ecaterina Szabó als erfolgreichste Turnerin ausgezeichnet?

A 1984 in Los Angeles

884	In welchem Kreis wurde Ecaterina Szabó geboren?

B Covasna

Fragen 885-888

885 Für ihre Leistungen auf welchem Gebiet ist die Siebenbürgerin Claudia Presăcan bekannt?

A Kunst

B Politik

C Sport

D Wissenschaft

886 Wie oft gewann die aus Siebenbürgen stammende Viorica Daniela Silivaş die olympische Goldmedaille?

A 2

B 3

C 1

D 4

887 Wo wurde bekannte Sportlerin Viorica Daniela Silivaş geboren?

A Diemrich/Déva/Deva

B Neumarkt am Mieresch/Marosvásárhely/Târgu Mureş

C Kronstadt/Brassó/Braşov

D Schäßburg/Segesvár/Sighisoara

888 Welche aus Siebenbürgen stammende Person wurde, im Jahr 2002 als bis dato jüngste Sportlerin in die International Gymnastics Hall of Fame aufgenommen?

A Gina Gogean

B Aurelia Dobre

C Viorica Daniela Silivaş

D Lavinia Miloşovici

Lösungen 885-888

885	Für ihre Leistungen auf welchem Gebiet ist die Siebenbürgerin Claudia Presăcan bekannt?

C Sport

886	Wie oft gewann die aus Siebenbürgen stammende Viorica Daniela Silivaş die olympische Goldmedaille?

B 3

887	Wo wurde die bekannte Sportlerin Viorica Daniela Silivaş geboren?

A Diemrich/Déva/Deva

888	Welche aus Siebenbürgen stammende Person wurde, im Jahr 2002 als bis dato jüngste Sportlerin in die International Gymnastics Hall of Fame aufgenommen?

C Viorica Daniela Silivaş

Fragen 889-892

889 Welche Veranstaltung findet nicht in Hermannstadt/Nagyszeben/Sibiu statt?

- A Coca-Cola Cup
- B Sibiu Open
- C Red Bull Romaniacs
- D Sibiu Cycling Tour

890 Wo wurde die bekannte Skispringerin Vasilica Haralambie geboren?

- A Thorenburg/Turda/Tord
- B Oberwischau/Felsővisó/Vişeu de Sus
- C Neumarkt am Mieresch/Târgu Mureș/Marosvásárhely
- D Kronstadt/Brassó/Brașov

891 Wie viele 1. Platzierungen hatte die in Siebenbürgen geborene Skispringerin Vasilica Haralambie im FIS Cup? (Stand 2022)

- A 5
- B 4
- C 2
- D 3

892 Wie viele Abteilungen hat der Siebenbürger Sportverein in Ingolstadt? (Stand 2022)

- A 4
- B 6
- C 2
- D 8

Lösungen 889-892

889	Welche Veranstaltung findet nicht in Hermannstadt/Nagyszeben/Sibiu statt?

A Coca-Cola Cup

890	Wo wurde die bekannte Skispringerin Vasilica Haralambie geboren?

D Kronstadt/Brassó/Braşov

891	Wie viele 1. Platzierungen hatte die in Siebenbürgen geborene Skispringerin Vasilica Haralambie im FIS Cup? (Stand 2022)

C 2

892	Wie viele Abteilungen hat der Siebenbürger Sportverein in Ingolstadt? (Stand 2022)

A 4

Fragen 893-896

893 Wann wurde der Siebenbürger Sportverein e.V. Ingolstadt gegründet?

- A 2009
- B 1976
- C 1999
- D 1986

894 Welche Platzierung belegte Kathrin Depner, deren Eltern aus Siebenbürgen stammen, bei den Europameisterschaften im Tanzen? (Stand 2022)

- A 2
- B 1
- C 4
- D 3

895 Welche/r Sportler/in die/der Aufnahme in die International Gymnastic Hall of Fame gefunden hat, stammt nicht aus Siebenbürgen?

- A Daniela Silivaş
- B Ecaterina Szabó
- C Octavian Bellu
- D Béla Károlyi

896 Wie werden die Länder Rumänien, Deutschland, USA und Japan absteigend nach der Anzahl ihrer Turner in der International Hall of Fame mit Stand 2022 richtig angeordnet?

- A USA, Japan, Deutschland und Rumänien
- B Japan, Rumänien, USA und Deutschland
- C USA, Deutschland, Rumänien und Japan
- D Rumänien, Japan, USA und Deutschland

Lösungen 893-896

893 Wann wurde der Siebenbürger Sportverein e.V. Ingolstadt gegründet?

D 1986

894 Welche Platzierung belegte Kathrin Depner, deren Eltern aus Siebenbürgen stammen, bei den Europameisterschaften im Tanzen? (Stand 2022)

A 2

895 Welche/r Sportler/in die/der Aufnahme in die International Gymnastic Hall of Fame gefunden hat, stammt nicht aus Siebenbürgen?

D Béla Károlyi

896 Wie werden die Länder Rumänien, Deutschland, USA und Japan absteigend nach der Anzahl ihrer Turner in der International Hall of Fame mit Stand 2022 richtig angeordnet?

B Japan, Rumänien, USA und Deutschland

Fragen 897-900

897 Wie viele Olympiasieger im Turnen trainierte der aus Deva stammende Béla Károlyi?

A 7

B 12

C 9

D 5

898 Wie viele Weltmeister in Turnen trainierte der aus Deva stammende Béla Károlyi?

A 20

B 15

C 5

D 10

899 In welcher Stadt Siebenbürgens wurde als erstes in der Habsburgermonarchie Turnunterricht eingeführt, wenn auch nur vorübergehend?

A Mediasch

B Szeklerburg

C Hermannstadt

D Kronstadt

900 In Kronstadt fand wann das erste Skirennen in Siebenbürgen statt?

A 1879

B 1866

C 1909

D 1921

Lösungen 897-900

897 Wie viele Olympiasieger im Turnen trainierte der aus Deva stammende Béla Károlyi?

C 9

898 Wie viele Weltmeister in Turnen trainierte der aus Deva stammende Béla Károlyi?

B 15

899 In welcher Stadt Siebenbürgens wurde als erstes in der Habsburgermonarchie Turnunterricht eingeführt, wenn auch nur vorübergehend?

A Mediasch

900 In Kronstadt fand wann das erste Skirennen in Siebenbürgen statt?

C 1909

Fragen 901-904

901 Wann wurde der den ethnischen Ungarn nahestehende Fußballverein „Asociația Club Sportiv Sepsi OSK Sfântu Gheorghe" gegründet?

A 2011

B 1889

C 1912

D 1990

902 In welcher rumänischen Liga spielt der den ethnischen Ungarn nahestehende Fußballverein „Asociația Club Sportiv Sepsi OSK Sfântu Gheorghe"?

A Liga III

B Liga II

C Liga I

D Liga IV

903 Wie viele olympische Goldmedaillen erhielt die Szeklerin Ecaterina Szabó im Turnen?

A 1

B 3

C 4

D 2

904 Wie oft gewann die Szeklerin und Turnerin Ecaterina Szabó jeweils bei der Weltmeister- und Europameisterschaft Gold im Turnen?

A 2

B 4

C 5

D 3

Lösungen 901-904

901 Wann wurde der den ethnischen Ungarn nahestehende Fußballverein „Asociaţia Club Sportiv Sepsi OSK Sfântu Gheorghe" gegründet?

A 2011

902 In welcher rumänischen Liga spielt der den ethnischen Ungarn nahestehende Fußballverein „Asociaţia Club Sportiv Sepsi OSK Sfântu Gheorghe"?

C Liga I

903 Wie viele olympische Goldmedaillen erhielt die Szeklerin Ecaterina Szabó im Turnen?

C 4

904 Wie oft gewann die Szeklerin und Turnerin Ecaterina Szabó jeweils bei der Weltmeister- und Europameisterschaft Gold im Turnen?

A 2

905 In welcher Sportart war der Schriftsteller Hans Bergel von 1949-1956 als Leistungssportler der Rumänischen Nationalmannschaft aktiv?

A Hochsprung

B Handball

C Fußball

D Ski

906 Wo wurde die siebenbürgische Turnerin Claudia Presăcan, die Olympiasiegerin aus dem Jahr 2000 geboren?

A Schäßburg/Segesvár/Sighisoara

B Kronstadt/Brassó/Braşov

C Neumarkt am Mieresch/Marosvásárhely/Târgu Mureş

D Hermannstadt/Nagyszeben/Sibiu

907 Wie viele Goldmedaillen erlangte die aus Siebenbürgen stammende Turnerin Viorica Daniela Silivaş in den Weltmeisterschaften?

A 7

B 10

C 15

D 5

908 Wie viel Prozent der rumänischen Sportlerinnen, die in der International Gymnastics Hall of Fame aufgenommen wurden, stammen aus Siebenbürgen?

A 50 %

B 25 %

C 100 %

D 75 %

905	In welcher Sportart war der Schriftsteller Hans Bergel von 1949-1956 als Leistungssportler der Rumänischen Nationalmannschaft aktiv?

D Ski

906	Wo wurde die siebenbürgische Turnerin Claudia Presăcan, die Olympiasiegerin aus dem Jahr 2000 geboren?

D Hermannstadt/Nagyszeben/Sibiu

907	Wie viele Goldmedaillen erlangte die aus Siebenbürgen stammende Turnerin Viorica Daniela Silivaş in den Weltmeisterschaften?

A 7

908	Wie viel Prozent der rumänischen Sportlerinnen, die in der International Gymnastics Hall of Fame aufgenommen wurden, stammen aus Siebenbürgen?

B 25 %

Fragen 909-912

909 Welcher in Hamlesch/Amnaş/Omlás geborene Fußballspieler nahm für Rumänien an der WM 1984 und an der EM 1990 teil?

A Zoltan Crişan

B Ioan Bogdan

C Michael Klein

D Alexander Szatmári

910 Wo ist der Fußballer Gheorghe Răşinaru geboren?

A Streitfort/Mirkvásár/Mercheaşa

B Mühlbach/Szászsebes/Sebeş

C Honigberg/Szászhermány/Hărman

D Haschagen/Hasság/Haşag

911 Welche in Siebenbürgen geborene Sportlerin erreichte in der Abfahrt für Ungarn den ersten Platz im alpinen Skiweltcup?

A Edit Miklós

B Vasilica Haralambie

C Juliane Seyfarth

D Chiara Kreuzer

912 Wie oft gewannen die Zenderscher Kickers das Fußballturnier bei den jährlichen Treffen in Dinkelsbühl? (Stand 2022)

A 6

B 2

C 4

D 8

Lösungen 909-912

909	Welcher in Hamlesch/Amnaş/Omlás geborene Fußballspieler nahm für Rumänien an der WM 1984 und an der EM 1990 teil?

C Michael Klein

910	Wo ist der Fußballer Gheorghe Răşinaru geboren?

B Mühlbach/Szászsebes/Sebeş

911	Welche in Siebenbürgen geborene Sportlerin erreichte in der Abfahrt für Ungarn den ersten Platz im alpinen Skiweltcup?

A Edit Miklós

912	Wie oft gewannen die Zenderscher Kickers das Fußballturnier bei den jährlichen Treffen in Dinkelsbühl? (Stand 2022)

C 4

KUNST

Siebenbürgen hat und hat viele Kunstschaffende hervorgebracht, die in den verschiedenen Disziplinen der Kunst wichtige Werke erschaffen und erschaffen.

So kann man beispielsweise in den Büchern von Tamási Áron oder Adolf Meschendörfer schwelgen, mit der Musik von Peter Maffay oder Sanda Ladoşi feiern und bei der Bocete die rumänische Lebensart erfahren.

Siebenbürgen erlangte durch einen Roman weltweite Bekanntheit. Der lateinische Name von Siebenbürgen lautet Transsilvanien, welcher sehr viel bekannter ist als Siebenbürgen. Die Bekanntheit von Transsilvanien hat mit dem Roman „Dracula" zu tun, der von dem irischen Schriftsteller Bram Stoker im Jahr 1897 veröffentlicht wurde.

Der Roman „Dracula" handelt von Graf Dracula, einem Vampir, der dazu verdammt ist für die Ewigkeit vom Blut der Lebenden zu leben. Als der junge Anwalt Jonathan Harker zu dem Schloss von Dracula geschickt wird, um einen Landvertrag abzuschließen, sieht er Dracula ein Foto von Harkers Verlobten Mina. Mina erinnert Dracula an seine tote Frau, daraufhin sperrt Dracula Harker ein, damit er zu Mina nach London reisen kann. Harker entschließt sich mit dem Vampirjäger Van Helsing Dracula zu stoppen.

Dracula ist zweifellos eine der bekanntesten Vampirfiguren weltweit. Diese Figur soll durch die historische Persönlichkeit Vlad III. Drăculea inspiriert worden sein. Geboren um das Jahr 1431 in Schäßburg, verstarb Vlad III. Drăculea um die Jahreswende 1476/1477.

Als Woiwode des Fürstentums Walachei erlangte er unter seinen Zeitgenossen traurige Berühmtheit aufgrund seiner Grausamkeit und strengen Herrschaft. Vlad III. Drăculea war bekannt für seine harte Bestrafung von Kriminellen und seine drakonischen Maßnahmen gegen seine Gegner. Seine brutale Herrschaft inspirierte nicht nur die Legende des Vampirs „Dracula", sondern trug auch zur Verewigung seines Namens in der Geschichte bei.

913 „Über sieben Brücken mußt du gehen...". Welcher Kronstädter legte damit einen nicht unbedeutenden Grundstein seines Ruhmes in Deutschland?

A Peter Maffay

B Wolfgang Petry

C Udo Jürgens

D Florian Silbereisen

914 Wie heißt das Kindermusical, mit dem der aus Siebenbürgen stammende Deutschrocker Peter Maffay große Erfolge feierte?

A Räuber Hotzenplotz

B Heidi

C Tabaluga

D Die Eiskönigin

915 Der Dichter Christian Schesäus (ca. 1536-1585) schilderte den osmanischen Ansturm auf Europa. Welches ist sein Hauptwerk?

A Germania magna

B De bello Gallico

C Ruinae Pannonicae

D Transilvania

916 Aufgrund welcher Erzählung wurde der siebenbürgische Schriftsteller Hans Bergel im sog. Schriftstellerprozess 1959 verurteilt?

A Fürst und Lautenschläger

B Kabale und Liebe

C Die Leiden des jungen Werthers

D Faust

913	„Über sieben Brücken mußt du gehen...". Welcher Kronstädter legte damit einen nicht unbedeutenden Grundstein seines Ruhmes in Deutschland?

A Peter Maffay

914	Wie heißt das Kindermusical, mit dem der aus Siebenbürgen stammende Deutschrocker Peter Maffay große Erfolge feierte?

C Tabaluga

915	Der Dichter Christian Schesäus (ca. 1536-1585) schilderte den osmanischen Ansturm auf Europa. Welches ist sein Hauptwerk?

C Ruinae Pannonicae

916	Aufgrund welcher Erzählung wurde der siebenbürgische Schriftsteller Hans Bergel im sog. Schriftstellerprozess 1959 verurteilt?

A Fürst und Lautenschläger

917 Welche zwei Schriftsteller wurden im Jahr 1959 im Kronstädter Schriftstellerprozess verurteilt?

A Erich Kästner und Herta Müller

B Andreas Birkner und Wolf von Aichelburg

C Heinrich Böll und Hermann Hesse

D Günther Grass und Theodor Fontane

918 Welcher siebenbürgisch-ungarische Dichter war Präsident des Demokratischen Verbandes der Ungarn in Rumänien und Stellvertretender Ministerpräsident von Rumänien?

A Béla Markó

B André Kostolany

C József Pulitzer

D Ignaz Semmelweis

919 „Die Stadt im Osten" ist einer seiner bekanntesten Romane. Wer ist der Autor?

A Theodor Storm

B Hermann Hesse

C Thomas Mann

D Adolf Meschendörfer

920 Für welchen seiner Romane wurde Adolf Meschendörfer 1932 mit der Goethe-Medaille geehrt?

A Atemschaukel

B Die Stadt im Osten

C Im Westen nichts Neues

D Dracula

917	Welche zwei Schriftsteller wurden im Jahr 1959 im Kronstädter Schriftstellerprozess verurteilt?

B Andreas Birkner und Wolf von Aichelburg

918	Welcher siebenbürgisch-ungarische Dichter war Präsident des Demokratischen Verbandes der Ungarn in Rumänien und Stellvertretender Ministerpräsident von Rumänien?

A Béla Markó

919	„Die Stadt im Osten" ist einer seiner bekanntesten Romane. Wer ist der Autor?

D Adolf Meschendörfer

920	Für welchen seiner Romane wurde Adolf Meschendörfer 1932 mit der Goethe-Medaille geehrt?

B Die Stadt im Osten

Fragen 921-924

921 Was bedeutet der sächsische Spruch: „Zpoinenzpainzich spuërzgespränkelt Spenj sproanjen änt Spuërz Mier"?

A „Ost-Siebenbürgische Plänkler ritten spät am Schwarzen Meer"

B „Zwanzig leicht gesprenkelte Trauben ergeben einen Gespritzten"

C „Zweiundzwanzig schwarzgesprenkelte Spatzen sprechen Spanisch am Meer"

D „Zweiundzwanzig schwarzgesprenkelte Schweine springen ins Schwarze Meer"

922 Was sind „manele" (rum.)?

A Männer mit traditionellen Bärten (Vollbart)

B Die Bezeichnung für die Ärmel des Trachtenhemdes der Motzen

C Maisbrei (Palukes) und Milch

D Stark orientalisch und rumänisch-volkstümlich geprägte Popmusik

923 Von wem stammt die Melodie des Siebenbürgenliedes (Siebenbürgen, Land des Segens)?

A Johann Lukas Hedwig

B Charles Boner

C Constantin Noica

D Nikolaus Lenau

924 Wer ist ein bekannter Musiker aus Siebenbürgen?

A Xavier Naidoo

B Peter Maffay

C James Brown

D Shakira

Lösungen 921-924

921	Was bedeutet der sächsische Spruch: „Zpoinenzpainzich spuërzgesprä nkelt Spenj sproanjen änt Spuërz Mier"?

D „Zweiundzwanzig schwarzgesprenkelte Schweine springen ins Schwarze Meer"

922	Was sind „manele" (rum.)?

D Stark orientalisch und rumänisch-volkstümlich geprägte Popmusik

923	Von wem stammt die Melodie des Siebenbürgenliedes (Siebenbürgen, Land des Segens)?

A Johann Lukas Hedwig

924	Wer ist ein bekannter Musiker aus Siebenbürgen?

B Peter Maffay

Fragen 925-928

925 In seinem gemischtsprachigen Gedicht „birne mischelene" nahm Oskar Pastior 1983 Bezug auf welche bekannte Frau? Mit „akadring rotokol" ging er auf den unrechtmäßig geführten akademischen Titel ein.

A Violeta Dinescu

B Maria Cebotari

C Elena Ceauşescu

D Angela Gheorghiu

926 „Über sieben Brücken mußt du gehen..." war einer der großen Erfolge von Peter Maffay. Welche bekannte DDR-Band sang dieses Lied vor ihm?

A Puhdys

B Karat

C Silly & Karussell

D City

927 Welche bedeutende Veranstaltung findet nicht in Siebenbürgen statt?

A Sziget Festival

B Transilvania International Film Festival

C Artmania Festival

D Peninsula Félsziget Festival

928 Welcher Siebenbürger Sachse publizierte 1666 in Nürnberg das Werk „Das Alt- und das Neu-Teutsche Dacia"?

A Jan Hus

B Martin Luther

C Johann Tröster

D Martin Opitz

Lösungen 925-928

925	In seinem gemischtsprachigen Gedicht „birne mischelene" nahm Oskar Pastior 1983 Bezug auf welche bekannte Frau? Mit „akadring rotokol" ging er auf den unrechtmäßig geführten akademischen Titel ein.

C Elena Ceauşescu

926	„Über sieben Brücken mußt du gehen..." war einer der großen Erfolge von Peter Maffay. Welche bekannte DDR-Band sang dieses Lied vor ihm?

B Karat

927	Welche bedeutende Veranstaltung findet nicht in Siebenbürgen statt?

A Sziget Festival

928	Welcher Siebenbürger Sachse publizierte 1666 in Nürnberg das Werk „Das Alt- und das Neu-Teutsche Dacia"?

C Johann Tröster

Fragen 929-932

929 Welcher aus Siebenbürgen stammende Torhüter war von 2002-2008 Stammtorhüter der rumänischen Fußballnationalmannschaft?

A Bogdan Lobonț

B Costel Pantilimon

C Ciprian Tătărușanu

D Bogdan Stelea

930 Wer veröffentlichte 1831 das Märchendrama „Csongor és Tünde”? Sein Gedicht „Szózat” wurde zu einem Nationallied und er ist bis heute einer der wichtigsten Dichter Ungarns?

A Ferenc Deák

B Lajos Batthyány

C Ferenc Erkel

D Mihály Vörösmarty

931 Durch welchen Komponisten wurde der Siebenbürger Sachse Carl Filtsch (1830-1845) berühmt?

A Johann Sebastian Bach

B Ludwig van Beethoven

C Frédéric Chopin

D Amadeus Mozart

932 Welcher Siebenbürger komponierte im 20. Jahrhundert Bachs „Kunst der Fuge” zu Ende?

A Erich Bergel

B Franz Schubert

C Richard Strauss

D Anton Bruckner

Lösungen 929-932

929 Welcher aus Siebenbürgen stammende Torhüter war von 2002-2008 Stammtorhüter der rumänischen Fußballnationalmannschaft?

A Bogdan Lobonț

930 Wer veröffentlichte 1831 das Märchendrama „Csongor és Tünde"? Sein Gedicht „Szózat" wurde zu einem Nationallied und er ist bis heute einer der wichtigsten Dichter Ungarns?

D Mihály Vörösmarty

931 Durch welchen Komponisten wurde der Siebenbürger Sachse Carl Filtsch (1830-1845) berühmt?

C Frédéric Chopin

932 Welcher Siebenbürger komponierte im 20. Jahrhundert Bachs „Kunst der Fuge" zu Ende?

A Erich Bergel

Fragen 933-936

933 Welcher Dichter und Lektor war 1975-1982 beim Kinderbuchverlag Ion Creangă und überredete mehrere seiner Dichterfreunde, auch mal ein Kinderbuch zu schreiben, darunter Franz Hodjak, Richard Wagner und Karin Gündisch?

A Klaus Johannis

B Wolfgang Goethe

C Thomas Mann

D Werner Söllner

934 Wie rauschen in Siebenbürgen die Brunnen und wie rinnt hier die Zeit (zitiert nach der „Siebenbürgischen Elegie" von Adolf Meschendörfer)?

A „Anders"

B „Mutig"

C „Laut"

D „Ungehört"

935 Wie heißt der ebenfalls singende Sohn des siebenbürgisch-sächsischen Schlagerstars Ricky Dandel mit Vornamen?

A Hans

B Martin

C Robert

D Elvin

936 Wie viel Liter Zuika (Spirituose) empfiehlt Paul Schuster (*1930) in seinem gleichnamigen Roman?

A 2

B 5

C 3

D 4

933	Welcher Dichter und Lektor war 1975-1982 beim Kinderbuchverlag Ion Creangă und überredete mehrere seiner Dichterfreunde, auch mal ein Kinderbuch zu schreiben, darunter Franz Hodjak, Richard Wagner und Karin Gündisch?

D Werner Söllner

934	Wie rauschen in Siebenbürgen die Brunnen und wie rinnt hier die Zeit (zitiert nach der „Siebenbürgischen Elegie" von Adolf Meschendörfer)?

A „Anders"

935	Wie heißt der ebenfalls singende Sohn des siebenbürgisch-sächsischen Schlagerstars Ricky Dandel mit Vornamen?

D Elvin

936	Wie viel Liter Zuika (Spirituose) empfiehlt Paul Schuster (*1930) in seinem gleichnamigen Roman?

B 5

Fragen 937-940

937 Zur Zeit des Ersten Weltkrieges fand auch bei den Siebenbürger Sachsen sowie in übersetzter Form bei den Rumänen das nationale reichsdeutsche Liedgut Anklang. Welcher deutsche Titel versteckt sich hinter „vaca-n rai"?

- A Hoch auf der Burg
- B Wachet ihr Soldaten
- C Die Wacht am Rhein
- D Sieger ihr Sachsen

938 Wie heißt der bekannteste Banater Literat des 19. Jahrhunderts?

- A Charles Boner
- B Nikolaus Lenau
- C Johan Lukas Hedwig
- D Constantin Noica

939 Welcher siebenbürgisch-sächsische Schriftsteller war auch als Sportler erfolgreich?

- A Hans Bergel
- B Ferenc Puskás
- C Werner Stöckl
- D Leon Rotman

940 Von 1970 bis 1992 erschienen in welchem Klausenburger Verlag neben ungarischen und rumänischen auch deutschen Büchern?

- A Siedler
- B Springer
- C Dacia
- D Lambertus

937	Zur Zeit des Ersten Weltkrieges fand auch bei den Siebenbürger Sachsen sowie in übersetzter Form bei den Rumänen das nationale reichsdeutsche Liedgut Anklang. Welcher deutsche Titel versteckt sich hinter „vaca-n rai"?

C Die Wacht am Rhein

938	Wie heißt der bekannteste Banater Literat des 19. Jahrhunderts?

B Nikolaus Lenau

939	Welcher siebenbürgisch-sächsische Schriftsteller war auch als Sportler erfolgreich?

A Hans Bergel

940	Von 1970 bis 1992 erschienen in welchem Klausenburger Verlag neben ungarischen und rumänischen auch deutschen Büchern?

C Dacia

Fragen 941-944

941 Was sind die Vornamen der Brüder „von Clussenberch" (Klausenburg), welche durch die von ihnen 1373 geschaffene Statue des „Drachenbezwingers St. Georg" auf dem Hradschin in Prag kunsthistorische Berühmtheit erlangten?

- A Martin und Georg
- B Max und Moritz
- C Fritz und Josef
- D Friedrich und Wilhelm

942 Wer erhielt seine musikalische Ausbildung in Klausenburg und komponierte u.a. die Opern „Hunyady László" (1840), „Báthory Mária" (1840), „Ban Bánk" (1861), „Dósza György" (1867) und die ungarische Nationalhymne?

- A Ferenc Erkel
- B Mihály Vörösmarty
- C Ferenc Deák
- D Lajos Batthyány

943 Wer hat „Ungarische Rhapsodien" komponiert?

- A Zoltán Kodály
- B Franz Lehár
- C Franz Liszt
- D Jenő Hubay

944 Was ist die Handlung des Romans „Der rote Handschuh?"

- A Inhaftierung durch die Securitate
- B Siebenbürger Sachsen in der BRD
- C Verschleppung in die Sowjetunion
- D Flucht aus Siebenbürgen

941	Was sind die Vornamen der Brüder „von Clussenberch" (Klausenburg), welche durch die von ihnen 1373 geschaffene Statue des „Drachenbezwingers St. Georg" auf dem Hradschin in Prag kunsthistorische Berühmtheit erlangten?

A Martin und Georg

942	Wer erhielt seine musikalische Ausbildung in Klausenburg und komponierte u.a. die Opern „Hunyady László" (1840), „Báthory Mária" (1840), „Ban Bánk" (1861), „Dósza György" (1867) und die ungarische Nationalhymne?

A Ferenc Erkel

943	Wer hat „Ungarische Rhapsodien" komponiert?

C Franz Liszt

944	Was ist die Handlung des Romans „Der rote Handschuh?"

A Inhaftierung durch die Securitate

Fragen 945-948

945 In welcher Band ist der aus Segesvár/Sighisoara/Schäßburg stammende Attila Wolf Sänger?

- A Scorpions
- B Die Ärzte
- C The Rasmus
- D Powerwolf

946 Wo findet das Peninsula Félsziget Festival statt?

- A Schäßburg/Segesvár/Sighisoara
- B Kronstadt/Brassó/Braşov
- C Hermannstadt/Sibiu/Nagyszeben
- D Neumarkt am Mieresch/Marosvásárhely/Târgu Mureş

947 Wo findet das Artmania Festival statt?

- A Neumarkt am Mieresch/Marosvásárhely/Târgu Mureş
- B Kronstadt/Brassó/Braşov
- C Hermannstadt/Nagyszeben/Sibiu
- D Schäßburg/Segesvár/Sighisoara

948 Welcher siebenbürgisch-sächsische Wissenschaftler ist die Hauptfigur in Rolf Hochhuths Drama „Hitlers Dr. Faust"?

- A Hermann Oberth
- B Arnold Martin Graffi
- C Adolf Schullerus
- D Conrad Haas

Lösungen 945-948

945	In welcher Band ist der aus Segesvár/Sighisoara/Schäßburg stammende Attila Wolf Sänger?

D Powerwolf

946	Wo findet das Peninsula Félsziget Festival statt?

D Neumarkt am Mieresch/Marosvásárhely/Târgu Mureş

947	Wo findet das Artmania Festival statt?

C Hermannstadt/Nagyszeben/Sibiu

948	Welcher siebenbürgisch-sächsische Wissenschaftler ist die Hauptfigur in Rolf Hochhuths Drama „Hitlers Dr. Faust"?

A Hermann Oberth

949 Welchen siebenbürgisch-rumänischen Philosophen trieb es auf die „Gipfel der Verzweiflung" („Pe culmile disperării")?

A Adolf Meschendörfer

B Thomas Mann

C Emil Cioran

D Friedrich Hölderlin

950 Welches Getränk ließ das Jüngste Gericht (E. Wittstock 1971) über Altbirk hereinbrechen?

A Birkentee

B Grüner Tee

C Schnaps

D Apfelsaft

951 Der Briefroman „Leonore" entfachte im Kronstadt 1920 einen Skandal. Wie heißt der Verfasser?

A Joachim Wittstock

B Johann Gorgias

C Ernest Wichner

D Adolf Meschendörfer

952 Welcher Dichter mit dem Werk „Himmelische Seele-Lust" aus den 17. Jahrhundert war etwa altersgleich wie Johann Gorgias und dessen Vorgänger im Amt des Rektors am Honterus-Gymnasium?

A Joseph Pulitzer Makó

B Franz Rheter

C Ignaz Semmelweis

D Claus Stephani

949	Welchen siebenbürgisch-rumänischen Philosophen trieb es auf die „Gipfel der Verzweiflung" („Pe culmile disperării")?

C Emil Cioran

950	Welches Getränk ließ das Jüngste Gericht (E. Wittstock 1971) über Altbirk hereinbrechen?

A Birkentee

951	Der Briefroman „Leonore" entfachte im Kronstadt 1920 einen Skandal. Wie heißt der Verfasser?

D Adolf Meschendörfer

952	Welcher Dichter mit dem Werk „Himmelische Seele-Lust" aus den 17. Jahrhundert war etwa altersgleich wie Johann Gorgias und dessen Vorgänger im Amt des Rektors am Honterus-Gymnasium?

B Franz Rheter

Fragen 953-956

953 Welcher Siebenbürger Sachse schrieb „Flausen und Flunkereien" im 20. Jahrhundert?

A Adolf Meschendörfer

B Heinrich Zillich

C Joseph Pulitzer Makó

D Franz Rheter

954 Wo in der sogenannten „Mărginimea Sibiului" wurde der berühmte rumänische Kulturphilosoph Emil Cioran 1911 geboren?

A Aiud/Straßburg am Mieresch/Nagyenyed

B Netuş/Neithausen/Netus

C Răşinari/Reschinar/Resinár

D Orăştie/Broos/Szászváros

955 Wer erdachte den „Wald der Gehenkten" („Pădurea spânzuraţilor", 1921)?

A Michael Tryanowski

B Frieder Schuller

C Liviu Rebreanu

D Hans Matthis Teutsch

956 Welches Tier muss in Eginald Schlattners 1998 in Wien veröffentlichtem Debüt-Roman dran glauben?

A Die (gehängte) Sau

B Der (geköpfte) Hahn

C Der (ertrunkene) Stier

D Der (erschossene) Bär

953	Welcher Siebenbürger Sachse schrieb „Flausen und Flunkereien" im 20. Jahrhundert?

B Heinrich Zillich

954	Wo in der sogenannten „Mărginimea Sibiului" wurde der berühmte rumänische Kulturphilosoph Emil Cioran 1911 geboren?

C Răşinari/Reschinar/Resinár

955	Wer erdachte den „Wald der Gehenkten" („Pădurea spânzuraţilor", 1921)?

C Liviu Rebreanu

956	Welches Tier muss in Eginald Schlattners 1998 in Wien veröffentlichtem Debüt-Roman dran glauben?

B Der (geköpfte) Hahn

Fragen 957-960

957 Wo lässt Erwin Wittstock in einem seiner Romane das Jüngste Gericht zusammentreten?

A Leschkirch

B Szeklerburg

C Altbirk

D Kleinkopisch

958 Wie überschrieb Karl Emil Franzos seine „Culturbilder aus Galizien, der Bukowina, Südrußland und Rumänien im 19. Jahrhundert"?

A Aus dem asiatischen Europa

B Aus Halb-Asien

C Östliche Kulturbilder

D Östliche Menschenbilder

959 Welche aus Siebenbürgen stammende Sängerin nahm 2004 für Rumänien an der Eurovision teil?

A Sanda Ladosi

B Alexandra Stan

C Inna

D Elena Gheorghe

960 Welcher Brite veröffentlichte 1865 seine Reisebeschreibungen über Siebenbürgen?

A Ernest Hemingway

B Herman Melville

C Charles Boner

D Mark Twain

957 Wo lässt Erwin Wittstock in einem seiner Romane das Jüngste Gericht zusammentreten?

C Altbirk

958 Wie überschrieb Karl Emil Franzos seine „Culturbilder aus Galizien, der Bukowina, Südrußland und Rumänien im 19. Jahrhundert"?

B Aus Halb-Asien

959 Welche aus Siebenbürgen stammende Sängerin nahm 2004 für Rumänien an der Eurovision teil?

A Sanda Ladosi

960 Welcher Brite veröffentlichte 1865 seine Reisebeschreibungen über Siebenbürgen?

C Charles Boner

Fragen 961-964

961 Obwohl eigentlich „Proletarierkind", hatte welcher Kronstädter Schriftsteller nach 1944 zunächst Schwierigkeiten, zu veröffentlichen, da er von einem Kronstädter Fabrikanten adoptiert worden war?

- A Georg Scherg
- B Ion Ţiriac
- C Hans Bergel
- D Andreas Brecht von Brechtenberg

962 Welcher rumänische Musiker wurde weltweit bekannt als Komponist, Geigenvirtuose, Dirigent und auch als langjähriger Geigenlehrer des berühmten Yehudi Menuhin?

- A Lambru Fărâmiță
- B Edward Maya
- C Peter Maffay
- D George Enescu

963 Welcher jüdische, aus Siget/Sighetul Marmaţiei/Máramarossziget stammende Schriftsteller erhielt 1986 den Friedensnobelpreis?

- A Moses Mendelssohn
- B Theodor Herzl
- C Elie Wiesel
- D Paul Ehrlich

964 In welcher Ortschaft im Banat wurde der Komponist Béla Bartók geboren?

- A Großsanktnikolaus/Sânnicolaul Mare/Nagyszentmiklós
- B Alba Iulia/Karlsburg/Gyulafehérvár
- C Neumarkt am Mieresch/Târgu Mureș/Marosvásárhely
- D Kronstadt/ Brasov/ Brassó

961	Obwohl eigentlich „Proletarierkind", hatte welcher Kronstädter Schriftsteller nach 1944 zunächst Schwierigkeiten, zu veröffentlichen, da er von einem Kronstädter Fabrikanten adoptiert worden war?

A Georg Scherg

962	Welcher rumänische Musiker wurde weltweit bekannt als Komponist, Geigenvirtuose, Dirigent und auch als langjähriger Geigenlehrer des berühmten Yehudi Menuhin?

D George Enescu

963	Welcher jüdische, aus Siget/Sighetul Marmaţiei/Máramarossziget stammende Schriftsteller erhielt 1986 den Friedensnobelpreis?

C Elie Wiesel

964	In welcher Ortschaft im Banat wurde der Komponist Béla Bartók geboren?

A Großsanktnikolaus/Sânnicolaul Mare/Nagyszentmiklós

965 Der in München wirkende Künstler Hollósy Simon (1857-1918) versammelte ab 1896 seine Schüler Sommers in Frauenbach/Baia Mare/Nagybánya. Welche Kunst übte er aus?

A Musik

B Theater

C Lyrik

D Malerei

966 Der Dichter der Hymne „Siebenbürgen, Land des Segens" war welcher in Siebenbürgen vorübergehend heimisch gewordene Preuße?

A Leopold Maximilian Moltke

B Herbert von Karajan

C Gustav Mahler

D Otto Klemperer

967 Welcher gebürtige Kronstädter genoss als Romancier des Barocks glänzenden Erfolg in Deutschland und wurde im Namen von Leopold I. zum „Poeta laureatus Caesaris" gekrönt?

A Theodor Fontane

B Victor Klemperer

C Rainer Maria Rilke

D Johann Gorgias

968 Welcher Siebenbürger schrieb den bekannten Roman „Der rote Handschuh"?

A Hans Bergel

B Eginald Schlattner

C Heinrich Zillich

D Georg Maurer

965 Der in München wirkende Künstler Hollósy Simon (1857-1918) versammelte ab 1896 seine Schüler Sommers in Frauenbach/Baia Mare/Nagybánya. Welche Kunst übte er aus?

D Malerei

966 Der Dichter der Hymne „Siebenbürgen, Land des Segens" war welcher in Siebenbürgen vorübergehend heimisch gewordene Preuße?

A Leopold Maximilian Moltke

967 Welcher gebürtige Kronstädter genoss als Romancier des Barocks glänzenden Erfolg in Deutschland und wurde im Namen von Leopold I. zum „Poeta laureatus Caesaris" gekrönt?

D Johann Gorgias

968 Welcher Siebenbürger schrieb den bekannten Roman „Der rote Handschuh"?

B Eginald Schlattner

Fragen 969-972

969 Was ist besonders an der Sprache des Werks „Ábel"? Es ist verfasst von Tamási Áron.

- A Im Dialekt der Siebenbürger Sachsen
- B Auf Rumänisch und Ungarisch
- C Im Dialekt des Szeklerlandes
- D Auf Deutsch und Ungarisch

970 Welchen Umfang hat das Werk „Ábel" von Tamási Áron?

- A Monographie
- B Trilogie
- C Fünf Bände
- D Zehn Bände

971 Was ist kein Titel eines Bandes über die Figur „Ábel" von Tamási Áron?

- A Ábel in Asien
- B Ábel in der Wildnis
- C Ábel reist durchs Land
- D Ábel in Amerika

972 Wann wird das „Bocete" in der rumänischen Volksmusik verwendet?

- A Weihnachtsfeier
- B Neujahrsfeier
- C Totenklage
- D Geburtstagsfeier

969	Was ist besonders an der Sprache des Werks „Ábel"? Es ist verfasst von Tamási Áron.

C Im Dialekt des Szeklerlandes

970	Welchen Umfang hat das Werk „Ábel" von Tamási Áron?

B Trilogie

971	Was ist kein Titel eines Bandes über die Figur „Ábel" von Tamási Áron?

A Ábel in Asien

972	Wann wird das „Bocete" in der rumänischen Volksmusik verwendet?

C Totenklage

Fragen 973-976

973 Dieses Lied stand am Beginn seiner Sammlung der Volksmusik:„Elindultam a hazámból..." (Verlassen hab' ich dich, Heimatland,/ teures kleines Ungarnland./ Auf halbem Weg schau ich zurück,/ Tränen trüben meinen Blick...)". Wer war der Sammler?

- A Béla Bartók
- B Zoltán Kodály
- C György Vukán
- D Károly Aggházy

974 Der aus Siebenbürgen stammende Rapper Markus Endörfer ist unter welchem Künstlernamen bekannt?

- A Bushido
- B Sido
- C Amar
- D Kool Savas

975 Wie viele Nummer 1 Alben in Deutschland hatte der aus Segesvár/Sighisoara/Schäßburg stammende Attila Wolf mit seiner Band?

- A 5
- B 0
- C 2
- D 4

976 Wie lautet der echte Name des Sängers Attila Wolf?

- A Karsten Brill
- B Andreas Meurer
- C Jan Vetter
- D Michael Breitkopf

973	Dieses Lied stand am Beginn seiner Sammlung der Volksmusik: „Elindultam a hazámból..." (Verlassen hab' ich dich, Heimatland,/ teures kleines Ungarnland./ Auf halbem Weg schau ich zurück,/ Tränen trüben meinen Blick...)". Wer war der Sammler?

A Béla Bartók

974	Der aus Siebenbürgen stammende Rapper Markus Endörfer ist unter welchem Künstlernamen bekannt?

C Amar

975	Wie viele Nummer 1 Alben in Deutschland hatte der aus Segesvár/Sighisoara/Schäßburg stammende Attila Wolf mit seiner Band?

C 2

976	Wie lautet der echte Name des Sängers Attila Wolf?

A Karsten Brill

Fragen 977-980

977 Wann findet das Peninsula Félsziget Festival jährlich statt?

A Februar/März

B Juli/August

C Mai/Juni

D September/Oktober

978 Wann findet das Artmania Festival jährlich statt?

A Juli

B Mai

C März

D September

979 In der Nähe welcher siebenbürgischen Ortschaft ist der ungarische Dichter Sándor Petöfi (1823-1849) auf dem Schlachtfeld gefallen?

A Sächsisch Regen/Szászrégen/Reghin

B Neumarkt am Mieresch/Târgu Mureş/Marosvásárhely

C Kronstadt/Braşov/Brassó

D Weißkirch bei Schäßburg/Albeşti/Fehéregyháza

980 In welchem Tal Siebenbürgens spielt Jules Vernes Roman „Das Karpathenschloss"?

A Im Boia-Mica-Tal

B Im Schiltal

C Im Kokeltal

D Im Harbachtal

977 Wann findet das Peninsula Félsziget Festival jährlich statt?

B Juli/August

978 Wann findet das Artmania Festival jährlich statt?

A Juli

979 In der Nähe welcher siebenbürgischen Ortschaft ist der ungarische Dichter Sándor Petőfi (1823-1849) auf dem Schlachtfeld gefallen?

D Weißkirch bei Schäßburg/Albeşti/Fehéregyháza

980 In welchem Tal Siebenbürgens spielt Jules Vernes Roman „Das Karpathenschloss"?

B Im Schiltal

Fragen 981-984

981 Welcher Autor des 17. Jahrhunderts versteckt sich hinter Pseudonymen wie Veriphantor, Poliandin oder Florindo?

- A Ernest Wichner
- B Herta Müller
- C Oskar Walter Pastior
- D Johann Gorgias

982 Von wem stammt das „Hecatombe sententiarum Ovidianarum" (1679), welches Verse Ovids in deutscher, ungarischer, rumänischer und griechischer Übertragung umfasst?

- A Adolf Meschendörfer
- B Johann Gorgias
- C Joachim Wittstock
- D Valentin Franck von Franckenstein

983 Was ist der vollständige Titel von Gerda Mieß-Herberts (1896-1954) Lyrikband „Ich pflücke..."?

- A Johannisbeeren
- B Blaubeeren
- C Himbeeren
- D Moltebeeren

984 Welches Versmaß verwendet Honterus in der Kronstädter Ausgabe (1542) seiner berühmten „Rudimenta Cosmographica"?

- A Pentameter
- B Hexameter
- C Octameter
- D Dimeter

981	Welcher Autor des 17. Jahrhunderts versteckt sich hinter Pseudonymen wie Veriphantor, Poliandin oder Florindo?

D Johann Gorgias

982	Von wem stammt das „Hecatombe sententiarum Ovidianarum" (1679), welches Verse Ovids in deutscher, ungarischer, rumänischer und griechischer Übertragung umfasst?

D Valentin Franck von Franckenstein

983	Was ist der vollständige Titel von Gerda Mieß-Herberts (1896-1954) Lyrikband „Ich pflücke..."?

A Johannisbeeren

984	Welches Versmaß verwendet Honterus in der Kronstädter Ausgabe (1542) seiner berühmten „Rudimenta Cosmographica"?

B Hexameter

Fragen 985-988

985 „Deiner Sprache, deiner Sitte,/ deinen Toten bleibe treu,/ steh in deines Volkes Mitte,/ was sein Schicksal immer sei." Wer verfasste diese vielzitierten Verse im 20. Jahrhundert?

A Michael Albert

B Franz Rheter

C Oskar Pastior

D Franz Kafka

986 Siebenbürgischer Doppelmoppler im Bereich der Literatur: Seine Gedichtgedichte sind nicht jedermanns Lektüre. Wer ist gemeint?

A Oskar Pastior

B Michael Albert

C Emil Cioran

D Johann Gorgias

987 Wie heißt der Regisseur des Films „Der Glockenkäufer"?

A Liviu Rebreanu

B Hans Matthis Teutsch

C Frieder Schuller

D Alfred Hitchcock

988 Wie hieß der sagenhafte siebenbürgische Spielmann des 13. Jahrhunderts, von dem jedoch keine Zeile überliefert ist?

A Klingsor von Ungerland

B Michael Tryanowski

C Oswald von Wolkenstein

D Záviš von Zap

985	„Deiner Sprache, deiner Sitte,/ deinen Toten bleibe treu,/ steh in deines Volkes Mitte,/ was sein Schicksal immer sei." Wer verfasste diese vielzitierten Verse im 20. Jahrhundert?

A Michael Albert

986	Siebenbürgischer Doppelmoppler im Bereich der Literatur: Seine Gedichtgedichte sind nicht jedermanns Lektüre. Wer ist gemeint?

A Oskar Pastior

987	Wie heißt der Regisseur des Films „Der Glockenkäufer"?

C Frieder Schuller

988	Wie hieß der sagenhafte siebenbürgische Spielmann des 13. Jahrhunderts, von dem jedoch keine Zeile überliefert ist?

A Klingsor von Ungerland

Fragen 989-992

989 Wie hieß der Kronstädter Maler, der als erster Vertreter des Expressionismus in Siebenbürgen gilt?

- A Theodor Glatz
- B Arthur Coulin
- C Fritz Kimm
- D Hans Mattis-Teutsch

990 Wer veröffentlichte 1865 „Transylvania, its products and its people"?

- A Herman Melville
- B Ernest Hemingway
- C Mark Twain
- D Charles Boner

991 Welcher siebenbürgisch-sächsische Autor rüttelte, 1847 mit dem Gedichtbändchen „Politische Kreuzzüge im Sachsenlande" zur Modernisierung auf und starb als Frontberichterstatter 1849 bei Pressburg an Cholera?

- A Alfred Eisenstaedt
- B Max Barthel
- C Joseph Marlin
- D Walter Henkels

992 Lange vor Gregor von Rezzori kam welcher berühmte schlesische Dichter des Barocks mit seinem Gedicht „Zlatna oder die Ruhe des Gemüts" auf ein u.a. in Siebenbürgen bekanntes Lebensgefühl zu sprechen?

- A Martin Opitz
- B Rainer Maria Rilke
- C Victor Klemperer
- D Theodor Fontane

989	Wie hieß der Kronstädter Maler, der als erster Vertreter des Expressionismus in Siebenbürgen gilt?

D Hans Mattis-Teutsch

990	Wer veröffentlichte 1865 „Transylvania, its products and its people"?

D Charles Boner

991	Welcher siebenbürgisch-sächsische Autor rüttelte, 1847 mit dem Gedichtbändchen „Politische Kreuzzüge im Sachsenlande" zur Modernisierung auf und starb als Frontberichterstatter 1849 bei Pressburg an Cholera?

C Joseph Marlin

992	Lange vor Gregor von Rezzori kam welcher berühmte schlesische Dichter des Barocks mit seinem Gedicht „Zlatna oder die Ruhe des Gemüts" auf ein u.a. in Siebenbürgen bekanntes Lebensgefühl zu sprechen?

A Martin Opitz

Fragen 993-996

993 Womit verglich im Jahr 1935 der Schriftsteller László Németh die Lage der ungarischen Minderheit in Rumänien?

A Judenverfolgung in Deutschland

B Indianer in Amerika

C Babylonische Gefangenschaft der Juden

D Demokraten in der Sowjetunion

994 Wie bezeichnete László Németh im Jahr 1935 das Szeklerland?

A Das gottverlassenste Gebiet in Europa

B Das schönste Gebiet in Europa

C Die Perle Europas

D Das Armenhaus Europas

995 Wo wurde der Schriftsteller Tamási Áron geboren?

A Cluj-Napoca/Klausenburg/Kolozsvár

B Sächsisch-Regen/Reghin/Szászrégen

C Târgu Mureș/Neumarkt am Mieresch/Marosvásárhely

D Lupeni/Wolfsdorf/Farkaslaka

996 Was ist der Titel des ersten Bandes der Trilogie „Ábel" von Tamási Áron?

A Ábel reist durchs Land

B Ábel in der Wildnis

C Ábel in Amerika

D Ábel in der Wüste

993	Womit verglich im Jahr 1935 der Schriftsteller László Németh die Lage der ungarischen Minderheit in Rumänien?

C Babylonische Gefangenschaft der Juden

994	Wie bezeichnete László Németh im Jahr 1935 das Szeklerland?

A Das gottverlassenste Gebiet in Europa

995	Wo wurde der Schriftsteller Tamási Áron geboren?

D Lupeni/Wolfsdorf/Farkaslaka

996	Was ist der Titel des ersten Bandes der Trilogie „Ábel" von Tamási Áron?

B Ábel in der Wildnis

Fragen 997-1000

997 Was ist der Titel des zweiten Bandes der Trilogie „Ábel" von Tamási Áron?

A Ábel in Amerika

B Ábel reist durchs Land

C Ábel in der Wüste

D Ábel in der Wildnis

998 Was ist der Titel des dritten Bandes der Trilogie „Ábel" von Tamási Áron?

A Ábel in der Wildnis

B Ábel reist durchs Land

C Ábel in Amerika

D Ábel in der Wüste

999 Was ist das „Bocete" in der rumänischen Volksmusik?

A Klage im Marschrhythmus

B Klage mit 4er Takt

C Klage mit freiem Rhythmus

D Klage im Samba-Rhythmus

1000 Woher stammt der Rapper Amar?

A Cluj-Napoca/Kolozsvár/Klausenburg

B Mediaș/Medgyes/Mediasch

C Bistritz/Bistrița/Beszterce

D Kronstadt/Brassó/Brașov

997 Was ist der Titel des zweiten Bandes der Trilogie „Ábel" von Tamási Áron?

B Ábel reist durchs Land

998 Was ist der Titel des dritten Bandes der Trilogie „Ábel" von Tamási Áron?

C Ábel in Amerika

999 Was ist das „Bocete" in der rumänischen Volksmusik?

C Klage mit freiem Rhythmus

1000 Woher stammt der Rapper Amar?

B Mediaş/Medgyes/Mediasch

Fragen 1001-1003

1001 Wie lautet das Pseudonym des siebenbürgischen Schriftstellers Hans Bergel?

A Willi Starnberg

B Karl Krone

C Curd Bregenz

D Richard Konstanz

1002 Wann fand das Peninsula Félsziget Festival zum ersten Mal statt?

A 1989

B 2003

C 1995

D 1954

1003 Wann fand das Artmania Festival zum ersten Mal statt?

A 2006

B 1990

C 1965

D 2022

1001 Wie lautet das Pseudonym des siebenbürgischen Schriftstellers Hans Bergel?

C Curd Bregenz

1002 Wann fand das Peninsula Félsziget Festival zum ersten Mal statt?

B 2003

1003 Wann fand das Artmania Festival zum ersten Mal statt?

A 2006

ESSEN UND TRINKEN

Essen und Trinken sind grundlegende menschliche Bedürfnisse, die nicht nur den Körper ernähren, sondern auch ein bedeutender Bestandteil der Kultur und des sozialen Lebens sind. Die kulinarische Tradition Siebenbürgens spiegelt eine faszinierende Mischung aus ungarischen, siebenbürgisch-sächsischen und rumänischen Einflüssen wider. Dabei ist sie ein wahrer Genuss für Gaumen und Seele.

Ob in einem örtlichen Gasthaus oder am heimischen Küchentisch, die Vielfalt der siebenbürgischen Küche ist reichhaltig und bietet eine breite Palette an köstlichen Gerichten. Von traditionellen ungarischen Gulaschvarianten bis hin zu siebenbürgisch-sächsischen Delikatessen wie Salam de Sibiu oder Mici sowie rumänischen Spezialitäten wie Sakuska und Dobostorte – diese kulinarischen Köstlichkeiten lassen die Vielfalt Siebenbürgens auf einem Teller verschmelzen.

Besonders beliebt sind auch Gerichte wie das hausgemachte Weißbrot, der verlockende Baumstriezel oder auf Ungarisch Kürtőskalács genannt, sowie das köstliche Båflīsch - eine süße Leckerei, die bis heute Genießer begeistert.

Siebenbürgische Küche ist nicht nur ein Fest für den Geschmackssinn, sondern auch ein wichtiger Teil der kulturellen Identität. Einige dieser traditionellen Speisen haben sogar über die Grenzen Siebenbürgens hinaus Bekanntheit erlangt und erfreuen sich weltweit großer Beliebtheit. So zeigte beispielsweise die Kochsendung Das Perfekte Dinner im Jahr 2015 die Vielseitigkeit und den Geschmack dieser kulinarischen Spezialitäten. Sibille Bielz gewann die Sendung mit einer herausragenden siebenbürgisch-sächsischen Hauptspeise, die die kulinarische Vielfalt der Region eindrucksvoll repräsentierte.

Baumstriezel/Kürtőskalács ist ein Hefeteig, der meist über einer offenen Feuerstelle gebacken wird.

Baumstriezel/Kürtőskalács wird auch Baumkuchen genannt, was zu Verwechslungen führen kann, da auch ein anderes Gebäck als Baumkuchen bezeichnet wird. Die Grundzutaten des Baumstriezel/Kürtőskalács sind Mehl, Hefe, Zucker, Eier, Milch, Butter und Salz. Nach dem Backen wird auf die noch klebrige Karamellschicht zusätzliche Zutaten wie Nüsse, Zimt oder Mohn aufgetragen.

Baumstriezel/Kürtőskalács ist in vielen Ländern erhältlich und erfreut die Menschen überall dort, wo er gegessen wird.

Fragen 1004-1007

1004 Welches ist das typische Hochzeitsgebäck bei den Siebenbürger Sachsen auf dem Lande?

A Hanklich

B Schwarzwälder Kirschtorte

C Marmorkuchen

D Esterhazy-Torte

1005 Welche balkanische Spezialität mit rumänischem Namen ist klein, fein und schmeckt mit Senf noch besser?

A Tocană

B Sarmale

C Ciorbă

D Mici

1006 Was bezeichnet auf Rumänisch eingemachtem Brotaufstrich aus vielerlei Gemüse?

A Ghiveci

B Ciorbă de perişoare

C Sakuska

D Sarmale

1007 Was bezeichnet ein süßes, innen hohles Hefegebäck in Spiralform?

A Baumstriezel/Kürtős Kalács

B Klausenburger Kraut/Kolozsvári káposzta

C Grenadiermarsch/Gránátos Kocka

D Pogatschen/Pogácsa

Lösungen 1004-1007

1004	Welches ist das typische Hochzeitsgebäck bei den Siebenbürger Sachsen auf dem Lande?

A Hanklich

1005	Welche balkanische Spezialität mit rumänischem Namen ist klein, fein und schmeckt mit Senf noch besser?

D Mici

1006	Was bezeichnet auf Rumänisch eingemachtem Brotaufstrich aus vielerlei Gemüse?

C Sakuska

1007	Was bezeichnet ein süßes, innen hohles Hefegebäck in Spiralform?

A Baumstriezel/Kürtős Kalács

Fragen 1008-1011

1008 Was hängt in dem eigens dafür gedachten Turm und bewirkt beim Verzehr eine beträchtliche Erhöhung des Cholesterinspiegels?

- A Baumstriezel oder Kaminkuchen
- B Grenadiermarsch
- C Klausenburger Kraut oder Kolozsvari Kaposzta
- D Der Speck oder sächsisch Båflīsch

1009 Wie heißt die wohl bekannteste handelsübliche siebenbürgische Hartwurst?

- A Salam de Sibiu
- B Sakuska
- C Sarmale
- D Ciorbă de perişoare

1010 Welche Bevölkerungsgruppe in Rumänien ist für ihr Gulasch bekannt?

- A Slowaken
- B Rumänen
- C Siebenbürger Sachsen
- D Ungarn

1011 Woraus besteht die auch in Siebenbürgen gern gegessene salată de vinete?

- A Tomate
- B Aubergine
- C Paprika
- D Obst

Lösungen 1008-1011

1008	Was hängt in dem eigens dafür gedachten Turm und bewirkt beim Verzehr eine beträchtliche Erhöhung des Cholesterinspiegels?

D Der Speck oder sächsisch Båflīsch

1009	Wie heißt die wohl bekannteste handelsübliche siebenbürgische Hartwurst?

A Salam de Sibiu

1010	Welche Bevölkerungsgruppe in Rumänien ist für ihr Gulasch bekannt?

D Ungarn

1011	Woraus besteht die auch in Siebenbürgen gern gegessene salată de vinete?

B Aubergine

Fragen 1012-1015

1012 Welche ethnische Gruppe in Siebenbürgen ist für Lángos bekannt?

A Deutsche

B Rumäner

C Ungarn

D Ukrainer

1013 Wie heißt ein rumänischer Eintopf mit Fleisch, Zwiebeln und Gemüse (meistens auch Kartoffeln)?

A Ciorbă

B Tocană

C Sarmale

D Mititei

1014 Was bezeichnet auf Rumänisch ein Gemüseallerlei?

A Ghiveci

B Ciorbă

C Mici

D Tocană

1015 Was bezeichnet auf Rumänisch Saure Suppe mit Fleischbällchen?

A Ghiveci

B Tocană

C Ciorbă de perişoare

D Sakuska

1012 Welche ethnische Gruppe in Siebenbürgen ist für Lángos bekannt?

C Ungarn

1013 Wie heißt ein rumänischer Eintopf mit Fleisch, Zwiebeln und Gemüse (meistens auch Kartoffeln)?

B Tocană

1014 Was bezeichnet auf Rumänisch ein Gemüseallerlei?

A Ghiveci

1015 Was bezeichnet auf Rumänisch Saure Suppe mit Fleischbällchen?

C Ciorbă de perişoare

1016 Man kann die mămăligă (Maisbrei) kochen, solange man will. Eines tut sie aber nach einem rumänischen Sprichwort nicht:

A Explodieren

B Weglaufen

C Zuwinken

D Verspotten

1017 Um welches Produkt handelt es sich bei dem in Klausenburg hergestellten „Ursus" (Stand 2002)?

A Kräuterschnaps

B Wein

C Bier

D Schokoladenriegel

1018 Welche Zutat unterscheidet „gulyás" (Gulasch) und „székelygulyás" (Szekler Gulasch)?

A Met

B Honig

C Sauerkraut

D Kolbasz

1019 Was ist die in auch in Siebenbürgen gern konsumierte Sakuska?

A Ein Brotaufstrich

B Ein Schnaps

C Eine Torte

D Eine Suppe

Lösungen 1016-1019

1016 Man kann die mămăligă (Maisbrei) kochen, solange man will. Eines tut sie aber nach einem rumänischen Sprichwort nicht:

A Explodieren

1017 Um welches Produkt handelt es sich bei dem in Klausenburg hergestellten „Ursus" (Stand 2002)?

C Bier

1018 Welche Zutat unterscheidet „gulyás" (Gulasch) und „székelygulyás" (Szekler Gulasch)?

C Sauerkraut

1019 Was ist die in auch in Siebenbürgen gern konsumierte Sakuska?

A Ein Brotaufstrich

Fragen 1020-1023

1020 Woraus besteht die auch in Siebenbürgen gern gegessene Sakuska?

A Ananas, Äpfel und Trauben

B Paprika, Auberginen und Tomaten

C Auberginen, Gurken und Tomaten

D Trauben, Paprika und Tomaten

1021 Welche Volksgruppe in Siebenbürgen ist für ihre Dobostorte bekannt?

A Ungarn

B Rumänen

C Deutsche

D Ukrainer

1022 Was ist die auch in Siebenbürgen gegessene ciorbă de burtă?

A Krautwickel

B Ein Schnaps aus Pflaumen

C Ein Maisbrei

D Eine Suppe aus Kutteln

1023 Wann wird der Cozonac gerne in Siebenbürgen gegessen?

A Während der ganzen Woche

B An Feiertagen

C Nur am Namenstag

D Nur am rumänischen Unabhängigkeitstag

1020 Woraus besteht die auch in Siebenbürgen gern gegessene Sakuska?

B Paprika, Auberginen und Tomaten

1021 Welche Volksgruppe in Siebenbürgen ist für ihre Dobostorte bekannt?

A Ungarn

1022 Was ist die auch in Siebenbürgen gegessene ciorbă de burtă?

D Eine Suppe aus Kutteln

1023 Wann wird der Cozonac gerne in Siebenbürgen gegessen?

B An Feiertagen

Fragen 1024-1027

1024 Von welcher ethnischen Gruppe wird der Cozonac in Siebenbürgen besonders gerne gegessen?

A Ungarn

B Roma

C Siebenbürger Sachsen

D Rumänen

1025 Was ist das in Siebenbürgen gegessene Cozonac?

A Sommersalat

B Gepökeltes Fleisch

C Saure Suppe

D Süßes Hefegebäck

1026 Was ist ein Grammelpogatscherl?

A Gebäck

B Suppe

C Fleischpastete

D Bratwurst

1027 Wann wird die colivă gegessen?

A Katholisches Weihnachten

B Orthodoxes Ostern

C Evangelisches Ostern

D Neujahr

1024 Von welcher ethnischen Gruppe wird der Cozonac in Siebenbürgen besonders gerne gegessen?

D Rumänen

1025 Was ist das in Siebenbürgen gegessene Cozonac?

D Süßes Hefegebäck

1026 Was ist ein Grammelpogatscherl?

A Gebäck

1027 Wann wird die colivă gegessen?

B Orthodoxes Ostern

Fragen 1028-1031

1028 Welche ethnische Gruppe in Siebenbürgen ist für colivă bekannt?

A Ungarn

B Rumänen

C Deutsche

D Roma

1029 Was zeichnet die Dobostorte aus?

A Harte Karamell-Decke

B 5 Schichten aus salzigem Karamell

C Marillenmarmelade

D Gitterartige Decke

1030 Was wird gerne zu Weihnachten in Siebenbürgen gegessen?

A Dobostorte

B Gulasch

C Ciorbă de burtă/Kuttelsuppe

D Sarmale/Krautwickel

1031 Welche ethnische Gruppe in Siebenbürgen ist für Grammelpogatscherl bekannt?

A Deutsche

B Ungarn

C Rumänen

D Ukrainer

Lösungen 1028-1031

1028	Welche ethnische Gruppe in Siebenbürgen ist für colivă bekannt?

B Rumänen

1029	Was zeichnet die Dobostorte aus?

A Harte Karamell-Decke

1030	Was wird gerne zu Weihnachten in Siebenbürgen gegessen?

D Sarmale/Krautwickel

1031	Welche ethnische Gruppe in Siebenbürgen ist für Grammelpogatscherl bekannt?

B Ungarn

Fragen 1032-1035

1032 Was ist Brânză de burduf?

A Eine Suppe

B Ein Kuchen

C Eine Bratwurst

D Ein Käse

1033 Seit wann werden in der Walachei Kartoffeln angebaut?

A Seit Mitte des 18. Jahrhunderts

B Seit Ende des 18. Jahrhunderts

C Seit Mitte des 19. Jahrhunderts

D Seit Beginn des 19. Jahrhunderts

1034 Wie heißt die historische Weinsorte der Bistritzer Gegend?

A Steininger

B Mädchentraube

C Bärentraube

D Holzinger

1035 Wie heißt eine türkische Süßspeise aus Obstgelee?

A Çiğköfte

B Rahat

C Moussaka

D Börek

1032 Was ist Brânză de burduf?

D Ein Käse

1033 Seit wann werden in der Walachei Kartoffeln angebaut?

D Seit Beginn des 19. Jahrhunderts

1034 Wie heißt die historische Weinsorte der Bistritzer Gegend?

A Steininger

1035 Wie heißt eine türkische Süßspeise aus Obstgelee?

B Rahat

Fragen 1036-1039

1036 Welches der folgenden Nahrungsmittel konnte man auch in der schlimmsten Zeit der 1980er Jahre in Rumänien ohne Rationierung/Zuteilung kaufen?

A Kartoffeln

B Kaffee

C Zucker

D Orangen

1037 Wie nennt man die Gegend um Mediasch wegen des vor allem früher hier produzierten Genussmittels?

A Weinland

B Bierland

C Lakritze-Land

D Schokoladen-Land

1038 Warum wurde die Dobostorte mit ihrer harten Karamell-Decke erfunden?

A Als Spezialität der ungarischen Küche

B Transportierbarkeit

C Haltbarkeit ohne Kühlung

D Geburtstagsgeschenk an die ungarische Königin

1039 Woher stammt die Milch für Brânză de burduf?

A Vom Schaf

B Von der Kuh

C Von der Ziege

D Vom Esel

1036	Welches der folgenden Nahrungsmittel konnte man auch in der schlimmsten Zeit der 1980er Jahre in Rumänien ohne Rationierung/Zuteilung kaufen?

A Kartoffeln

1037	Wie nennt man die Gegend um Mediasch wegen des vor allem früher hier produzierten Genussmittels?

A Weinland

1038	Warum wurde die Dobostorte mit ihrer harten Karamell-Decke erfunden?

C Haltbarkeit ohne Kühlung

1039	Woher stammt die Milch für Brânză de burduf?

A Vom Schaf

1040 Mit welcher siebenbürgisch-sächsischen Hauptspeise gewann Sibille Bielz bei der Kochsendung „Das Perfekte Dinner" im Jahr 2015?

A Grenadiermarsch

B Baumstriezel

C Klausenburger Kraut

D Gefülltes Kraut und Gefüllte Paprika

1041 Der Wein aus welcher siebenbürgischen Region wird im Roman Dracula an prominenter Stelle gelobt?

A Kronstadt/Brassó/Braşov

B Bistritz/Bistrita/Beszterce

C Cluj-Napoca/Kolozsvár/Klausenburg

D Mediaş/Medgyes/Mediasch

1040	Mit welcher siebenbürgisch-sächsischen Hauptspeise gewann Sibille Bielz bei der Kochsendung „Das Perfekte Dinner" im Jahr 2015?

D Gefülltes Kraut und Gefüllte Paprika

1041	Der Wein aus welcher siebenbürgischen Region wird im Roman Dracula an prominenter Stelle gelobt?

D Mediaş/Medgyes/Mediasch

RELIGION UND SAKRALBAUTEN

Religion manifestiert sich in Siebenbürgen auf vielfältige Weise. Die Region beherbergt eine Vielzahl unterschiedlicher Sakralbauten, die von den jeweiligen Bevölkerungsgruppen errichtet wurden. Doch die Bedeutung der Religion zeigt sich nicht nur in den eindrucksvollen Bauwerken, sondern auch in den Menschen, die hier ihre Feste feiern, Trauerrituale begehen oder sich einfach treffen, um Gemeinschaft zu erleben und zu pflegen.

Die Vielfalt der religiösen Feste und Bräuche in Siebenbürgen ist faszinierend und weckt das Interesse am Glauben und den dahinterstehenden Menschen. In dieser Region leben evangelische Siebenbürger Sachsen, katholische Ungarn und orthodoxe Rumänen, die jeweils ihre eigene Glaubenspraxis pflegen.

Es war jedoch nicht immer einfach, den Glauben frei auszuüben. Während der Zeit unter der kommunistischen Herrschaft bis 1989 war die Religionsausübung schwierig. Gläubige Menschen wurden verfolgt und unterdrückt, wenn sie ihren Glauben praktizierten.

Nach dem Ende des kommunistischen Regimes erholten sich die religiösen Institutionen und ihre Anhänger schnell. Die Zeit danach ermöglichte eine Wiederbelebung und Erneuerung der religiösen Praxis in Siebenbürgen. Religion spielt weiterhin eine bedeutende Rolle im Leben der Menschen und prägt die Kultur und Traditionen der Region maßgeblich.

Siebenbürgen ist berühmt für seine Kirchenburgen, die nicht nur als markante architektonische Meisterwerke gelten, sondern auch ein wichtiges Kulturerbe der Region darstellen. Diese Kirchenburgen sind sogar Teil des UNESCO-Weltkulturerbes.

Die Präsenz dieser Kirchenburgen spiegelt die historische Bedeutung der Kirche und Religion in Siebenbürgen wider. In einer Zeit, in der einfallende Horden und Bedrohungen eine ständige Herausforderung darstellten, begannen die Menschen, ihre prachtvollen Kirchen mit massiven Mauern und Befestigungsanlagen zu schützen.

Die Kirchenburgen waren nicht nur Orte des Gebets und der spirituellen Gemeinschaft, sondern auch uneinnehmbare Festungen, die die Gemeinden vor Angriffen und Eindringlingen verteidigten. Sie waren ein Symbol des Glaubens und zugleich Schutzwall gegen äußere Bedrohungen. Diese beeindruckenden Festungen der Frömmigkeit sind ein Zeugnis für die Standhaftigkeit und den Glauben der Menschen in Siebenbürgen während einer Zeit intensiver Unsicherheit und Gefahr.

Fragen 1042-1045

1042 Die Redewendung: „Red nicht so viel, du machst mich noch ganz katholisch!" spielt auf welche Gemeinschaft an, die in Siebenbürgen missionarierte und 1773 aufgelöst wurde?

- A Die Konquistadoren
- B Der Deutsche Orden
- C Die Jesuiten
- D Die Augustiner

1043 Welche Konfession haben die meisten Siebenbürger Sachsen?

- A Protestantisch
- B Römisch-Katholisch
- C Griechisch-Katholisch
- D Russisch-Orthodox

1044 Welche Konfession ist besonders bei den Rumänen vertreten?

- A Protestantisch
- B Römisch-Katholisch
- C Griechisch-Katholisch
- D Rumänisch-Orthodox

1045 Wie viele Kirchenburgen gibt es ungefähr in Siebenbürgen? (Stand 2022)

- A 300
- B 150
- C 70
- D 220

1042	Die Redewendung: „Red nicht so viel, du machst mich noch ganz katholisch!" spielt auf welche Gemeinschaft an, die in Siebenbürgen missionarierte und 1773 aufgelöst wurde?

C Die Jesuiten

1043	Welche Konfession haben die meisten Siebenbürger Sachsen?

A Protestantisch

1044	Welche Konfession ist besonders bei den Rumänen vertreten?

D Rumänisch-Orthodox

1045	Wie viele Kirchenburgen gibt es ungefähr in Siebenbürgen? (Stand 2022)

B 150

1046 Wie viele Dörfer mit Kirchenburgen in Siebenbürgen gehören zum UNESCO-Weltkulturerbe? (Stand 2022)

A 13

B 7

C 17

D 23

1047 Das Wappen von welcher Person dekorieren den Westeingang der Klausenburger Michaelskirche?

A Karl V.

B Matthias Corvinus

C Sigismund von Luxemburg

D Stephan I. von Ungarn

1048 An wie viele Länder grenzt Rumänien, in denen die Orthodoxie nicht die am weitesten verbreitete Konfession ist?

A Drei

B Zwei

C Eines

D Vier

1049 Welche siebenbürgische Stadt ist heute Bischofssitz der Evangelischen Landeskirche A.B. in Rumänien?

A Birthälm/Biertan/Berethalom

B Sibiu/Hermannstadt/Nagyszeben

C Brașov/Kronstadt/Brassó

D Cluj/Klausenburg/Kolozsvár

1046 Wie viele Dörfer mit Kirchenburgen in Siebenbürgen gehören zum UNESCO-Weltkulturerbe? (Stand 2022)

B 7

1047 Das Wappen von welcher Person dekorieren den Westeingang der Klausenburger Michaelskirche?

C Sigismund von Luxemburg

1048 An wie viele Länder grenzt Rumänien, in denen die Orthodoxie nicht die am weitesten verbreitete Konfession ist?

C Eines

1049 Welche siebenbürgische Stadt ist heute Bischofssitz der Evangelischen Landeskirche A.B. in Rumänien?

B Sibiu/Hermannstadt/Nagyszeben

Fragen 1050-1053

1050 Wo ist der Sitz der griechisch-katholischen Metropolie Siebenbürgens?

- A Birthälm/Biertan/Berethalom
- B Aiud/Straßburg am Mieresch/Nagyenyed
- C Blaj/Blasendorf/Balázsfalva
- D Orăștie/Broos/Szászváros

1051 In der frühen Neuzeit waren in Siebenbürgen nicht alle Konfessionen anerkannt. Eine war nur toleriert. Welche?

- A Der Islam
- B Die Orthodoxie
- C Das Judentum
- D Römisch-Katholische

1052 Ab wann wurden die ersten Protestanten aus Innerösterreich nach Siebenbürgen zwangsumgesiedelt (sogenannte Transmigration)?

- A 1734
- B 1834
- C 1534
- D 1434

1053 Mit welchem Ereignis ist die Namengebung „Schwarze Kirche" für die Kronstädter Stadtpfarrkirche in Verbindung zu bringen?

- A Pfarrer Joachim Schwarz, dem Gründer
- B Der schwarzen Farbe der Kirche
- C Einem Brand
- D Der Nutzung als Hospital während der Pest

1050	Wo ist der Sitz der griechisch-katholischen Metropolie Siebenbürgens?

C Blaj/Blasendorf/Balázsfalva

1051	In der frühen Neuzeit waren in Siebenbürgen nicht alle Konfessionen anerkannt. Eine war nur toleriert. Welche?

B Die Orthodoxie

1052	Ab wann wurden die ersten Protestanten aus Innerösterreich nach Siebenbürgen zwangsumgesiedelt (sogenannte Transmigration)?

A 1734

1053	Mit welchem Ereignis ist die Namengebung „Schwarze Kirche" für die Kronstädter Stadtpfarrkirche in Verbindung zu bringen?

C Einem Brand

1054 Zu welchem Anlass wurde die orthodoxe Kathedrale in Alba Iulia/Weißenburg/Gyulafehérvár errichtet?

A Krönung des rumänischen Königs Ferdinand I.

B Rumänische Revolution (1989)

C Ende 1. Weltkrieg (1918)

D Ende 2. Weltkrieg (1945)

1055 Wie heißt der katholische Wallfahrtsort im Szeklerland, an welchem zu Pfingsten die Gläubigen zum Erlangen des Ablasses u.a. die aufgehende Sonne anbeten und unter dem Altar durchkriechen?

A Szent István-bazilika

B Mátyás-templom

C Basilika von Máriapócs

D Csíksomlyó/Şumuleu Ciuc/Schommlenberg

1056 Seit 1864 verfügt die orthodoxe Kirche Siebenbürgens über eine eigene Metropolie. Wo hat sie ihren Sitz?

A Elisabethstadt

B Klausenburg

C Hermannstadt

D Großscheuern

1057 Wie versuchte man der Überlieferung nach in Birthälm/Biertan/Berethalom scheidungswillige sächsische Ehepaare zur Raison zu bringen?

A Mittels gemeinsamer Inhaftierung (Ehe-Gefängnis)

B Mittels Mediation (Streitschlichtung)

C Mittels Exorzismus (Teufelsaustreibung)

D Mittels gemeinsamer Feier (Gaudi)

Lösungen 1054-1057

1054	Zu welchem Anlass wurde die orthodoxe Kathedrale in Alba Iulia/Weißenburg/Gyulafehérvár errichtet?

A Krönung des rumänischen Königs Ferdinand I.

1055	Wie heißt der katholische Wallfahrtsort im Szeklerland, an welchem zu Pfingsten die Gläubigen zum Erlangen des Ablasses u.a. die aufgehende Sonne anbeten und unter dem Altar durchkriechen?

D Csíksomlyó/Şumuleu Ciuc/Schommlenberg

1056	Seit 1864 verfügt die orthodoxe Kirche Siebenbürgens über eine eigene Metropolie. Wo hat sie ihren Sitz?

C Hermannstadt

1057	Wie versuchte man der Überlieferung nach in Birthälm/Biertan/Berethalom scheidungswillige sächsische Ehepaare zur Raison zu bringen?

A Mittels gemeinsamer Inhaftierung (Ehe-Gefängnis)

Fragen 1058-1061

1058 Welche Stadt wird als kulturelles und religiöses Zentrum der griechisch-katholischen Kirche auch „Kleines Rom" genannt?

A Orăştie/Broos/Szászváros

B Birthälm/Biertan/Berethalom

C Aiud/Straßburg am Mieresch/Nagyenyed

D Blaj/Blasendorf/Balázsfalva

1059 Wer war lange katholischer Bischof von Siebenbürgen, der unter Ceauşescu für die Aufrechterhaltung der katholischen Kirche kämpfte?

A Márton Áron

B Siegmund Thurzó

C István Kada

D Adolf Vorbuchner

1060 Welches ist die höchste Würde in der Hierarchie der orthodoxen Kirche?

A Es gibt keine Hierarchie

B Archidiakon

C Metropolit

D Patriarch

1061 Dürfen orthodoxe Priester verheiratet sein?

A Ja, immer

B Ja, vor der Priesterweihe

C Ja, nach der Priesterweihe

D Nein

1058	Welche Stadt wird als kulturelles und religiöses Zentrum der griechisch-katholischen Kirche auch „Kleines Rom" genannt?

D Blaj/Blasendorf/Balázsfalva

1059	Wer war lange katholischer Bischof von Siebenbürgen, der unter Ceauşescu für die Aufrechterhaltung der katholischen Kirche kämpfte?

A Márton Áron

1060	Welches ist die höchste Würde in der Hierarchie der orthodoxen Kirche?

D Patriarch

1061	Dürfen orthodoxe Priester verheiratet sein?

B Ja, vor der Priesterweihe

1062 Was bedeutet der Begriff „orthodox"?

A Heilig

B Sanftmütig

C Rechtgläubig

D Lebendig

1063 Welches ist aus katholischer Sicht der Landesheilige Siebenbürgens?

A Der Heilige Florian

B Der Heilige Ladislaus

C Die Heilige Verena

D Der Heilige Michael

1064 Auf welchen aus Siebenbürgen stammenden Feldherren und Türkenkämpfer geht das Mittagsgeläute der Kirchen zurück?

A Ludwig I., der Große

B Stephan I., der Heilige

C Andreas I.

D Johannes Hunyadi

1065 Zu welchem Reformator hatte Johannes Honterus keinen Kontakt?

A Jan Hus

B Martin Luther

C Heinrich Bullinger

D Huldrych Zwingli

1062 Was bedeutet der Begriff „orthodox”?

C Rechtgläubig

1063 Welches ist aus katholischer Sicht der Landesheilige Siebenbürgens?

B Der Heilige Ladislaus

1064 Auf welchen aus Siebenbürgen stammenden Feldherren und Türkenkämpfer geht das Mittagsgeläute der Kirchen zurück?

D Johannes Hunyadi

1065 Zu welchem Reformator hatte Johannes Honterus keinen Kontakt?

A Jan Hus

Fragen 1066-1069

1066 Wodurch zeichnet sich die Margarethenkirche aus?

A Krönungskirche

B Pinke Farbe

C Schiefer Turm

D Bischofssitz

1067 Wer errichtete die Kirchenburg Tartlau?

A Österreichischer Kaiser

B Rumänischer König

C Deutscher Orden

D Die Szekler

1068 Wer erbaute die Kirchenburg Dersch?

A Rumänischer König

B Deutscher Orden

C Die Szekler

D Österreichischer Kaiser

1069 Der wievielte Patriarch der rumänisch-orthodoxen Kirche war der Siebenbürger Miron Cristea?

A 1

B 2

C 3

D 4

1066 Wodurch zeichnet sich die Margarethenkirche aus?

C Schiefer Turm

1067 Wer errichtete die Kirchenburg Tartlau?

C Deutscher Orden

1068 Wer erbaute die Kirchenburg Dersch?

C Die Szekler

1069 Der wievielte Patriarch der rumänisch-orthodoxen Kirche war der Siebenbürger Miron Cristea?

A 1

Fragen 1070-1073

1070 Welches Projekt startete die Evangelische Kirche A.B. in Rumänien zum 500. Jubiläum der Reformation?

A „Jesus digital"

B „Zwölf Apfelbäumchen für ein klares Wort"

C „Jung sein und Christ sein"

D „Jesus im 21. Jahrhundert"

1071 Welcher Siebenbürger Rumäne ist Weihbischof in Făgăraş und Alba Iulia seit 2020? (Stand 2022)

A Cristian Dumitru Crişan

B Mihai Frăţilă

C Friedrich Benesch

D Steffen Schlandt

1072 In welchem Jahr besuchte Papst Franziskus die Basilika Unserer Lieben Frau von Şumuleu Ciuc/Bazilica Sfânta Maria?

A 2013

B 2017

C 2022

D 2019

1073 Wann wurde die Basilika Unserer Lieben Frau von Şumuleu Ciuc/Bazilica Sfânta Maria vom Papst zur Basilica minor ernannt?

A 1898

B 1948

C 2002

D 2012

1070	Welches Projekt startete die Evangelische Kirche A.B. in Rumänien zum 500. Jubiläum der Reformation?

B „Zwölf Apfelbäumchen für ein klares Wort"

1071	Welcher Siebenbürger Rumäne ist Weihbischof in Făgăraş und Alba Iulia seit 2020? (Stand 2022)

A Cristian Dumitru Crişan

1072	In welchem Jahr besuchte Papst Franziskus die Basilika Unserer Lieben Frau von Şumuleu Ciuc/Bazilica Sfânta Maria?

D 2019

1073	Wann wurde die Basilika Unserer Lieben Frau von Şumuleu Ciuc/Bazilica Sfânta Maria vom Papst zur Basilica minor ernannt?

B 1948

Fragen 1074-1077

1074 Wo befand sich von 1572 bis 1867 der Bischofssitz der Evangelischen Landeskirche A.B. in Siebenbürgen?

A Cluj/Klausenburg/Kolozsvár

B Braşov/Kronstadt/Brassó

C Hunedoara/Eisenmarkt/Hunyad

D Birthälm/Biertan/Berethalom

1075 Wo befindet sich die einzige siebenbürgisch-sächsische Kirche mit einer begehbaren Krypta?

A Birthälm

B Kronstadt

C Hermannstadt

D Schäßburg

1076 In welcher Stadt befindet sich die vom katholischen Bischof Graf Ignac Batthyány gestiftete Bibliothek „Batthyaneum"?

A Alba Iulia/Karlsburg/Gyulafehérvár

B Aiud/Straßburg am Mieresch/Nagyenyed

C Birthälm/Biertan/Berethalom

D Braşov/Kronstadt/Brassó

1077 Wo steht die größte Kirchenorgel Siebenbürgens?

A Aiud /Straßburg am Mieresch/Nagyenyed

B Sibiu/Hermannstadt/Nagyszeben

C Birthälm/Biertan/Berethalom

D Reghin/Sächsisch-Regen/Szászrégen

1074	Wo befand sich von 1572 bis 1867 der Bischofssitz der Evangelischen Landeskirche A.B. in Siebenbürgen?

D Birthälm/Biertan/Berethalom

1075	Wo befindet sich die einzige siebenbürgisch-sächsische Kirche mit einer begehbaren Krypta?

D Schäßburg

1076	In welcher Stadt befindet sich die vom katholischen Bischof Graf Ignac Batthyány gestiftete Bibliothek „Batthyaneum"?

A Alba Iulia/Karlsburg/Gyulafehérvár

1077	Wo steht die größte Kirchenorgel Siebenbürgens?

B Sibiu/Hermannstadt/Nagyszeben

Fragen 1078-1081

1078 In welche Sprache hat Joseph Klemens Brecht von Brechtenberg (1658-1730) Luthers Katechismus übersetzt?

A Ins Ungarische

B In die sächsische Mundart

C Ins Rumänische

D Ins Latein

1079 Wer war vielen Ungarn im 16. Jh ein Vorbild, indem er zunächst den lutherischen Glauben, später das calvinistische und schließlich das antitrinitarische Glaubensbekenntnis annahm?

A Miklós Bánffy

B Ferenc Dávid

C János Hunyadi

D Ernő Rubik

1080 Der Hauptaltar der restaurierten Schäßburger Bergkirche stammt aus einem Nachbarort. Wie heißt dieses Dorf?

A Schaas/Segesd/Şaeş

B Orăștie/Broos/Szászváros

C Blaj/Blasendorf/Balázsfalva

D Bistritz/Beszterce/Bistriţa

1081 Wie lange ca. war Birthälm Sitz der Sachsenbischöfe?

A 100 Jahre

B 200 Jahre

C 300 Jahre

D 500 Jahre

1078 In welche Sprache hat Joseph Klemens Brecht von Brechtenberg (1658-1730) Luthers Katechismus übersetzt?

C Ins Rumänische

1079 Wer war vielen Ungarn im 16. Jh ein Vorbild, indem er zunächst den lutherischen Glauben, später das calvinistische und schließlich das antitrinitarische Glaubensbekenntnis annahm?

B Ferenc Dávid

1080 Der Hauptaltar der restaurierten Schäßburger Bergkirche stammt aus einem Nachbarort. Wie heißt dieses Dorf?

A Schaas/Segesd/Şaeş

1081 Wie lange ca. war Birthälm Sitz der Sachsenbischöfe?

C 300 Jahre

Fragen 1082-1085

1082 1759-1761 kam es unter Führung des südsiebenbürgischen Mönches Sofronie gegen wen zu einem Aufstand?

A Gegen die griechisch-katholische Kirche

B Gegen die römisch-katholische Kirche

C Gegen die Habsburger Monarchie

D Gegen regionale ungarische Adelige

1083 Durch seine Teilnahme an welchem Krieg erlangte der siebenbürgische Fürst Gabriel Bethlen europaweite Bekanntheit?

A Am Dritten Kreuzzug

B Am Hundertjährigen Krieg

C Am Dreißigjährigen Krieg

D Am Deutschen Krieg

1084 Wie heißt der aus Denndorf/Daia/Szászdálya stammende Pietist, der Ende des 17. Jahrhunderts nach Amerika auswanderte und dessen Wirkungsstätte als Einsiedler am Wissahickon-Fluss heute ein Wallfahrtsort ist?

A Artur Rubinstein

B George Gershwin

C Johann Kelp

D Simon Barere

1085 Mit „a kálvinista Róma" (das kalvinistische Rom) wird eine reformierte Hochburg der ungarischen Tiefebene in welcher Stadt bezeichnet?

A Debrecen/Debrezin

B Budapest

C Székesfehérvár/Stuhlweißenburg

D Szeged/Szegedin

1082	1759-1761 kam es unter Führung des südsiebenbürgischen Mönches Sofronie gegen wen zu einem Aufstand?

A Gegen die griechisch-katholische Kirche

1083	Durch seine Teilnahme an welchem Krieg erlangte der siebenbürgische Fürst Gabriel Bethlen europaweite Bekanntheit?

C Am Dreißigjährigen Krieg

1084	Wie heißt der aus Denndorf/Daia/Szászdálya stammende Pietist, der Ende des 17. Jahrhunderts nach Amerika auswanderte und dessen Wirkungsstätte als Einsiedler am Wissahickon-Fluss heute ein Wallfahrtsort ist?

C Johann Kelp

1085	Mit „a kálvinista Róma" (das kalvinistische Rom) wird eine reformierte Hochburg der ungarischen Tiefebene in welcher Stadt bezeichnet?

A Debrecen/Debrezin

Fragen 1086-1089

1086 Was ist der Unterschied zwischen einer Kirchenburg und einer Wehrkirche?

A Es gibt keinen Unterschied

B Die Kirchenburg ist eine Kirche mit einer äußeren Befestigungsanlage und die Wehrkirche ist ein befestigte Kirche

C Die Wehrkirche ist eine Kirche mit einer äußeren Befestigungsanlage und die Kirchenburg ist eine befestigte Kirche

D Die Kirchenburg besitzt keine Kirche wie die Wehrkirche

1087 Wann erhielten die Juden in Siebenbürgen einen königlichen Freibrief, der ihre Rechte und Beziehung gegenüber den Christen regelte?

A 1251

B 1051

C 751

D 1551

1088 Welches Dorf mit Kirchenburg in Siebenbürgen wurde als erstes zum UNESCO-Weltkulturerbe erklärt?

A Deutsch-Weisskirch/Szászfehéregyháza/Viscri

B Wurmloch/Nagybaromlak/Valea Viilor

C Keisd/Szászkézd/Saschiz

D Birthälm/Berethalom/Biertan

1089 Welches Dorf mit Kirchenburg in Siebenbürgen, welches zum UNESCO-Weltkulturerbe gehört, hat die größte Fläche? (Stand 2022)

A Birthälm/Berethalom/Biertan

B Tartlau/Prázsmár/Prejmer

C Keisd/Szászkézd/Saschiz

D Wurmloch/Nagybaromlak/Valea Viilor

1086	Was ist der Unterschied zwischen einer Kirchenburg und einer Wehrkirche?

B Die Kirchenburg ist eine Kirche mit einer äußeren Befestigungsanlage und die Wehrkirche ist ein befestigte Kirche

1087	Wann erhielten die Juden in Siebenbürgen einen königlichen Freibrief, der ihre Rechte und Beziehung gegenüber den Christen regelte?

A 1251

1088	Welches Dorf mit Kirchenburg in Siebenbürgen wurde als erstes zum UNESCO-Weltkulturerbe erklärt?

D Birthälm/Berethalom/Biertan

1089	Welches Dorf mit Kirchenburg in Siebenbürgen, welches zum UNESCO-Weltkulturerbe gehört, hat die größte Fläche? (Stand 2022)

B Tartlau/Prázsmár/Prejmer

Fragen 1090-1093

1090 In welchem heutigen Land neben Siebenbürgen lebte Johannes Honterus nicht?

A Österreich

B Deutschland

C Polen

D Russland

1091 Angehörigen welcher Konfession heirateten die Siebenbürger Sachsen mit lutherischer Konfession zwischen 1864-1910 am meisten?

A Jüdisch

B Evangelisch-Reformiert

C Rumänisch-Orthodox

D Römisch-Katholisch

1092 Wie viele Kirchtürme hat die Klausenburger Michaelskirche?

A 1

B 0

C 2

D 3

1093 Wie heißt der Hauptturm der Margarethenkirche?

A Mönchsturm

B Trompeterturm

C Kaiserturm

D Kreuzturm

1090	In welchem heutigen Land neben Siebenbürgen lebte Johannes Honterus nicht?

D Russland

1091	Angehörige welcher Konfession heirateten die Siebenbürger Sachsen mit lutherischer Konfession zwischen 1864-1910 am meisten?

D Römisch-Katholisch

1092	Wie viele Kirchtürme hat die Klausenburger Michaelskirche?

A 1

1093	Wie heißt der Hauptturm der Margarethenkirche?

B Trompeterturm

Fragen 1094-1097

1094 In welchem Kreis liegt das Kloster Sâmbăta de Sus?

A Mureș

B Cluj

C Sibiu

D Harghita

1095 In welchem siebenbürgischen Kreis wurde der spätere Patriarch Miron Cristea geboren?

A Mureș

B Harghita

C Cluj

D Sibiu

1096 Welche Konfession hat der aktuelle Präsident von Rumänien Klaus Johannis? (Stand 2022)

A Evangelisch

B Katholisch

C Rumänisch-Orthodox

D Atheist

1097 Zum Reformationsgedenken vor 500 Jahren startete die Evangelische Kirche A.B. in Rumänien ein Projekt und pflanzte 12 Apfelbäume. In wie vielen Ländern?

A 10

B 3

C 5

D 7

1094 In welchem Kreis liegt das Kloster Sâmbăta de Sus?

C Sibiu

1095 In welchem siebenbürgischen Kreis wurde der spätere Patriarch Miron Cristea geboren?

B Harghita

1096 Welche Konfession hat der aktuelle Präsident von Rumänien Klaus Johannis? (Stand 2022)

A Evangelisch

1097 Zum Reformationsgedenken vor 500 Jahren startete die Evangelische Kirche A.B. in Rumänien ein Projekt und pflanzte 12 Apfelbäume. In wie vielen Ländern?

D 7

1098 Wie viele Kirchenbezirke hat die Evangelische Kirche A.B. in Rumänien?

A 7

B 12

C 5

D 4

1099 Mit welcher Theologischen Fakultät in Österreich hat die Evangelische Kirche A.B. in Rumänien eine Partnerschaft?

A Universität Graz

B Universität Bregenz

C Universität Wien

D Universität Salzburg

1100 Wann wurde in Kronstadt (nach der Chronik von Hieronymus Ostermayer) erstmals ein evangelischer Gottesdienst abgehalten?

A 1569

B 1527

C 1542

D 1602

1101 Wie viele Bistümer bzw. Erzbistümer umfasst die orthodoxe Metropolie Siebenbürgen?

A Fünf

B Sechs

C Vier

D Acht

1098	Wie viele Kirchenbezirke hat die Evangelische Kirche A.B. in Rumänien?

C 5

1099	Mit welcher Theologischen Fakultät in Österreich hat die Evangelische Kirche A.B. in Rumänien eine Partnerschaft?

C Universität Wien

1100	Wann wurde in Kronstadt (nach der Chronik von Hieronymus Ostermayer) erstmals ein evangelischer Gottesdienst abgehalten?

C 1542

1101	Wie viele Bistümer bzw. Erzbistümer umfasst die orthodoxe Metropolie Siebenbürgen?

A Fünf

1102 Welche radikalste reformatorische Gruppe in Siebenbürgen (insbesondere Szeklerland) spaltete sich von der unitarischen Konfession ab und verleugnete das Neue Testament?

A Zeugen Jehovas

B Sabbatarier

C Laestadianer

D Bruno Gröning-Freundeskreis

1103 Welche Zisterzienser-Abtei wurde 1478 durch König Matthias Corvinus aufgelöst?

A Kerz/Cârţa/Kerc

B Kloster Horezu

C Kloster Moldoviţa/Mănăstirea Moldoviţa

D Dumbrăveni/Elisabethstadt/Erzsébetváros

1104 Welches kirchliche Amt bekleideten die Rumänen Gheorghe de Sângeorz/Szentgyörgyi (1566-1569) und Pavel de Turdaşi/Tordasi (1569-1577)?

A Das Amt des griechisch-katholischen Bischofs

B Das Amt des römisch-katholischen Bischofs

C Das Amt des Patriarchen der rumänisch-orthodoxen Kirche

D Das Amt des reformierten rumänischen Bischofs

1105 1744 kam der Mönch Visarion Sarai aus dem Banat nach Siebenbürgen, wo er eine Volksbewegung der Rumänen gegen die griechisch-katholische Kirche auslöste. Selber war er aber kein Rumäne – sondern?

A Kroate

B Serbe

C Österreicher

D Grieche

1102	Welche radikalste reformatorische Gruppe in Siebenbürgen (insbesondere Szeklerland) spaltete sich von der unitarischen Konfession ab und verleugnete das Neue Testament?

B Sabbatarier

1103	Welche Zisterzienser-Abtei wurde 1478 durch König Matthias Corvinus aufgelöst?

A Kerz/Cârţa/Kerc

1104	Welches kirchliche Amt bekleideten die Rumänen Gheorghe de Sângeorz/Szentgyörgyi (1566-1569) und Pavel de Turdaşi/Tordasi (1569-1577)?

D Das Amt des reformierten rumänischen Bischofs

1105	1744 kam der Mönch Visarion Sarai aus dem Banat nach Siebenbürgen, wo er eine Volksbewegung der Rumänen gegen die griechisch-katholische Kirche auslöste. Selber war er aber kein Rumäne - sondern?

B Serbe

1106 Welcher rumänische Woiwode stiftete das Kloster Sâmbăta de Sus?

A Alexandru I. Aldea

B Radu I.

C Constantin Brâncoveanu

D Gheorghe Bibescu

1107 1797 kam es in Leipzig zu einem Treffen zwischen J. W. Goethe und dem aus Kronstadt stammenden Professor Johann Hedwig (1730- 1799). Welches war das Spezialgebiet dieses siebenbürgischen Naturwissenschaftlers?

A Rassenlehre der Menschen

B Moose und deren Vermehrung

C Wachstum von Bäumen

D Entwicklung der Agrartechnik

1108 Wie hieß der sagenumwobene Hohepriester und angebliche Schüler von Pythagoras, den die Daker verehrten?

A Vercingetorix

B Zamolxes

C Miraculix

D Walaricus

1109 Inochentie Micu-Klein, 1728-1744 unierter Bischof, Baron und rumänischer Vertreter im Siebenbürgischen Landtag, verbrachte wo seine letzten Tage im Exil?

A In Belgrad

B In Paris

C In Rom

D In Moskau

1106 Welcher rumänische Woiwode stiftete das Kloster Sâmbăta de Sus?

C Constantin Brâncoveanu

1107 1797 kam es in Leipzig zu einem Treffen zwischen J. W. Goethe und dem aus Kronstadt stammenden Professor Johann Hedwig (1730- 1799). Welches war das Spezialgebiet dieses siebenbürgischen Naturwissenschaftlers?

B Moose und deren Vermehrung

1108 Wie hieß der sagenumwobene Hohepriester und angebliche Schüler von Pythagoras, den die Daker verehrten?

B Zamolxes

1109 Inochentie Micu-Klein, 1728-1744 unierter Bischof, Baron und rumänischer Vertreter im Siebenbürgischen Landtag, verbrachte wo seine letzten Tage im Exil?

C In Rom

Fragen 1110-1113

1110 In welchem Jahrhundert wirkte der Hermannstädter rumänischer Herkunft Nikolaus Olahus als humanistischer Gelehrter, katholischer Erzbischof und Kanzler von Ungarn?

A 15. Jahrhundert

B 17. Jahrhundert

C 14. Jahrhundert

D 16. Jahrhundert

1111 Wie viel Prozent ihres Grundbesitzes verloren die Evangelischen Gemeinden durch das Bodenreformgesetz aus dem Jahr 1921?

A 75 %

B 25 %

C 55 %

D 5 %

1112 In welcher Stadt wurde der „Verein der Siebenbürger Sachsen in der Schweiz – Kirchenburgen in Siebenbürgen" gegründet?

A St.Gallen

B Bern

C Zürich

D Kreuzlingen

1113 Wie lange ca. lebte Johannes Honterus in der Schweiz?

A 1,5 Jahre

B 2 Monate

C 5 Jahre

D 10 Jahre

1110	In welchem Jahrhundert wirkte der Hermannstädter rumänischer Herkunft Nikolaus Olahus als humanistischer Gelehrter, katholischer Erzbischof und Kanzler von Ungarn?

D 16. Jahrhundert

1111	Wie viel Prozent ihres Grundbesitzes verloren die Evangelischen Gemeinden durch das Bodenreformgesetz aus dem Jahr 1921?

C 55 %

1112	In welcher Stadt wurde der „Verein der Siebenbürger Sachsen in der Schweiz – Kirchenburgen in Siebenbürgen" gegründet?

C Zürich

1113	Wie lange ca. lebte Johannes Honterus in der Schweiz?

A 1,5 Jahre

Fragen 1114-1117

1114 Wie viele gemischtkonfessionelle Eheschließungen gab es unter den Siebenbürger Sachsen mit evangelischer Konfession im Jahr 1939 prozentual?

A 10 %

B 30 %

C 40 %

D 20 %

1115 Wie viele gemischtkonfessionelle Eheschließungen gab es unter den Siebenbürger Sachsen mit lutherischer Konfession zwischen 1864-1910 prozentual?

A 34 %

B 16 %

C 8 %

D 22 %

1116 Welcher übersetze Spruch befindet sich in lateinischer Sprache auf der Kirchenuhr der Schwarzen Kirche?

A Gott umgibt mich

B Der Mensch geht wie die Blume auf und welkt

C Das Wort des Herrn bleibt in Ewigkeit

D Ein Sonnenstrahl reicht, um viel Dunkel zu erhellen

1117 Welcher übersetze Spruch befindet sich in lateinischer Sprache auf der Kirchenuhr der Schwarzen Kirche?

A So vergeht der Ruhm der Welt

B Gott in meiner unsterblichen Seele

C Herr, kehre ein in dieses Haus

D Die Sanftmut ist ein Schlüssel zum Himmel

Lösungen 1114-1117

1114	Wie viele gemischtkonfessionelle Eheschließungen gab es unter den Siebenbürger Sachsen mit evangelischer Konfession im Jahr 1939 prozentual?

A 10 %

1115	Wie viele gemischtkonfessionelle Eheschließungen gab es unter den Siebenbürger Sachsen mit lutherischer Konfession zwischen 1864-1910 prozentual?

C 8 %

1116	Welcher übersetze Spruch befindet sich in lateinischer Sprache auf der Kirchenuhr der Schwarzen Kirche?

C Das Wort des Herrn bleibt in Ewigkeit

1117	Welcher übersetze Spruch befindet sich in lateinischer Sprache auf der Kirchenuhr der Schwarzen Kirche?

A So vergeht der Ruhm der Welt

Fragen 1118-1121

1118 Das Reiterstandbild von welcher Person befindet sich vor der Klausenburger Michaelskirche?

A Johannes Honterus

B Matthias Corvinus

C Martin Luther

D Sigismund von Luxemburg

1119 Welcher vermutlich aus dem walachischen Târgovişte stammende orthodoxe Geistliche verlegte um 1558 seine Tätigkeit nach Kronstadt, wo er eine Reihe kirchenslawischer und rumänischer Bücher druckte?

A Der Patriarch Nicodim Munteanu

B Der Diakon Coresi

C Der Großerzbischof Lucian Mureşan

D Der Erzbischof György-Miklós Jakubínyi

1120 Welche hölzerne Figur ziert die Margarethenkirche mit Unterbrechungen seit den 17. Jahrhundert?

A Margareta von Antiochia

B Judensau

C Turepitz

D Berblinger

1121 Wer war der letzte Stadtpfarrer von Mediaş/Medgyes/Mediasch vor der Reformation?

A Wylandus

B Johannes Wagner

C Vincentius

D Bartholomäus Altemberger

1118	Das Reiterstandbild von welcher Person befindet sich vor der Klausenburger Michaelskirche?

B Matthias Corvinus

1119	Welcher vermutlich aus dem walachischen Târgovişte stammende orthodoxe Geistliche verlegte um 1558 seine Tätigkeit nach Kronstadt, wo er eine Reihe kirchenslawischer und rumänischer Bücher druckte?

B Der Diakon Coresi

1120	Welche hölzerne Figur ziert die Margarethenkirche mit Unterbrechungen seit den 17. Jahrhundert?

C Turepitz

1121	Wer war der letzte Stadtpfarrer von Mediaş/Medgyes/Mediasch vor der Reformation?

C Vincentius

Fragen 1122-1125

1122 Wer war der erste Stadtpfarrer von Mediaş/Medgyes/Mediasch nach der Reformation?

A Wylandus

B Lucas Hermanus

C Bartholomäus Altemberger

D Johannes Wagner

1123 Wer war in den Jahren 1938-1939 Patriarch und Premierminister von Rumänien?

A Miron Cristea

B Daniel Ciobotea

C Nicodim Munteanu

D Iustin Moisescu

1124 Gemeindemitglieder in wie vielen Ortschaften werden von der Evangelischen Kirche A.B. in Rumänien betreut? (Stand 2022)

A 500

B 250

C 100

D 50

1125 Warum pflanzte die Evangelische Kirche A.B. in Rumänien zum Reformationsgedenken im Jahr 2017 12 Apfelbäume?

A Auf Grundlage eines Zitats von Luther

B Äpfel als Symbol des Wachstums

C Erinnerung an die christliche Ökumene

D Bibel als wachsender und fruchtbringender Baum

1122	Wer war der erste Stadtpfarrer von Mediaş/Medgyes/Mediasch nach der Reformation?

C Bartholomäus Altemberger

1123	Wer war in den Jahren 1938-1939 Patriarch und Premierminister von Rumänien?

A Miron Cristea

1124	Gemeindemitglieder in wie vielen Ortschaften werden von der Evangelischen Kirche A.B. in Rumänien betreut? (Stand 2022)

B 250

1125	Warum pflanzte die Evangelische Kirche A.B. in Rumänien zum Reformationsgedenken im Jahr 2017 12 Apfelbäume?

A Auf Grundlage eines Zitats von Luther

1126 Mit welcher Theologischen Fakultät in der Schweiz hat die Evangelische Kirche A.B. in Rumänien eine Partnerschaft?

A Universität Bern

B Universität Fribourg

C Universität Zürich

D Universität St. Gallen

1127 Welcher Siebenbürger war in den Jahren 1507-1521 Titularpatriarch von Konstantinopel?

A Johann Zápolya

B István Báthory

C Lörincz Mészáros

D Tamás Bakócz

1128 Wie viele Truppen konnte György Dózsa für ein Kreuzzugheer aufstellen?

A 100 000

B 50 000

C 10 000

D 500 000

1129 Welcher Siebenbürger Rumäne wurde, 2018 von Papst Franziskus zum Apostolischen Visitator für die in Westeuropa lebenden rumänisch griechisch-katholischen Gläubigen ernannt?

A Mihai Frăţilă

B Cristian Dumitru Crişan

C Steffen Schlandt

D Friedrich Benesch

1126	Mit welcher Theologischen Fakultät in der Schweiz hat die Evangelische Kirche A.B. in Rumänien eine Partnerschaft?

A Universität Bern

1127	Welcher Siebenbürger war in den Jahren 1507-1521 Titularpatriarch von Konstantinopel?

D Tamás Bakócz

1128	Wie viele Truppen konnte György Dózsa für ein Kreuzzugheer aufstellen?

A 100 000

1129	Welcher Siebenbürger Rumäne wurde, 2018 von Papst Franziskus zum Apostolischen Visitator für die in Westeuropa lebenden rumänisch griechisch-katholischen Gläubigen ernannt?

B Cristian Dumitru Crişan

DANKSAGUNG

Für die inhaltliche sowie sprachliche Korrektur der des Quiz in deutscher Sprache stand uns der Verband der Siebenbürger Sachsen in Deutschland unterstützend zur Seite. Für Ihre sehr wichtige Unterstützung möchten wir insbesondere Frau Dagmar Seck und Herrn Rainer Lehni danken.

Eine besondere Danksagung gilt dem Arbeitskreis für Siebenbürgische Landeskunde e.V. Heidelberg und im Speziellen Herrn Thomas Sindilariu. Das Studium Transylvanicum sowie Scola Septemcastrensis als Teil des AKSL hat unter redaktioneller Leitung von Herrn Thomas Sindilariu im Jahr 2005 das analoge Gesellschaftsspiel „Inquisitio Transylvanica" herausgegeben.

Der AKSL und im speziellen Studium Transylvanicum sowie Scola Septemcastrensis erkennt an, dass die Aktualisierung und Anpassung des Fragen- und Antwortenkorpus sowie die neue Form als Quiz ein neues geistiges Gut entstehen lassen, dessen alleiniger Urheber Robert Keintzel und Sina Keintzel ist.

Der AKSL stellte uns für die Arbeit am Quiz über Siebenbürgen ihre Arbeit zum Spiel „Inquisitio Transylvanica" zur Verfügung. Die Fragen vom analogen Gesellschaftsspiel/Fragespiel „Inquisitio Transylvanica" wurden von Robert Keintzel überprüft, aktualisiert, für ein Quiz angepasst und mit vier Antwortmöglichkeiten versehen. Der AKSL und im besonderen Herr Thomas Sindilariu unterstützten mit ihrer Vorarbeit in einem bedeutenden Maß das Quiz über Siebenbürgen. Ein großer Teil aber weniger als 50 % der Gesamtfragen des Quiz über Siebenbürgen sind an das Spiel „Inquisitio Transylvanica" in veränderter Form angelehnt.

Die Aktualisierung und Anpassung des Fragen- und Antwortenkorpus sowie die neue Form als Quiz lassen ein neues geistiges Gut entstehen, dessen alleinige Urheber Robert Keintzel und Sina Keintzel sind.

ABBILDUNGEN

Abbildung 1: (Frontcover): Castle, Chintaka Wijebahu, SCStock, stock-adobe.com

Abbildung 2: (Frontcover): Icon, Chintaka Wijebahu, antto, stock-adobe.com

Abbildung 3: (Frontcover): Icon, Chintaka Wijebahu, antto, stock-adobe.com

Abbildung 4: (Frontcover): Icon, Chintaka Wijebahu, Artco, stock-adobe.com

Abbildung 5: (Frontcover): Icon, Chintaka Wijebahu, Anastasia, stock-adobe.com

Abbildung 6: (Frontcover): Icon, Chintaka Wijebahu, Anastasia, stock-adobe.com

Abbildung 7: (Frontcover): Icon, Chintaka Wijebahu, martialred, stock-adobe.com

Abbildung 8: (Backcover): Castle, Chintaka Wijebahu, haidamac, stock-adobe.com

Abbildung 9: (Author): Robert Keintzel, Robert Keintzel

Abbildung 10: Cartoon Braunbär, Robert Keintzel

Abbildung 11: Cartoon Hermann Oberth, Robert Keintzel

Abbildung 12: Cartoon Johannes Honterus, Robert Keintzel

Abbildung 13: Cartoon Tracht der Siebenbürger Sachsen, Robert Keintzel

Abbildung 14: Cartoon Ecaterina Szabó, Robert Keintzel

Abbildung 15: Cartoon Dracula, Robert Keintzel

Abbildung 16: Cartoon Baumstriezel/Kürtős Kalács, Robert Keintzel

Abbildung 17: Cartoon Kirchenburg, Robert Keintzel

DAS SIEBENBÜRGEN-QUIZ ALS ANDROID-APP

Das Siebenbürgen-Quiz bietet als Android-App spielerisch wichtiges Wissen über die Geografie, Flora und Fauna, Wirtschaft, Wissenschaft, Geschichte, Gesellschaft, Sport, Kunst, Religion sowie die kulinarischen Genüsse einer für viele unbekannten Region. Mit über 1120 Fragen aus acht Kategorien und in fünf Schwierigkeitsstufen führt es auf interessante und gut strukturierte Weise in das Land und das Leben in Siebenbürgen ein.

Die Vielfalt der Fragen ermöglicht es, spezifisches Wissen über Siebenbürgen spielerisch allein, zu zweit oder mit der ganzen Familie zu erlernen. Die Benutzeroberfläche ist übersichtlich gestaltet, was eine angenehme und lehrreiche Erfahrung garantiert. Zudem ist das Quiz nicht nur in Deutsch, sondern auch in Englisch, Ungarisch und Rumänisch verfügbar, was die Teilnahme international ermöglicht.

Diese App bietet nicht nur Unterhaltung, sondern fungiert auch als eine informative und lehrreiche Plattform, um das kulturelle Erbe, die Besonderheiten und die reiche Vielfalt Siebenbürgens zu entdecken.

Link zur App:
https://play.google.com/store/apps/details?id=com.globaleducation.siebenbuergenquiz&hl=de&gl=DE